主编　李天纲

中国国家图书馆藏

民国西学要籍汉译文献·经济学（第一辑）

二十世纪的经济学说

Die Entwicklung der theoretischen Volkswirtschaftslehre im ersten Viertel des 20 Jahrhunderts

[匈] 温格尔（Theo Suranyi-Unger）著　宋家修　译

上海社会科学院出版社
Shanghai Academy of Social Sciences Press

图书在版编目(CIP)数据

二十世纪的经济学说/（匈）温格尔著；宋家修译．—上海：上海社会科学院出版社，2016
（民国西学要籍汉译文献/李天纲主编．经济学）
ISBN 978-7-5520-1152-4

Ⅰ．①二…　Ⅱ．①温…②宋…　Ⅲ．①经济学－研究　Ⅳ．①F0

中国版本图书馆CIP数据核字(2016)第045506号

二十世纪的经济学说

主　　编：李天纲
编　　纂：赵　炬
责任编辑：唐云松
特约编辑：陈宁宁
封面设计：清　风
策　　划：赵　炬
执　　行：取映文化
加工整理：嘎　拉　江　岩　牵　牛　莉　娜
责任校对：笑　然
出版发行：上海社会科学院出版社
上海淮海中路622弄7号　电话63875741　邮编200020
http://www.sassp.org.cn　E-mail:sassp@sass.org.cn
排　　版：上海永正彩色分色制版有限公司
印　　刷：常熟市人民印刷厂
开　　本：650×900毫米　1/16开
字　　数：320千字
印　　张：23.5
版　　次：2016年4月第1版　2016年4月第1次印刷

ISBN 978-7-5520-1152-4/F.347　　定价：110.00元（精装）

民国西学：中国的百年翻译运动

——「民国西学要籍汉译文献」序

李天纲

继唐代翻译印度佛经之后，二十世纪是中文翻译历史上的第二个高潮时期。来自欧美的「西学」，以巨大的规模涌入中国，参与改变了一个民族的思维方式，这在人类文明史上也是罕见的。域外知识大规模地输入本土，与当地文化交换信息，激发思想，乃至产生新的理论，全球范围也仅仅发生过有数的那么几次。除了唐代中原人用汉语翻译印度思想之外，公元九、十世纪阿拉伯人翻译希腊文化，有一场著名的「百年翻译运动」之外，还有欧洲十四、十五世纪从阿拉伯、希腊、希伯来等「东方」民族的典籍中翻译古代文献，汇入欧洲文化，史称「文艺复兴」。中国知识分子在二十世纪大量翻译欧美「西学」，可以和以上的几次翻译运动相比拟，称之为「中国的百年翻译运动」、「中国的文艺复兴」并不过分。

运动似乎是突如其来，其实早有前奏。梁启超（1873–1929）在《清代学术概论》中说：「自明末徐光启、李之藻等广译算学、天文、水利诸书，为欧籍入中国之始。」利玛窦（Mateo Ricci, 1552–1610）、徐光启、李之藻等人发动的明末清初天主教翻译运动，比清末的「西学」早了二百多年。梁启超有所不知的是：利、徐、李等人不但翻译了天文、历算等「科学」著作，还翻译了诸如亚里士多德《论灵魂》（《灵言蠡勺》）、《形而上学》（《名理探》）等神学、哲学著作。梁启超称明末翻译为「西学东渐」之始是对的，但他说其「范围亦限于天（文）、（历）算」，则误导了他的学生们一百年，直到今天。

从明末到清末的『西学』翻译只是开始，而且断断续续，并不连贯成为一场『运动』。各种原因导致了『西学』的挫折：被明清易代的战火打断；受清初『中国礼仪之争』的影响；欧洲在1773年禁止了耶稣会士的传教活动，以及儒家保守主义思潮在清代的兴起。鸦片战争以后很久，再次翻译『西学』，仍然只在上海和江南地区。从翻译规模来看，以上海为中心的翻译人才、出版机构和发行组织都比明末强大了，影响力却仍然有限。梁启超说：『惟（上海江南）制造局中尚译有科学书二三十种，李善兰、华蘅芳、赵仲涵等任笔受。其人皆学有根底，对于所译之书责任心与兴味皆极浓重，故其成绩略可比明之徐、李。』梁启超对清末翻译的规模估计还是不足，但说『戊戌变法』之前的『西学』翻译只在上海、香港、澳门等地零散从事，影响范围并不及于内地，则是事实。

对明末和清末的『西学』做了简短的回顾之后，我们可以有把握地说：二十世纪的中文翻译，或曰中华民国时期的『西学』，才是称得上有规模的『翻译运动』。也正是在二十世纪的一百年中，数以千计的『汉译名著』成为中国知识分子的必读教材。1905年，清朝废除了科举制，新式高等教育以新建『大学堂』的方式举行，而不是原来尝试的利用『书院』系统改造而成。新建的大学、中学，数理化、文史哲、政经法等等学科，都采用了翻译作品，甚至还有西文原版教材，于是，中国读书人的思想中又多了一种新的标杆，即在『四书五经』之外，还必须要参考一下来自欧美的『西方经典』，甚至到了『言必称希腊、罗马』的程度。

我们在这里说『民国西学』，它的规模超过明末、清末；它的影响遍及沿海、内地；它借助二十世纪的新式教育制度，渗透到中国人的知识体系、价值观念和行为方式中，这些结论虽然都还需要论证，但从一般直觉来看，是可以成立的。中国二十世纪的启蒙运动，以及『现代化』、『世俗化』、『理性化』，都与『民国西学』的翻译介绍直接有关。然而，『民国西学』到底是一个多大的规模？它是一个怎样的体系？它们是以什么方式影响了二十世纪的中国思想？这些问题都还没有得到认真研究，我们并没有一个清晰的认识。还有，哪些著作得到了翻译，哪些译者的影响最大？『西学东渐』的代表，明末有徐光启，清末有严复，那『民国西学』的代表作在哪里？这一系列问题我们并不能明确地回答，原因就在我们对民国翻译出版的西学著作并无一个全程的了解，民国翻译的那些哲学、社会科学、人文学科的『西学』著作，束之高阁，已经好多年。

举例来说，1935年，上海生活书店编辑《全国总书目》，『网罗全国新书店、学术机关、文化团体、图书馆、政府机关、研究学会以及个人私家之出版物约二万种』。就是用这二万种新版图书，生活书店编制了一套全新分类，分为：『总类、哲学、社会科学、宗教、自然科学、文艺、语文学、史地、技术知识』。一瞥之下，这个图书分类法比今天的『人大图书分类法』更仔细，因为翻译介绍的思潮、学说、学科、流派更庞大。尽管并没有统一的『社科规划』和『文化战略』，『民国西学』却在『中国的文艺复兴』运动推动下得到了长足发展。查看《全国总书目》（上海，生活书店，1935），在『社会科学·社会科学一般·社会主义』的子目录下，列有『社会主义概论、社会主义史、科学的社会主义、无政府主义、基尔特社会主义、乌托邦社会主义、基督教社会主义、议会派社会主义』等；在『社会科学·政治·政体政制』的子目录下，列有『政治制度概论、政治制度史、宪政、民主制、独裁制、联邦制、各种政制评述、各国政制、中国政制、现代政制、中国政制史』等，翻译、研究和出版，真的是与欧美接榫，与世界同步。1911年以后的38年的『民国西学』为二十世纪中国学术打下了扎实的基础，而我们却长期忽视，不作接续。

编辑出版一套『民国西学要籍汉译文献』，把中华民国在大陆38年期间翻译的社会科学和人文学科著作重新刊印，对于我们估计、认识和研究『中国的百年翻译运动』、『中国的文艺复兴』，接续当时学统，无疑是有着重要的意义。1980年代初，上海、北京的学术界以朱维铮、庞朴先生为代表，编辑『中国文化史丛书』，一个宗旨便是要接续1930年代商务印书馆王云五主编『中国文化史丛书』，重振旗鼓，『整理国故』，先是恢复，然后才谈得上去超越。遗憾的是，最近三十年的『西学』研究却似乎没有采取『接续』民国传统的方法来做，我们急急乎又引进了许多新理论，诸如控制论、信息论、系统论……还有『老三论』、『新三论』、『后现代』、『后殖民』等等新理论，对『民国西学』弃之如敝屣，避之唯恐不及。

民国时期确实没有突出的翻译人物，我们是指像严复那样的学者，单靠『严译八种』的稿酬就能成为商务印书馆大股东，还受邀请担任多间大学的校长，几份报刊的主笔。但是，像王造时（1903–1971）先生那样在『西学』翻译领域做出重要贡献，然后借此『西学』，主编报刊、杂志，在『反独裁』、『争民主』和『抗战救国』等舆论中取得重大影响的人物也不在少数。王造时的翻译作品有黑格尔的《历史哲学》、摩瓦特的《近代欧洲外交史》、《现代欧洲外交史》、拉铁耐的《美国外交政策史》、拉斯基的《国家的理论与实际》、《民主政治在危机中》。1931年，王先生曾担任光华大学教授，文学院长，政治系主任，后来创办了《主张与批评》（1932）、《自由言论》（1933），组织『中国民权保障同盟』（1932）。他在上海舆论界发表宪政、法治、理性的自由主义；他在大学课堂上讲授的则是英国费边社社会主义、工联主义和公有化理论（见王造时著《荒谬集·我们的根本主张》，1935，上海，自由言论社）。非常可惜的是，王造时先生这样复杂、混合而理想主义的政治学理论和实践，在最近三十年的社会科学、人文学科中并无讨论，原因显然是与大家不读，读不到，没有再版其作品有关。

我们说，『民国西学』本来是一个相当完备的知识体系，在经历了一个巨大的『断裂』之后，学者并没有好好地反省一下，哪些可以继承和发展，哪些应该批判和扬弃。民国时期好多重要的翻译著作，我们都没有再去翻看，认真比较，仔细理解。『改革、开放』以后，又一次『西学东渐』，大家只是急着去寻找更加新颖的『西学』，用新的取代旧的，从尼采、弗洛伊德……到福柯、德里达……就如同东北谚语讽刺的那样：『熊瞎子掰包谷，掰一个丢一个。』中国学者在『西学』武库中寻找更新式的装备，在层出不穷的『西学』面前特别害怕落伍。这种心态里有一个幻觉：更新的理论，意味着更确定的真理，因而也能更有效地在中国使用，或者借用，来解决中国的问题。这种实用主义的『西学观』，其实是一种懒惰、被动和浮躁的短视见解，不能积累起一个稍微深厚一点的现代文化。

讨论二十世纪的『西学』，一般是以五四『新青年』来代表，这其实相当偏颇。胡适、陈独秀等人固然在介绍和推广『西学』，倡导『启蒙』时居功至伟，但是『新文化运动』造成不断求新的风气，也使得这一派的『西学』浅尝辄止，比较肤浅，有些做法甚至不能代表『民国西学』。胡适先生回忆他们举办的《新青年》杂志，有一个宗旨是要『输入学理』，即翻译介绍欧洲的社会科学、人文学科知识，他还大致理了一个系统，说『我们的《新青年》杂志，便曾经发行过一期「易卜生专号」，专门介绍这位挪威大戏剧家易卜生，在这期上我写了首篇专论叫《易卜生主义》。《新青年》也曾出过一期「马克思专号」。另一个《新教育月刊》也曾出过一期「杜威专号」。至于对无政府主义、社会主义、共产主义、日耳曼意识形态、盎格鲁·萨克逊思想体系和法兰西哲学等等的输入，也就习以为常了。』（唐德刚编译：《胡适口述自传》，北京，华文出版社，1992年，第191页）。胡适晚年清理的这个翻译目录，就是那一代青年不断寻找『真理』的轨迹。三四十年间，他们从一般的人性论学说，到无政府主义、社会主义、马克思主义；从不列颠宪政学说，到法兰西暴力革命理论、德意志国家主义思想，再到英格兰自由主义主张，大致就是『输入学理』运动中的全部『西学』。

胡适一语道破地说：『这些新观念、新理论之输入，基本上为的是帮助解决我们今日所面临的实际问题。』胡适并不认为这种『活学活用』、『急用先学』的做法有什么不妥。相反，二十世纪中国知识分子接受『西学』的方法论，大多认为翻译为了『救国』，如同进口最新版本的克虏伯大炮能打胜仗，这就是『天经地义』。今天看来，这其实是一种庸俗意义的『实用主义』，是生吞活剥，不加消化，头痛医头，脚痛医脚的简单思维，或曰：是『夺他人之酒杯，浇自己之块垒』。从我们收集整理『民国西学要籍汉译文献』的情况来看，『民国西学』是一个比北大『启蒙西学』更加完整的知识体系。换句话说，我们认为『五四运动』及其启蒙大众的『西学』并不能够代表二十世纪中国西学翻译运动的全部面貌，在北大的『启蒙西学』之外，还有上海出版界翻译介绍的『民国西学』。或许我们应该把『启蒙西学』纳入『民国西学』体系，『中国的百年翻译运动』才能得到更好的理解。

我们认为：中国二十世纪的西学翻译运动，为汉语世界增加了巨量的知识内容，引进了不同的思维方式，激发了更大的想象空间，这种跨文化交流引起的触动作用才是最为重要的。二十世纪的中国文化变得不古不今，不中不西，并非简单的外来『冲击』所致，而是由形形色色的不同因素综合而成。外来思想中包含的进步观点、立场、方案、主张、主义……具有普世主义的参考价值，但都要在理解、消化、吸收后才能成为汉语语境的一部分，才会有更好的发挥。在这一方面，明末徐光启有一个口号可以参考，那便是『欲求超胜，必须会通；会通之前，必先翻译』。反过来说，『翻译』的目的，是为了中西文化之间的融会贯通，而非搬用；『会通』的目的，不是为了把新旧思想调和成良莠不分，而是一种创新——『超胜』出一种属于全人类的新文明。二十世纪的『民国西学』，是人类新文明的一个环节，值得我们捡起来，重头到底地细细阅读，好好思考。上海社会科学院出版社邀我主编『民国西学要籍汉译文献』，献弁言于此，是为序。

2016年3月20日，于阳光新景寓所

［匈］温格爾（Theo Suranyi-Unger）著
宋家修 譯

二十世紀的經濟學說

中華民國二十五年五月初版

塞利格曼序

本書原本最初引起我注意時，有三點使我非常的驚異。

第一點是著者的驚人的博學。温格爾博士係匈牙利人，像其同國人中所常見不鮮的一樣，精通數國的語言。德文、法文英文和意大利文，沒一種他不是內行，其它他所習用的語言更不必說了。就我所知而論，現在活着的經濟學家，再沒有第二個能夠像他這樣勝任愉快的處理着世界的文獻。況且温格爾博士是受過良好的學校教育的，對於所關各種學科，又都修養有素。

第二點是温格爾博士對於經濟科學之哲學的方面，興趣最濃，也許是因他曾經求學於德國各大學的原故。這由他幾種初期著作專討論經濟學的哲學基礎一點，便可以證明。最近幾年他所發表的許多文章，固然表示他毫未疏忽日常的實際問題；但是温格爾博士對於經濟學論爭之哲學的探討，總有着一種偏愛，和有些經濟科學的創立者同其嗜好。這在德國經濟學家中，本也算不得什麽，但在其它諸國晚近著作裏究屬少見。所以本書必因他這出發點的異乎尋常，而格外博得歐、美讀者的歡迎。

第三點是，以一個超越主要種族和語言畛域的人，把經濟學文獻下一番深刻的研究，我認爲本書要算是破題兒第一次。故此溫格爾博士對於德、法、意、英、美諸學者間，能夠毫無偏執；將五大國經濟學著作中的貢獻作一個全般的概觀，不但非常忠實，亦且已近於可合理期望的平允。本書對晚近美國文獻，尤多注意，所以它在大西洋此岸，定能引起特別的興趣。還有，本書德文版出版之後，著者曾旅居美國幾兩年，因此關於美國文獻的部分，又多所增訂。

為了這許多點，同時又為了我個人對著者的傾佩，使我贊同把它迻譯出來，並樂為纂訂。依我看來，本書可以彌補我們經濟學文獻中一個不可否認的缺陷，不僅僅大學生應該歡迎它，就是普通人只要關心經濟思潮之國際的發展的話，都大有一讀之必要。

Edwin R. A. 塞利格曼

一九三一年六月於紐約哥倫比亞大學

著者英譯版序

書中用小字所印諸節特爲想知道得更詳盡些而尤其是對於這題目的傳記的方面有興趣的人們預備的，對於本世紀以來理論經濟學的發展只想得一個概觀的人可以略去不讀。

寫學說史本來有三個方法。第一個是純粹記述的方法，僅依時間的順序處理着過去各派學說。第二個是批判的方法，著者對別人的意見加以「批評」，表示只有自己的思想是絕對正確的；因之把一個有意歪曲的片面的科學發展形象給與那毫無疑心的讀者。第三個是發生的方法，這是最好的一個方法：從它們本身的發展，更從它們相互間的深奧的關係，去闡明各派意見。本書之作，便想奉這發生方法之原則做規臬。

然而，終因缺乏一種必需的歷史配景(historical perspective)之故，現代經濟學說發展史裏面的事件，可以訴諸純粹發生的方式來研究的，畢竟太少了。這一種缺乏在本書中簡直像一個永遠的疵點，尤其弄得我們不好到底選擇那些學說來討論。整個發生的表現法之批判手段，盡在下面這辦法之中：即，這部學說史概觀的材料之搜集，只能以我們對於成爲問題的各派學說之評價即照它們內含的根本重要性的評價爲決定取舍之準繩。如果有人從他自己的觀點，責我對於不緊要的事情偏很注意，而對於更重大的反忽略了，那他是對的。不過希望他記取一個著名的事實：高愼(Gossen)是仰仗考茨(Kautz)纔第一次得以和他的「發現者」耆封斯(Jevons)

見面的。考茨的書出版於一八六〇年，當時大多數最著名的經濟學者不都以為說及高愼這樣的小作家，是完全不必的嗎？然而要是考茨沒有注意高愼的見解，那他纔眞個大錯了。這類事情在我們今日尤其容易發生今日經濟學的發展，一切的情形都更來得變幻莫測。

為要盡我力之所及避免這點起見，我企圖在本書三大篇中（準照三大言語區域論述經濟科學最近發展）儘量删繁就簡的介紹多數新思想。我想大部分從定期刊物中去搜求這類刊物一般為人所忽視，而且對於許多學者，根本就不易到手。定期刊物裏面毫不誇張的文章，其實倒常包含着非常重要的新發現。不用說，我並不想在本書中作一個完完全全的概觀。為着缺乏一種歷史的配景，常逼我不得不採用圖書提要的筆調，來描寫這三大篇。我努力保持我嚴格的客觀，因為竊以為與其在「獨斷批評」的形態上把材料給與讀者，而附以己見；毋寧徵引各種理論的討論，而用訓練有素的科學批評接受新學說，或者於讀者更多裨益。務使讀者讀了本書，能夠得到現代大多數的意見，而不局限於我一人的觀點。我望這個加重的客觀態度，可以由第一章尤其是最後的總括之更自由更主觀的調子，而得到平衡。不過我還有向讀者聲明一下的責任；即總括中關於經濟學說之現狀，甚或將來的發展所表示的意見，僅只包含着我自己主觀的見解而已。

在這一卷中把我自己在三方面加以限制，我想是必需的：即內容方面，時間方面，和語言方面。務求其不踰越我所有的文獻的材料。第一就內容講，我把我自己制限於所謂純粹理論經濟學的發展，三大篇裏皆循着這一個固定的計畫而進行。正唯其有了這一個嚴格的統一，本書就言語區域分編這事體，纔似乎是可容許的。只有把材料照這個格式排列着，纔使我們能夠論列各個言語區域內科學發展之特殊性。在這外部的構造裏，小小的重複是無可避免的，這種重複的發生，主要是由於將方法論的發展另外提出來處理所致；但只有照這樣處理，纔不致埋沒了方法論的重要。雖然，爲了儘可能減少重複起見，所以一個學說既經說及，別處便不再多贅。如果三大篇中提及的學說而未指明其出處，那一定是出於該著者前面已經指出的書中。關於貨幣理論，我爲兩個理由把它略去了；第一，就目前情形說，貨幣論大多數場合沒有形式經濟理論的一個統一的有機的部分。我們只須拿幾個最有名的經濟學家的貨幣論比較一下，就知道它們和整個經濟理論其餘部分，常只有一種鬆散的關聯吧了。派別不同的幾個經濟學家，常見持着同一的貨幣論，而種種不同的貨幣論，也常可發現於同一派的經濟學家中。所以這種理論的討論，殊足攪亂本書的統一。再一方面，貨幣論在經濟學中這個比較特殊的地位，過去幾年已引起了許多可注意的研究處理着它的最近發展。這些著作的完備，是使我略去貨幣理論的第二個理由。我對於生產論問題，以及和它最有關係的組織理論，也抱同樣的態度。加以我認爲，倘使不觸及最重要的經濟政策問題，是不能好好的談這些的信用和商業循環諸問題，是更加談不上。在我看來，與其膚淺的涉及經濟科學一切複雜問題，倒不如把自己制限於一個較狹隘的領域之爲愈。然而我仍盼研究者鄭重注意一事：大戰以來經濟研究上發生了一個重要的轉變，人們對於組織理論的問題，漸多注重了。關於這項目的著作，定能給他以豐富的知識。

至於時間方面，我是維持着本書標題所示之限制。爲了這英譯曾將德文版加以修訂，想把一九二六年至一九二八年這幾年的最近發展包括進去。我已努力在書中幾個不同的地方表示出我之選定本世紀轉換期爲全書時間的起點，並非完全偶然，在這一個時期，經濟學上實有許多劃時的變化。但是關於前世紀的各種理論和理論的概念，我只得根本不加說明。因此，諸位讀者若願追隨於我，就得對邊際效用這類舊概念歸與論(Znrechnungslehre, theory of imputation)古典的分配論等，完全了然於心。我勸初學諸君在讀本書以前最好先研究一二種經濟學史的書。爲了這目的，最適當的恐怕要推匈牙利人赫勒 (Wolfgang Heller) 的小著了。它如史盤(Othmar Spann)，蒙柏爾特(Paul Mombert)，季德和里士 (Gide and Rist)，鮑葵(Bousquet)，亨納(Haney)諸人的書，都是值得推獎的。更求深究的人則可在蘇順泰(Joseph Schumpeter)，蘇林(Edgar Salin)，史托兒茲曼(Rudolf Stolzmann) 赫蘭德(Sven Helander)，韓內革(Hans Honegger)，包克(O. F. red Boucke)，或荷曼 (Paul T. Homann) 的學說史書裏，找到貴重的幫助。拙著經濟學中的哲學，(Philosophie in der Volkswirtschaftslehre 2 Bde, Jena 1923—26) 也可以作爲一部準備書。對於能夠得到這部書的人，我特別推薦他選讀次述諸章："Die Physiokraten" (I. P. 284 ff.), "Die klassische Schule der Nationalökonomie" (I. P. 372 ff.), "Die historische Schule und die Neoromantik" (II. S. 141 ff.), "Die Nationale Gedanke" (II. P. 203 ff.), "Die exakt Vergleichende und die mathematische Richtung

"(II. P. 281 ff.),"Die Mengerschen positiven Wirtschaftstheorien und die Österreichische Schule" (II. P. 356 ff.) "Marxens volkswirtschaftliche Lehren" (II. P. 515 ff.) "Die Stellung des Marxismus in der neueren Entwicklung der sozialistischen Lehren" (II. P. 524 ff.)

最後第三方面，我僅僅處理着用德文法文意大利文和英文所寫的著作。這幾國文字的著作，已將現代經濟科學發展的大多數重要貢獻包括殆盡了。西班牙文和許多斯拉夫文的文獻，我本也能夠處理的，不過萬一處理了，那就會和處理我本國（匈牙利）的文獻一般不妥當，因爲爲了我的語言學的關係，對於比這些更重要得多的斯堪的納維亞諸國以及荷蘭的經濟學說皆未能處理。關於這些國度裏的理論著作，我只把它們已譯成上述四種文字的加以考察。其有數種文字翻譯者，則僅在最先譯出之語言區域，關聯着述及。

我很明白，這一卷只是一個不完全的企圖而已，我對於這項工作上的許多大難關，僅僅克服了很少的一部分。倘若後之經濟學史家，能夠利用我這書作爲二十世紀第一季的參考，我的目的就已達到了。我在各種語言區域的經濟學說之間的鴻溝上所做架設橋梁的工作，或者還算得有一點點的成功。關於經濟科學之國際的認識，最難得是大家分工合作。我對於德國、諾曼、盎格魯薩克遜科學精神之顯著的對照所要說的話，全是自由的客觀態度的；因爲我自己所屬的文化環境，與它們都不相同，它們對於我的影響幾乎是一樣多的。

最後我得表白一個快樂的義務，凡新舊世界我的一切同事，對於本書的準備曾予以幫助的，我都在此謹致謝忱。對本書德文本的大多數批評者，可以發現我在英譯的改訂本中已考慮了他們的反對意見。我對於當我在它們那裏寫這部書時，德、法、意、奧、英、美諸國各圖書館待我的優渥，尤其感激不盡。

著　者

一九二九年五月於支加谷

譯者的話

這是匈牙利溫格爾博士(Theo Surányi Unger)二十世紀第1季理論國民經濟學之發展(Die Entwicklung der theoretischen Volkswirtschaftslehre im ersten Viertel des 20. Jahrhunderts, 1927)一書的全譯，並將一九三一年的英譯本中著者所增訂的部分也加進去了。關於著者及本書的價值，塞利格曼氏在英譯本的序文裏說的很詳，此序業經譯出，這裏無庸費辭。原書的序言已為著者英譯版序言所包括，所以只譯了後者。本書包括新學說太多，翻譯的結果很難令人滿意，好在譯者原是為讀書而翻譯，並沒有把介紹學術的大責任放在自己肩上。這譯本倘對於貧弱的中國經濟學界有相當影響，固所樂聞；如果高明的讀者發覺它的錯誤和缺陷，尤望予我以誠懇的指教。此外，當譯者進行翻譯的時候，得了許多朋友的幫助，堀經夫和三谷友吉二君最近的日譯本，供我參考尤多，也是應該在這裏提及一下的。

民國二十四年六月於上海

目錄

第二篇　德語諸國經濟學的發展……四二

第一章　方法論與組織化……四三

第二章　建立體系之企圖……六四

二十世紀的經濟學說

緒論　各國著作中的經濟理論的發展

講到各種精神科學的發展，當它爲一條直線的進步是常不免於錯誤的本來，只要對於眞理的系統的認識更望前推進一點便隨時都表示是有進步。然而，關於我們正要尋覓的這眞理的性質，卻是每每各人看法不同。啓蒙哲學比之於中世紀的思想，眞的是一個進步嗎？誰又能够斷定馬克斯對於經濟的眞理比亞丹斯密認識得更加充分，而不怕陷於矛盾呢？只有那固執一派的思想的人，常從其個人立場去品評各派互相對立的學說，他纔致於見仁見智把科學的發展分爲截然的進步和退步。但是，做一個學說史家，至少也得超然於黨派或學派的鬬爭；所以在他看來，互相矛盾的各派學說，甯不外是相蕩相激而呈爲一片澎湃的海洋：有時是這個浪頭居了優勢，有時是那個浪頭占了上風，忽而另外一個浪頭到來，自許對於眞理的眞正核心認識得最正確且最深刻，於是領導便又輪到它手裏了。從這莫衷一是的鬬爭中，纔有一個很小的珊瑚島慢慢地出現，而成爲進步科學的穩固之基礎。一切論爭都多少可使各種相反的見解愈辨而愈明；如此，我們科學之永久而積極的寶藏便豐富了，那怕所增益者容或微乎不足道。

「士官們還有閒話嗎?」奧國賴台茨基（Radetzky）將軍常常這樣問「那末就好啦!」同樣，我們經濟學家中只須有這樣不滿現狀的人在，對各派支配的學說取批評的態度，而主張我們科學要實行一番多少「革命的」改造；那經濟學就不愁不會百尺竿頭更進一步。我們在那萬應靈丹的廣告中，是常看見畫着一條集一切可能的獸病於一身的牛的，一切論爭的性質，好像就是要從論敵的立場中找出這樣一條可憐的牛來。要是一見這般情景便表示灰心，那纔是絕望的悲觀主義者！因為實際上各派經濟學說體系，儘多缺陷和謬誤，仍還有它的種種長處。凡百理論，都無非要去認識一個最高峯，即經濟生活諸因素之間的眞正關係。大家各從不同的方面着眼；或則遠遠地去眺望它大體的輪廓；或則進一步，硬爬上峯頂去，把近旁各個岩石都一一加以推究。其所得的形象，總是各不相同。在科學的討論和學派的大論爭中，把這些形象互相比較，纔知道先前各種表面的矛盾，實際上並不存在，個人間的意見於是漸漸融和起來。這樣子，我們對於那唯一的中心的眞理便可得到更加明確的認識。

我們科學中推動眞正進步的最有力的要素，就是這派別紛歧許多學派之間的爭論。這些學派，愈能互相了解，對於大家所共抱的目的愈有裨益。關於同一個對象的幾種研究，當其完全孤立的時候，根本就沒有討論的機會，那裏還能夠互相豐富起來？自科學全體着想，未免浪費了創造力。由這種孤立狀態所招致的損失，雖一切方面都痛切的感覺到，但在現代經濟學的發展階段上，尤其感覺得嚴重。而況本書中首先成為問題的三大語音區域，卽德語諾曼語、英語諸國之間，全都隔着一條深溝，所以今日之下，要來講求經濟科學之統一的發展，實在更爲困難。將這三大區域的經濟學文獻比較研究一下，我們就得到這樣的結論：各言語區域的發展，都是閉門造車，不顧其他區域的發展而孤立進行的。特別因私人的接觸纔給我們識破；卽令是最卓越的經濟學家，對於外國語的經濟學文獻，也常令人駭異的知道得太少。所以言語不通的外國有了新的研究結果，總要十數寒暑之後，纔能間接的得知；然而這時候，經濟學的發展可又老早換了另一個方向。

然而我們一尋索這不幸的孤立之原因，卻發現今日仍和過去一樣，言語不通所致的純外部的困難，還只不過其一部分原因而已。比這更重要得多的，倒是隱在背後的主要文化的差異，這種差異，纔使得各民族和民族團體關於科學一般之理想，關於經濟學之本質，產生出各不相同的概念來。因此之故，我們如果要對最近經濟學說的發展，作比較正確的理解和評斷，就不可不把德國、法、意、英、美思想界各種不同的特質，常常記在心裏。

我們且先拿德國國民性和科學態度來講，就發現它們一向和西歐的文化大有分別。它們在現代歐洲文化中之取得完全特殊的地位，是以浪漫主義之精神大革命起始的。這個時候德國國民已經具有民族自覺意識；經過中世紀基督教思想界、文藝復興、宗教改革和啓蒙主義，而不斷和西歐走着多少相同的道路的德國文化，以這一革命爲分界線，遂開始走上完全獨自的另外一個方向。浪漫主義者注重現實生活內容之充實，而想找出它那最深處的衝動力，甚至於勇敢地探入神祕之境界而後已。他們在人類社會中看出一個情感的整體，一個由許多不同的個體組織而成的活潑的有機體。從而，他們看來，一切自存的特殊個性中，實皆自有其內含的創造力，這創造力常於相互的社會交際上表現出來，終乃反映於社會。浪漫主義者最注重的說數，是美的宗教的理念；不過這理念的歷史生成過程不是一條直線的發展，甯是遞演的，充滿着各種文化鬪爭的階層的。

從浪漫主義的激湍中湧出來德意志理想主義哲學，充溢着非常顯著的形而上學的特性。這對於德國人素來的形而上學的沉思癖，喜歡從宇宙的內性(Innerlichkeit)去探究並理解自然以及社會一切現象的傾向，與好比火上又澆油。巴哈(Bach)，格盧克(Gluck)，和亨德兒(Händel)的音樂，大約就是德國氣質這種內心性和非形成性(Unformbare)的最好的表現；正如德國造形美術的重心，自從中世紀哥提克式以至現在，都存在於表現和運動裏，而非存在於線條和形式的美中一樣。從社會生活全體之自括的有機的構成這觀念出發，一方面產生了德國國家思想，加強個人對中央集權之必然的組織的服從。他方面產生了義務感、秩序心，乃至嚴格的規律，致叢集而成爲這個民族的特徵。他們在訓練、教育和技術，特別在科學研究上所選擇的那種有秩序有體系的方法，就是這個特徵的表現。外國人動輒說這種的方法是玄學癖，是空談。其實這種責備是欠當的，因爲像衆所週知的一樣，德國人最深湛的感情生活和內心生活，不僅僅是家庭生活的一種特性（像英國人一樣，）它們同時還足以表示德意志民族對於人生和世界的整個態度。在社會學的研究上，浪漫主義和理想主義哲學又引出一種歷史精神來。這歷史精神對於德國語言、藝術、宗教、政治、經濟一切研究，都成了決定的科學方法。

當我們指摘德國思想界這一些支配的特質的時候，並沒有想要暗示，此外就再沒有其它精神潮流的存在了。尤其是在外國的影響之下一八七〇年代和八〇年代現實主義的傾向，更曾活躍一時。舉例來說，比方俾斯麥之冷靜的國家政策，尼采後期哲學之帶幾分自然主義的學說，最後但不是最少，便是馬克斯之唯物主義的平等思想。而最可注意的是俾斯麥和尼采以至於馬克斯，都曾受過理想主義的薰陶，特別在他們青年時代。雖然如此，經過他們努力之後，現實主義已在德國精神界獲得了無可爭的市民權；至於今日，並且和那理想主義的基調分庭抗禮了。雖說在一切方面，仍不免常受後者之影響。

反是，法意和英美的文化生活（可總稱爲西歐精神）卻與這以浪漫主義爲起點的德國文化完全兩樣；它們乃是自來一切歐洲思想界之直線的賡續。人們雖然常是這樣說，德國氣質的特徵是保守的，權威的，西歐氣質則是進步的，自由的；然而我們這種見解，實際僅表示着外觀的矛盾吧了。因爲這進步精神和自由主義，乃是數千年綿延發展之產物，在斯多噶哲學和羅馬法的根本精神裏，已有相當成熟了。我們最初就發現一種神定世界秩序的主觀念，即永遠的神之叡智的自然理性法則觀念，這條法則，曾經完全的支配過黃金時代的，後來纔爲非理性、鬬狠和利己主義所蒙蔽了。所以今日的責任，就是要把它們的支配重行恢復起來，庶可使吾人神聖的人格之完整，得重見於自由平等博愛之光中。

建立在這種思想基礎上面的諾曼人之汎神論，到了中世紀，便爲一種深入人心的有神論所代替。而神定的自然法則這觀念，也同樣的爲後者所容納，並且把它和贖罪說以及教會高於一切的神權統治說結合起來。這對於當時一切精神界乃至藝術、科學和現實生活，都有莫大的影響。那怕階級制度和基爾特制度，在社會經濟各方面如何不平不等，也不足以使這由對神定世界秩序的信仰而生的平等感發生動搖。其後發生兩個偉大的文化運動，即人文主義和啓蒙主義，遂使西歐精神一直達到現在的階段；又將神定的自然法則，神定的永遠宇宙秩序及人類平等和共同命運諸觀念，展開成現代的形態。那怕以後又有實證主義潮流的出現，這種態度至今仍舊是西歐文化界所盛行的。以它們爲基礎的自由和進步的理想，就是到了今日，給那關於理念之史的展開的德國觀念，及其在根本不平等的社會機構中之具體表現，兩兩比較起來，仍呈爲非常顯著的對照。

但是不消說，在這一般的西歐文化界內部，特殊的諾曼精神和盎格魯薩克遜精神之間，自然仍免不了大大的區別。法國因大革命結果，過去一切傳統的制度，破壞無餘，無論那一個領域，都要求着革命的洗禮。民權之崇拜，嚴格平等的德謨克拉西，和嚴峻的、唯物論的、原子論的、專只探求數學關係的理性主義等等，就無一不是這種革命的表現。諾曼精神這個特徵，在現代意太利社會學上，表現得尤爲顯著。反是，盎格魯薩克遜文化卻自始至終墨守着成法，他們拿個人自由的理想和對被選的領袖之堅定的信仰相結着，因而達到一種獨特的自由主義，與大陸上所盛行的類似的自由思想大異其性質。在中產階級中間，這自由主義基調是和基督教的道德的生活態度結合一致；與上層階級之無限制的權力意識和領主根性之間，呈爲尖銳的對立。這樣，便構成爲一個特徵的二元論的基礎。此二元論精神，在盎格魯薩克遜文化一切方面，一貫的表現出來。而美國則根深的德謨克拉西把全體國民結成一個大社會，以增進公共福利和物質享受。在哲學方面，英國人的經驗主義恰好和諾曼人的理想主義相對立，而懷疑論和唯物論又為功利主義的倫理所排除。從這種地方，我們可以看出英、美人的一種特質：他們完全是憑直接的有用性，以鑑定一切所與的事物。這種特質正和他們那光輝的樂觀主義一樣，都可看作是盎格魯薩克遜人雄霸世界的泉源。

我們不要忘記，上面不過把德國文化，諾曼文化和盎格魯薩克遜文化各種特質的差異，說一個大概吧了。這些差異，不免過於抽象，在現實經驗上，決不完全是這樣的。可是，由它們所造成的障壁，也已經夠高了，已常在各種科學領域上促成孤立化。一個研究者想探究外國文化裏的科學發展，言語方面的困難克服之後，還屢屢要遇到一個性質迥異的思想界，覺得難於了解。要等到他煞費苦心把自己原有的思想順序重行配置一番，而後纔始能夠把握到它的意義，或者從其中汲取一些有益的刺戟。經濟學上亦復有一種國民的傾向。這種傾向，雖非絕對不可移植而為其它文化領域所採取，但其重要的碩果，卻常只有在土著的精神環境裏纔能夠產生。德國經濟學只有在歷史的、全體主義的、國民的和社會政策的見地之下，纔能實際完成了它的偉業。即令馬克斯主義吧，其根本思想也仍然是歷史的，且不脫理想主義哲學之影響。反是，諾曼文化領域裏，則只有立於唯物論的、革命的見地上的社會主義和完全理性的、原子論的、機械論的＝數學的經濟理論，纔能夠達到高度的發展。最後，盎格魯薩克遜民族中支配的經濟學說，卻一定要具備自來受着樂觀主義、自然法、自然哲學思想之渲染的個人主義＝自由主義的快樂論和功利主義的特徵；急進的革命的社會主義，無論如何不能在這裏取得一個鞏固的地盤。

世界大戰的爆發，使德國和西歐思想界之間舊有的精神對立，四方八面都極度尖銳化起來。許多人大賣其氣力，鼓吹將這個純粹武力政策的戰爭，化為兩種文化勢力的決鬭，於是雙方都使用着辛辣的方式而大肆其宣傳；尤其是協約國（西歐）方面。

對於這，德國藝術和科學的領袖們，乃於一九一四年九月發出一通非常殺風景的宣言——告文化界。這宣言由九十三個名人聯署，首先力闢關於德兵在比國及法國北境種種殘忍行為的流言，說那全然是故意的虛構。其次便以最大的誇張吹噓德國的文化怎樣勝過西歐。這宣言一發出，終於大大惹起對方的憤慨。尤其是法國，不僅報章雜誌上，紛紛著論抨擊，就是包含着許多有科學價值的專著在內的文獻中，也都有這樣的反響，想從各方面證明德國人氣質和知識的缺點與劣等性。比方培傑(Gabriel Petit)和盧德(Maurice Leudet)首先向法國各權威學者普遍的徵求意見，然後把他們的答覆綜合起來得出如次的主張：一切科學之牛耳者，都是諾曼和薩克遜兩民族，德國文化的威脅，決不致成為全文明的災殃。1 賽和(Joseph Lefort)將德國有過劃期成功的科學部門一一加以檢討之後，斷定這些成功都是以他國諸學者從前的研究為基礎的。2 他說，德國這種演習教育，實在毫無意思，她的各種科學研究，僅是食而不化的材料搜集而已。

雖然不帶這種民族仇恨的宣傳色彩，美國人柏生斯(C. E. Persons)曾把這問題特別和經濟學關聯着作了一番研究，而要求廢止專門養成學者和專家的德國教授法，主張恢復英美有信用的教育理想，以圓滿的紳士和能幹的公民之教育為目的。3 法國經濟學家們對於布倫丹諾(Lujo Brentano)也參加了這宣言的聯署一事，深引為憾，而有些人便這樣推測，布倫丹諾係威尼斯一個商家的後人，和外國學者交遊甚廣，或許是為避免其他意外計，才致出此的吧。於是布倫丹諾與居俄(Yves Guyot)和貝來特(Daniel Bellet)之間便曾信往返，起着激烈的爭辯，（曾發表於當時的經濟學家雜誌 Journal Economist），布樹丹諾只管以確實的論據極力爲該宣言諸原則辯護。直到戰後，他給季德（Charles Gide）的信裏，纔承認居戡的推測對了，說他對該宣言的內容，原來發表之後纔知道。並且把強他加入聯署的責任，歸之於那時剛去世的什摩勒(Gustav Schmoller)，這更加是出人意外的了。4

布樹丹諾的反復也是無獨有偶的事。美國新聞記者維多（Charles Victor 紐約晚報特約訪員，）大戰後曾旅行至德，因得和該宣言的大多數署名者見面，他們除極少數的例外外，沒有不異口同聲，或者反對該宣言的內容，或者說署名該宣言，不過是受當時輿論壓迫所致。

這樣意味深長的自餒的實例，今日德國文化多數領域裏實不一而足。大戰中西歐方面的宣傳，恐怕已經獲了勝利吧。現在就是德國人當中也常洩露出簡直是承認西歐文化勝過德國文化的口吻。但按之實際，人們是忘記了：這次戰爭無論在其起源或經過中，都絕對不是兩個文化世界的鬬爭。這一種思想，要不過事後的牽強附會而已。倘是那個不幸的九月的月夜裏，受全權委任的聯隊長不下那道最初的馬因（Marne）退卻令，則戰爭勝敗誰屬，誰復知道哩？然而自餒的人們，卻在這類與了決定影響的許多戰略及其它偶然事件的後面，發現出傳統的德國思想有了根本的缺陷。於是而大開門戶，準備把那似乎通過了這次戰爭的試練的各派外國思想，歡迎進來。

另一方面，現在更受人歡迎的西歐精神，則傲慢的慶祝着，由這次大試練中汲取了向前發展的新精力，用一種快樂的勝利意識，努力使這新發展成爲戰前傳統之直線的廣續。以故，在諾曼民族和盎格魯薩克遜民族方面，我們前面認爲是他們文化特徵的一切性質，現在更強化着，更發展着。反是，德國思想界可非常動搖了，過去數百年被忠實保護着的她的文化特性之瓌寶，到了今日，已大有不惜拋之棄之的模樣。然則一八七〇年代普、法之戰後所演過的一幕，現在不是又重來一次嗎？單就經濟學方面的事情對照一下吧。在當時，德國歷史學派的思想不但侵入戰敗的法國——季德、考衞（Couwés）及其他在各大學擔任經濟學第一講座的人多半都受他的影響；就是意、英、美各國的青年們，遠涉重洋來戰勝的德國傾聽經濟學者，實亦不知凡幾。由美國來的許多經濟學家，燃着求知慾之火，爭相到德國各大學來，以師事青年歷史學派諸子。其後學成歸國，帶回這項思想，遂造成新美國經濟學說，現在居然已占上這樣高的地位了。德國馬克斯主義幾如燎原之火一般地廣布全世界，這一個事實，亦似不能說和對法勝利以來德國勢力的伸張沒有密切關係吧。

到今日，諾曼諸國的經濟學，是沿着一貫的路線發展着，與她那傳統的一般的精神最完全適應。英國的情形也毫無異致。恐怕只有美國，她因爲受大戰的直接影響較少，還可看見有一種活潑的經濟學改造運動。但是德語各國就不然，互相爭霸的各派學說，支離分裂之狀，卻無有甚於戰後者。許多人對他們固有的科學理想似乎覺得絕望了。其所以未能更加豐富的把外國經濟學主潮接受過來，那完全是因爲他們從外國國民經濟隔絕了的實際孤立有以致之。不過瑞士人加塞爾（G. Cassel），倒把他的經濟學說體系（本質上是盎格魯薩克遜的）普及於德國了。——雖然戰前也曾有人作過這種企圖，而不得不歸於失敗。他這一個成功，我認爲乃是德國現代科學態度的一個意味深長的表徵。

不過最近以來，德國經濟學界也勃起了一種活潑的運動，它的任務是要恢復固有的傳習，而意識的地紹述它，以抵禦外國精神的一切侵襲。然而諾曼和盎格魯薩克遜科學，對於這個運動，以至德語諸國戰後其他經濟理論潮流，卻一概置之不問；只是在自己的孤立中，不受外國影響的攪擾，平安無事地賡續着它自身的發展。從而，在今日情形之下，那份關於全般科學之進步的，各派經濟學說間之比較討論，由於各大文化領域支離破裂的結果，其所受阻礙，實猶遠甚於戰前。直到戰後十年終了之際，經濟學說上的邦交，纔又逐漸有回甦之徵候。

第一篇　最近各派經濟學說的哲學淵源

經濟學領域裏面既然也有着如此顯著的文化差異，使本書對於最近這二十五年間經濟學的發展，只好照着三個主要言語區域把它分開來處理。不過各種方向不同的發展，實皆有其哲學的淵源，在尚未敘述本題之前，不妨先把這種淵源作一個一般的說明。

本書的敘述，以本世紀轉換期（卽前世紀末——譯者）做起點。那個時候，理論經濟學領域裏的國際關係，的確比今日更活潑得多。其時歷史學派仍是鼎盛，慢說德國國內一切講座，盡爲他們所占，卽在其他歐美各國，這一派的追隨者也都很負重望。什麼勒的綱要（Grundriss）的出版，受着各方面的熱烈歡迎。然而這部書也就是歷史學派最後的偉大成就。他們對於正在凱旋聲裏着着進展的各派理論，已再沒有抵抗的能力了。這些新傾向，剛在這個時候達到它們戰法最順利的階段。盎格魯薩克遜人則一般嘆服馬夏爾（Marshall）的原理所完成的理論；諾曼民族則在柏雷圖（Pareto）的講義（Course）中把華爾拉斯（Walras）的理論加以卓越的發展；德語諸國，則龐巴衛（Böhm-Bawerk）的成就，尤其有壓倒一切的威勢。到了前世紀末，美國又出現葛拉克（Clark）的分配論，是將邊際效用說加以部分修正的一部好書。當此之時，斐布侖（Thorstein Veblen）和其他邊際效用說的批評者固尙無人注意；維也納學派的勢力正超越奧大利而遠及各國，眞有光芒萬丈之概。狄爾（Karl Diehle）仍奮對社會主義和共產主義的問題感着興趣；李夫曼（Liefmann）仍專心致志於加特爾問題的研究，誰也沒有想到他不久竟會公布出抽象的經濟理論來。瑞典的工程師加塞爾（Cassel），這時纔開始轉而從事經濟學的研究；少年研究者史盤（Othmar Spann）也剛剛帶着他的處女作（曾在杜賓根（Tübingen）日報上發表的）去拜訪舍夫來（Schäfle）……

與上述這般情景兩相對照，過去二十五年間經濟學領域裏種種大變化，多半都可溯出它們的哲學淵源。因爲，不但經濟政策見解的爭執，就是理論經濟學裏面的大變化，背後也都有最近哲學上各種傾向之間的鬬爭存在。那一種傾向得到勝利，那一種傾向予經濟學影響更大，都足使經濟學的姿態同時也發生種種變化。

一、巴登學派、方法論問題及經濟學中的價值哲學

當邊際效用說未誕生之前，德國經濟學簡直是已經麻痺了的歷史主義的世界，一切理論研究皆爲之湮沒不彰。於是要想來一個澈底的改革，就只有大膽從彷法論的究明着手。關於經濟學之本質、任務及其在一般科學體系中之地位問題，自然也不可不下一番根本的研究。這樣，便不期然而然地和從事於同一方向之研究的新康德哲學的巴登學派（Bodener Schule）結起了親密的同盟。關於科學的分類，文德爾斑（Windelband）已有詳

細研究；不過他那研究到李可迪（Rickert）之手，纔被展開成一個偉大的論理高峯。他們採用二分法，依這二分法，有些科學接近於歸納法，旁的則比較宜於演繹法。於是經濟學家們就必須有所抉擇了：到底以用那一種方法爲是呢？如此，德國文獻中尤其是最近關於方法論的大論爭中，大家都使用着巴登學派所給與他們的哲學武器。

而且經濟學的新理論傾向，與巴登學派之間，還有第二個接觸的點。在文德爾班的哲學裏，關於知識的研究便已不注重它的心理的原始了，而只研究着它的眞理價值（Wahrheitswert, value as truth）並且把認識論和規範的倫理學、美學、密切的結合着。這種地方就表示是着重價值觀念理想再占了思維的上風。到了李可迪、又藉他那兩個認識論方法，即先驗心理學的認識方法，和先驗論理學的認識方法，將這個傾向再進一層的發揮了。我們由第一方法以分別眞理與謬誤，從而這裏只在於一個判斷：即肯定還是否定，接受還是拒絕？但是在這個行爲的後面，卻有一種超越的理想存爲。用第二個方法認識起來，這乃是一種超越價值，對於認識主體（Knower）的意識顯現爲一種與它根本不同而且完全獨立的原理。這樣看來，巴登學派二元論哲學的整個構造，是完全立足在認識論的價值概念之上。

巴登學派所作的二分法（自然科學與社會＝歷史或文化科學）越發加重了這超越價值的意義。因爲假如自然科學是努力於一般法則之認識，文化科學則一定要基於一般公認的文化價值體系上，才能和成爲其對象的個別現象相聯繫。這個文化價值體系給文化科學提供一個選擇原理。藉這原理的幫助，我人確定所要研究的特殊性或唯一特性時，便能有標準可循。因此之故，它乃是一種永久適用的價值；有了它，我們纔能够條理的地、體系的地去認識那變動不居的一切外界現象。這一種價值，便構成巴登學派一切超越的理想主義所賴以托足的先驗（a priori）。凡關於人生意義的一切體系的說明，都無非是這樣地由一個普遍適用的價值之不變的體系出發。這此種普遍適用的價值，爲一切未來、現在或永遠的社會和非社會的財貨所同具；科學的評價主體，就準之以決定其態度。所以這一來，整個認識論是全被分解爲價值論了。哲學史家稱新康德派這個傾向爲價值的批判主義，誠爲不刊之論。

在經濟學方面，價值論也成爲一切理論經濟學的基礎中心。這，大部分確要歸因於哲學上價值概念的進展。

對於邊際效用說，其價值論簡直等於一條誡律，是禁止任何破壞的。邊際效用說重視其價值論之程度，較其它任何新傾向（自然以着重價值論者爲限）猶甚。

近來常有人企圖把抽象演繹的經濟理論，特別是邊際效用說的哲學去和淮仁革(Hans Vaibinger)之理想主義的、實用主義的實證論，互相結合起來。他們假定邊際效用說的出發前提，亦無非淮仁革那個臆說（他曾在所著擬設之哲學（Philosophie des Als-ob, 1911.）一書中用這臆說作爲科學與存在之結合概念）但這完全是誤解。也許淮仁革自身也是從亞丹斯密及其所謂純粹利己主義的臆說採用來的，惹起誤解的根本在淮仁革自己。依他，則現代經濟學之成立，沒有不是由於這個臆說。然而事實上，在亞丹斯密並不如此簡單，經濟學史的研究已歷歷給我們證明了。淮仁革既然不是一個經濟學者，犯到這種錯誤，原亦不必厚非，就是晚近經濟學家亦何莫不然？只是要立一個能夠適應現實，並且可以試驗的假定吧了。並不是徒然玩弄臆說。因爲臆說這東西，不但不能是實在的模寫，而且也沒有要去模寫它的立意。人們總是藉口邊際效用說太不實在，太喜歡用「臆說主義」而非難之；但非難者這種論據，似嫌薄弱了些。反過來說，要是有些青年學子，故意採淮仁革的見地，作爲他們經濟理論的哲學出發點，那卻可以預言他們嘗試的結果，一定會歸於失敗的，因爲有意的臆說主義，決不能找到往實在去的通道的，尤其是在經濟學的領域裏，因此那無論任何經濟理論都第一最重要的要求，依然不能達到。

巴登學派之價值的批判主義，被繆士特堡(Hugo Münsterberg 他還受有其他哲學派的影響）傳播到美國去了；在其大著價值哲學(Leipzig 1909)一書裏，把這理論展開出一個大膽的結論。

在他看來，實在僅因知覺而成立，而知覺又全爲存在價值和關係價值所規定。不過價值這東西，不僅表現着單純的命令，同時還表現了一種超個人的意志，即是說，它不依從於快樂與痛苦，最後分析起來，必歸之於「世界的自己主張」。所以繆士特堡亦復如是，除他的美學和倫理學外，把他的認識論也歸之於價值論；論理學和形而上學也是如此。他那偉大的價值體系中，分爲兩個主要領域：即直接註定的生命價值和有目的、有意識的地創造而成的文化價值。這幾個主要的範疇，又各包含四個從屬的價值組，即論理的、美的、倫理的及形而上的價值；它們各自表現爲存在價值和關係價值、歡喜價值和美的價值、發展價值和成就價值、神靈價值和信念價值。而在這個偉大的價值體系之頂點，則有種精神的原始努力高踞於上，這是一種超個人的行爲，一切個別價值在他看來皆無非這種原始努力的種種表現形態而已。

繆士特堡這些思想頗引起美國學者對於一般價值問題的注意。這種態度嘗爲葛拉克和塞利格曼所看重，甚至於深深滲透了美國的經濟理論。而一些青年經濟學家，又受最近生物進化論的和心理主意論的美國社會學（華德 Lester T. Ward，吉丁斯 T. H. Giddings，庫利 C. H. Cooley.）許多影響，更將經濟價值一概念擴大，而置諸另一更廣泛的價值體系之中。安徒生(B. M. Anderson）就是根據這個，而企圖改造支配的經濟價值論。像我們後面將要指出的一樣，第普利(Dibblee)，培利 (Perry)，烏謝爾(Usher) 等其他研究者也都受他的刺戟，而開始了同樣的研究。

二、「取銷價值」經濟學的哲學基礎

基於價值概念而生的「是什麼」與「應當是什麼」的分別，尤其是李可迪在這方面所完成的預備工作，卒成爲一個非常重要的討論的出發點，即在經濟學領域裏科學的價值判斷究竟可能嗎？這討論在本世紀初頭，由韋伯 (Max Weber) 提起以來，就成了德國經濟學家討論的焦點，直到大戰爆發，纔被打斷。韋伯之與巴登學派結有不解之緣，是毫無疑義的。關於這，後面還會有詳細的說明。

法國學者由本質不同的哲學前提出發，達到了和韋伯極相彷彿的方法論的結論。前面講巴登學派的追隨者時，我們所特注意的那認識論的心理主義，同時也博得多數新進諾曼思想家的贊成，這是人所共知的。但涂爾幹（Emile Durkheim）却在社會學領域內提出一個顯著客觀主義的見解，和那種心理主義針鋒相對。

他認社會現象自有其特殊的存在，與心理現象迴不相同，故心理的機能，決不能夠藉純粹理性的和演繹的思維，獨立的去探索社會生活的法則性。涂爾幹想更明瞭而嚴格的把社會學從一般哲學分別開來，指望如此便可把一般哲學領域裏自來給社會學以一定方向或一定特性（卽唯心論的、實證論的、進化論的等等）的一切先驗的要素，一掃盡淨。隨後他更把這準則加以論理的發展，想把直接間接包含着「應當」（should be）這思想的一切實踐規範，盡行排除於社會學領域之外。依涂爾幹社會學既不應站在個人主義的見地，也不應站在集國主義的見地，既不應站在保守的見地，也不應站在進步的見地。它是要以儘量少數的前提，去努力和那顯現爲因果關係的各種社會現象之客觀的認識相聯絡。韋伯把那成爲各種社會科學體系中唯一指導見地的因果原則，當着理性的東西，反是涂爾幹則認它是經驗的準則。

涂爾幹的信徒們，卽對他所主編的社會學年報（Année Sociologigue）表示熱心的一些人，想把他們先生的見解應用到各種社會科學裏面去，使之和這些特殊性迎合起來。經濟學方面就有西米安（Trancais Simiand）忠實的地履行了這個任務。他不僅在方法論上完成了歸納的社會學的「取銷價值」經濟研究法，並還把它應用於許多重要經濟問題之徹底研究了。西米安這項極有價值的思想，至少到今日爲止，還不見引起任何可注意的反響；這確是因法國精神，一般只崇尙理性的和數學的態度所致。

這裏還要極簡短的指陳下面這件事：在意大利科學界，克洛徹（Benetetto Croce）本着他的理想主義哲學，主張從黑格兒追隨者之誤解將其辯證法解放出來，並且罵着馬克斯的史的唯物論——所以他所用的方法，與韋伯和西米安完全不同——於是達到一個要求經濟學裏面必須將純粹的經濟和倫理的效果，嚴格分開。

三、馬堡學派、加塞爾及李夫曼

涂爾幹的社會學，在不贊同認識論的心理主義一點，與馬堡學派(Marbunger Schule)碰了頭。後者代表德國新康德派第二個主要傾向，係繼巴登學派而起者。馬堡學派爲柯亨(Hermann Cohen)所創立，他死後，復由納托普(Paul Natorp)和卡錫爾(Ernst Cassirer)繼爲領導。

這派也和巴登學派一樣，首先非難康德的自物體。另一方面又有這樣主張：關於各個人的知覺如何成立，不屬於哲學的研究範圍；哲學只須說明科學經驗之內含的論理的各種關係。最重要者，不在於組織的地去發展一種獨立的認識論，而在於論理的地去分析那些支配科學思想的機能的關係。這派對於科學理想的選擇，是遵奉康德的衣缽，只有數學的自然科學，纔是眞正科學。所以他們一般地表現出數學的思考方法的傾向。憑藉這種數學方法，馬堡學派遂給一般法則以一種先驗的（不是超越）基礎，但他們並不把這從(a priori)的大前提推衍出來，仍常使之保住在思維的界域以內；在這個界域當中，主觀與客觀的相互關係，是被看成思維的一種從屬關係。這樣一來，馬堡學派便達到了一元的論理的觀念論；其主要任務，在於發現統一之原理，及其在論理的科學領域中的種種樣態。不消說，這個觀點是只可適用於方法上多少已確具根基的科學的。因爲馬堡學派所推獎的那種科學方法，只有在這種基礎上面始能生效。

有些研究者，專只注重經濟關係之理論的數學的發展，而全然漠視方法論爭。所以在他們看來，經濟學裏，似乎毫無疑義的已經可以適用上述馬堡學派這種觀點了。加塞爾批評邊際效用說時，說邊際效用是種無用的空虛的形式論，並謂向來惹起無窮爭辯的一切價值論，都是理論經濟學中所無需乎的廢物。可見他實在是深受馬堡學派的影響。對於他稀少性的統一原理，就像是可用以說明一切經濟現象的鑰匙。由是，他便想憑藉客觀的觀察法，在這個原理上面建起一個純理的理論經濟學體系來。加塞爾除受馬堡學派的影響外，還帶着有不少實證主義和實用主義的夾雜物。黎爾(Alois Riehle)和寇兒培(Oswald Külpe)的現實主義哲學也顯然被他吸收了。他努力淸除理論經濟學中一切傳統的要素，認這些要素皆不足以認識現實經濟現象諸關係，因爲這些關係，是只能夠論理的地乃至幾分數學的地去把握的。

李夫曼想拿巴登學派諸結論做基礎建立他的純粹心理的經濟學體系，並且公開指出文德爾斑、李可迪、繆士特堡和韋伯等做他的證人；然究其實，倒是因襲了馬堡學派許多見地。這種折衷的特徵，許就是他那經濟學體系所以屢受非難的一個原因吧。他排斥價值論的時候，觀點和加塞爾很有幾分相似。也想把他的整個體系，建立在一個統一原理之上，就是他的心理收益定律(psychischen Ertragsgesetz)。在他看來，理論這東西，乃是以正確的同一律(Identitätsprinzip)，即以（在經濟學方面）效用與費用的比較爲基礎，組織的地去說明經驗對象的意思。認爲許多經濟學家離開根本的經濟問題不提，徒侈談其花樣翻新的方法論，毋乃太舍本逐末，故嘗竭力攻擊之。可是他自己又屢屢犯着同樣的弊病。他那體系之純粹心理的構造，除馬堡學派這些形式的影響外，還很受有巴登學派的影響就是當我們講加塞爾時所特別着重的實用主義和現實主義的特徵，也可以在李夫曼的體系裏找得出來。他的體系裏故意把「貨幣的面紗」徹始徹終的保持着，認爲經濟學的眞正對象，是在於貨幣經濟諸現象之中。

四、孔德斯賓塞和經濟均衡論

馬堡學派對於德國經濟學最近的發展，還有其他許多影響，且等以後再說。這裏所說到的，只是表現在加塞爾乃至李夫曼思想中的現實主義和實用主義的痕跡吧了。這些已經把我們導到諾曼和盎格魯薩克遜的經濟學領域。在這個領域內，那曾爲德國歷史學派及涂爾幹、西米安少數追隨者在方法論方面所注意到的孔德(Auguste Comte)實證主義，對於經濟理論之內容和目的，給後代學者留下一個深刻的印象。孔德嘗想淸除過去社會學中所有形而上學的要素，而使它成爲一門精密的實證科學，僅以感覺經驗做基礎而處理有數的幾種社會關係。這個時候，諾曼和盎格魯薩克遜民族新經濟學之主潮，也莫不放棄一切擾亂的非經濟的觀點，而傾向於少數能精密把握的經濟關係之研究，以期形成一種精密的實說經濟理論。他們以經濟均衡思想爲中心所在，恰像從一株大樹展出來許多枝條一樣，從這個思想出發派衍而成爲他們各派的理論。雖然這項思想要不是得到斯賓塞(Herbert Spencer)那有名的進化論之支持，怕也難得現在這樣風靡一時吧。

斯賓塞把他那有名的一般進化法則公式化了之後，復從種種觀點把它加以修正，使其更加適合於具體進化現象。於是他首先立一命題，即進化是從單純的狀態向更複雜的狀態的推移。其次，就論及太陽系、地球、植物、動物、以及人類社會之進化，以說明這命題。依斯賓塞，根據這些實例又可證明次一事實：即在大多數場合，進化是從較多同質的狀態向較少同質的狀態的推移；從而是從同質性向異質性的推移。是故，有機體從單純同質之胚胎進化到種種器官之多樣，正如從原來的言語系統派生出種種特殊之方言。蓋因一切自然的和社會的有機體，由於它們的成分的組織進步了，各成分之個別的發展增加了，結果自然使總體更加明確，更加決定化。斯賓塞把那有名的進化論如此發展著，因而進化遂成爲一方面物質凝集，一方面運動消失；當其凝集之時，物質是從不定的，單純的同質性，向決定的複雜的異質性而演變；受了制約的運動，也要經過同樣的變化。

但這進化的過程，即不斷的分散和凝集，到底何處去呢，運動的消失和物質的凝集總有所底止的！然而在那個時候，——斯賓塞說——就達到絕對的均衡狀態，一切的力和反對力皆平衡了，一切的運動都被放棄而散失了，從而呈爲完全的靜止狀態。這其間，各個實在都達到一種可動的均衡狀態，只有它各部分的運動仍繼續未斷，全體卻達到了靜止狀態。這種不安定的均衡，就例如太陽系內所運行的一樣，太陽系最一般的諧調關係是既已安排定了，其內部各個行星卻仍然繼續著運動。可是這可動的均衡在一切的進化上，總得要變成不可動的絕對均衡的；那時部分的運動也就終止，而達到最完全的分布和秩序。於是存在要反映那不斷的外部作用，就只有由與進化相反的過程，即進化之漸漸分解，纔有可能。在這分解過程中，乃依相反的順序將進化之一切現象重演一遍；物質獲得最完全的運動之後，終於要再被分散、分解，以至於達到一種莫可名言的狀態。然而物質必須是存續的，所以到了新的進化過程再行開始，那分散也就止住了。像這個樣子，宇宙之內，有機的和社會的生活之中，進化和分解以無限永遠的律呂反復著，而對於宇宙的說明提供一個鑰匙者，正是這一過程。

我們在這裏要鄭重指明，斯賓塞這個偉大的企圖，初看好像和唯物哲學頗相彷彿，內容卻完全不同。斯賓塞把物質運動和力的顯現，只看做是思維的標記，其背後還有一個複雜得多的絕對者在。不過他又再三申明，這個絕對者乃是不可知的，而唯物論和唯心論偏想去認識它，結果使大家都陷於言詞上的爭執。

斯賓塞首先把這個進化論的大思想應用於生物學和心理學，而後在社會學上亦與它以支配的地位。他把社會生活作爲有機的進化而把握，並且把它看作統一的一般世界過程之一部分。他拿社會生活和個人有機的進化相比較，相信社會生活上也能看出凝集和分散以及向更複雜的決定的狀態的同樣推移。不過社會有機體——斯賓塞說——是與個人有機體不同的，即社會有機體沒有任何確定的外部形態；其各個單位是分散的，自由行動的，決不形成位置相當固定的常住的實體。最後，這些單位雖都有感情，但不若個人有機體那樣，感情占有特殊的地位。由於這些差異，便生出下面這主要的分別：即在社會有機體中，全體必須役於部分；而在個人有機體中則正相反。不過，像一切的進化一樣，社會有機體的進化也是要達到均衡狀態的，在這裏，那左右宇宙之命運的進化和分解，興盛和衰微的偉大的宇宙律呂，也支配着。

斯賓塞在綜合哲學（Sythetic philosophy）中所發揮的偉大思想，像燎原之火一般地擴大到整個文化世界。經濟學之不免受其影響，至少不是不可思議的。斯賓塞的第一原理（First Principles）之出版，早華爾拉斯（Walras）純粹政治經濟學概論（Elements deconomie politique pure）凡二十年，只要考慮到這點，則進化論與經濟均衡理論的密切關係，便更加明白了。洛桑學派（Lousoner Schule）不僅拿供給和需要的交互關係及其種種作用和反作用，說明價格構成和所得分配，且還想利用它們去解決經濟學上許多組織問題。他們處理這些作用，無一不是以斯賓塞進化論的態度爲態度。依洛桑學派，經濟諸關係亦復如是，正想達到一種理想的絕對的均衡狀態；但實際上又是絕對達不到的。因爲萬一達到了，那末經濟生活經過瞬間的靜止之後，又得次第分解起來。所以實際經濟生活上最重要者，並不是那樣的均衡，甯是種不安定的均衡狀態。洛桑學派的追隨者，像後面還要詳述的一樣，對於各種經濟問題中這些關係，很是熱心研究。然而這種地方，斯賓塞的哲學實在是他們的思想淵源，那怕他們一般都沒有意識到同時，這種哲學又是把經濟均衡理論和社會上，自然科學上，以及宇宙間各種重大問題聯結起來的一個環。

洛桑學派大多數追隨者，都是以多少唯物論的和機械論的修正，而接受斯賓塞的根本思想；只有拍雷圖這人，卻把這思想的本來形態，原封原樣的紹介過來。他青年時候，的確是那位偉大的英國哲學家一個最熱心的崇拜者。當在意大利時，他始終無間的研究着斯賓塞各種著作，後來到瑞士去，纔漸漸離開了它們，但到最後爲止，總保持着這個思想的大影響。例如他的社會學中，就以社會均衡論做了整個思想體系的中心；他又曾處理過經濟均衡的問題，在在都令人想起斯賓塞的一般的觀點。不過到他晚年發展階段，除斯賓塞的思想外，又受了幾分孔德哲學的影響，並且還有日益增加的趨勢。在"Manuel,""Trottato"二書中，這種影響尤其顯然可見。拍雷圖的實證主義的科學理想，和孔德的完全一樣：人類精神乃由神學的、和形而上學的階段，以進於實證科學的階段。在這最後階段上，必須把古來一切支配觀念的要素，排除淨盡。所以他認科學之對象，只限於空間和時間上所與的事物。只有運動是可知的，惹起運動的各種力量則皆在不知之數。像這一類的，尤其是在現象學和形而上學領域內，孔德和拍雷圖的接觸點，眞是不勝枚舉。拍雷圖本來絕對主張自由貿易主義的，後來所以漸漸叛變了它，也是因受對於經濟政策主張干涉主義的孔德影響所致，這是週知的事實。斯賓塞和孔德以外，也曾從哲學方面與拍雷圖以顯著的影響者，就是達爾文進化論，和基於聯想心理學的亞立山大培因(Alexander Bain)的論理學。

五、功利主義的倫理學、劍橋學派及經濟自由主義

經濟均衡論又爲馬夏爾及其追隨者卽劍橋學派所採用，作了他們整個理論的中心。該派在這一點上，和斯賓塞的哲學發生了關係。在倫理學方面也顯著的受了後者的影響。因此，我們不得不把斯賓塞的倫理學也稍爲提出來說說。

這位偉大的英國思想家，尤其是把他的倫理學看做他自己一切哲學體系的眞正的榮冠。他對於倫理，是一個十足的快樂論者(Hedonist)。他在快樂中發現出究極的倫理目的。他說，一切增進快樂的東西同時都是助長生活的生活乃是整個進化過程的究極目標；故吾人應直接以生活本身爲倫理之究極目的。唯其如此，凡肯定生活的一切行爲，便都有倫理的價値，從而都是善。反是，凡有使生活低下，或否定生活之傾向的一切行爲，則皆爲惡。善的行爲不僅盡力助長自己保存而已，就是同胞和子孫的生活，也要把它們助長至最高可能的限度。這種地方，就表現了斯賓塞倫理學的功利主義的特徵。不過因爲他在這裏也適用着進化思想的原故，使他在初期功利主義者的急進的倫理的經驗論（主張只從吾人行爲之善惡經驗，纔發生倫理的判斷）與那從超自然的本體之意志中尋覓一切道德行爲之本源的直覺的道德哲學之間，發現了一種的中庸。

什麼中庸呢？斯賓塞解釋說：「善」與「惡」的判斷，最初的時候，無疑的是從日常經驗而生，是從常常伴隨各種人類行爲而至的諸後果而生的。這個原始的經驗的判斷力，經過人類歷史的無數時代不斷的傳了下來，並且因着心理的遺傳，我們逐漸巳和天賦的先驗 (a priori) 之直覺力（卽離開個人意志的所謂良心發現）凝結在一起了。所以道德的判斷，在個人是從先驗而來，而在進化不息的全人類，則是以實際的經驗爲基礎。斯賓塞與這進化的先驗說密切關聯着，將各種倫理現象和人類生存中最一般的條件內在的地結合起來，而想由後者衍出前者；從此於是倫理學領域內也可作演繹的硏究。這一來，他卻和從來功利主義的貧弱的經驗論分家了。

斯賓塞拿這些從他那一般的進化論搬來的思想，使功利主義面目爲之一新，重又把它普及了起來。快樂主義的功利主義的傳統在經濟學裏也是最重要的出發點之一，就是在今日多數人也還是這樣主張。這大部分是食斯賓塞之賜。這個傳統，不僅在拍霈圖的思想裏，甚至整個洛桑學派都顯現得特別昭著。其在盎格魯薩克遜經濟學中更是重要。大多數美國理論家，尤其是英國劍橋學派的追隨者們，至今仍極重視之。功利主義的根本思想在皮古(Pigou)的體系中演了決定的任務，他雖然也受了功利主義之現代化傾向的影響，但在前世紀末葉，把這個傾向的思想領上遠征之途的，究竟還是西茲維克(Henry Sidgwick)。

西茲維克想大膽的使功利主義脫離其經驗的基礎，而把它搬到一個新的哲學基礎上面來。他這種辦法的意義如何，要給它下一個正當的評價，就不可不首先顧慮到自休謨(Hume)以來一向從感覺中找尋一切道德根源的英國根深蒂固的經驗論。西茲維克不贊成邊沁(Bentham)和穆勒(Mill)那樣把理想還元爲實在，而主張重行用理性和道德意識以決定倫理之究極的目的。他首先排斥那種功利主義和利己主義，結合一氣的心理快樂主義，而後以銳敏的觀察，將這兩個傾向之間的矛盾，暴露出來。西茲維克更在斯賓塞進化論的倫理學裏找到了一個眞理的核心，而進一步承認進化的要素，對於倫理判斷的成立，關係非常重要。不過依他看來，吾人道德判斷之根源，不在於經驗，乃在於直覺，同在一情況之下，一切人類皆有同一的道德義務，關於這種道德的世界秩序之認識，用經驗的方法是不行的；僅只有直覺的方法，即藉吾人有生俱來的親切鄰人的天性，纔能夠取得認識的基礎。如此，西茲維克便復歸於初期蘇格蘭道德哲學的說數，尤其是巴特勒(Butler)的學說，而把它們與康德的無上命令的觀點結合了起來；因而在那僅從邊沁和約翰穆勒的外形繼承而來的功利主義倫理學裏，賦予以新的內容。西茲維克在認識論方面，自然還受了康德不少影響，但他的形而上學的見解卻是懷疑的，只因爲它的社會的有用性之故，神和靈魂不滅的信仰，纔值得擁護。

像週知的一般，西茲維克曾經拿他這倫理的見解適用於經濟學的。他一八八〇年出版的經濟學體系，固然只在他本國收了相當的效果。但因着皮古的經濟學已成爲今日世界經濟學中最有價值的瓌寶之一，所以西滋維克這理性的功利主義，最近也就身價十倍了。

至今尙興盛着的古典經濟自由主義（以法國爲尤甚），更是接近斯賓塞的倫理學。皮古雖從新古典派接受了快樂主義的功利主義的見解，他對於斯賓塞的許多改革卻仍很能了然。斯賓塞本人就是這經濟自由主義一個最熱心的鬭士；而使它和他那根本的個人主義完全的適合着。一直到如今，這經濟自由主義還在把他和法蘭西自由主義者連結着。至於莫利納里（Gastave de Molinari）則全部的接受斯賓塞一般進化法則，他的整個經濟學體系，都是準照這法則的構造建立起來的。

六、斯坦姆拉及其社會法的經濟論

這裏我們再要回到德語諸國最近經濟學說的哲學基礎上面來。前面已經說到，從馬傑學派的思想對邊際效用說發出了兩個方向（即加塞爾和李夫曼）的有力反對。但此外尙有一個方向也是從同一源泉派衍下來的。這第三個方面可直接溯至新康德派的追隨者法律哲學家斯坦姆拉(Rudolf Stanmler)，他企圖採用新康德派認識批判的見地，建立一種社會哲學體系；他純粹一元的把握社會生活的進化，想用先行的（Vorangegangene)社會現象去說明一切社會運動和變化，並且從「社會經驗的無條件的統一」(Unbedingten Einheit sozialer Erfahrung）中去認識它們，不過他固不承認社會潮流中有或種獨立的原因系列(Ursachenreihe)的存在。斯坦姆拉從「外部規制的要素」(Moment der äusferich Regelung)中，卽人類所創造的法律秩序之存在中，發現了社會生活的本質的特徵；這就是社會生活所以和許多個人的純肉體的集合不同的道理。所以他認爲：社會生活乃是一種受外部規制之約束的人類共同生活。要通過這外部規制，社會生活纔始成爲一種特殊的認識對象。從而，一切社會科學的研究結局都不可不注意這規制，不可不注意它的性質和它的構造。所以，依斯坦姆拉，社會生活的形式就是法律，而其實質則爲經濟。故關於國民經濟諸事物之一切觀察，必以法律形式（唯有在它內部，一般經濟生活纔能存立的法律構造）之認識爲其基礎。

狄爾「社會法的」經濟體系便是拿斯坦姆拉社會哲學做基礎的。他那體系仍支持着價值論，雖說只是從屬的意義而已；不過對於邊際效用說的抽象方法，亦極爲抨擊。在這一點與狄爾非常一致的，便是斯托兒玆曼(Rudolf Stolzmann)。後者亦和斯坦姆拉的社會哲學極爲接近，從這個哲學繼承了關於一切社會事物之目的論的觀點，尤其是斯坦姆拉「一切社會事物皆不外社會之統一的目的形象之要素而已」這見解。維也納派學者安孟(Alfred Amonn)，亦傾向於社會法的見地；不過他有許多地方，同時又是本於巴登學派的論理概念。他靑年時代的著作，曾在那次激烈的方法論爭裏演了和解人的任務。所以他最近關於經濟理論的見解忽一變而與邊際效用說完全反對，不能不說是邊際效用說一件不幸的事。然而猶不止此，邊際效用說陣營裏一個最重要的角色史盤居然也作了同樣可悲的事。史盤亦復和斯坦姆拉之目的論的社會哲學有許多接觸。雖然如此，他的世界觀畢竟是出自完全不同的另一個哲學領域。

七、德國理想主義哲學的復興與史盤

前世紀末葉，隨着德意志哲學的復興，理想主義思想又逐漸出現於舞臺。即令新康德哲學的巴登學派，也很受費希特(Fichte)理想主義之影響，這在文德爾斑的思想裏面就已表現出來，不過到李可迪而更引起注意，到繆士特堡的思想裏則已經有幾分支配勢力了。不過，這些思想家大都立於認識批判的見地，所受費希特的影響也是偏於這一方面。德國理想主義的主要道統的眞正復活，乃是在帶幾分形而上學傾向的哲學上。最近去世的倭伊鏗(Rudolf Eucken)的哲學就是如此。倭伊鏗極端反對自然主義，而倡出一種更高級的超主觀的精神世界之存在和支配；以爲假如沒有這超主觀的精神世界，則人類社會只會是大家都追逐快樂而唯利是圖的一種無意味的混亂吧了。這個高級精神世界的思想乃是倭伊鏗哲學的核心，成爲德國思想界新理想主義運動的基石。即受陸宰(Lotze)影響較多的法爾肯堡(Richard Falckenberg)，對於費希特的理想主義的復活也出了力，青年思想家們，尤其如舒爾茲(Herman Schuary)、美提古斯(Frity Medicus)和弗未元(Joham Maria Verweyen)諸人多是往這個方面進取的。而同時，黑格兒研究亦日形熱烈；還有人企圖借助於他，以求思辨哲學的復興走這條路的人，以拉松(Adolf Lasson)和夫萊德爾(Otto Pfleiderese)爲最有名。就是兩個指導的新康德批判主義學派，也一樣熱中於黑格兒的研究。

處在這樣一種雰圍氣之下，史盤乃企圖利用那蘊藏在德國理想主義思想界的寶藏，以從事經濟學的改造。像其他現代精神科學和詩文學的代表者一樣，史盤也憑藉着理想主義之絕頂——浪漫主義，在經濟學領域裏樹起那全體主義的世界觀，以與個人主義相敵對。史盤嘗於最近心理學方面研究狄爾瑟(Dilthey)、布楞丹諾(Franz Brentano)，挨侖惠爾(Ehrenfels)邁農(Meinony)諸人，歷史哲學方面研究陸宰、文德爾斑、李可迪諸人，認爲這許多人的精神活動中，都日益有從機械的因果的思想，向有機的目的的見地推移之趨勢。他費了許多力去援用最近生物學的形而上學，這生物學的形而上學以杜里舒(Hans Driesh)的優秀的體系達到了極峯。

杜里舒最初從事動物學的研究，正當研究之中，忽然不得不反對達爾文的進化論。他從幾種實驗認識出來一事實，卽動物學之最深奧的眞理，只有目的的觀察機能研究；它的第一原理乃是「動的活力說」(dynamische Vitalismus)，如最近十年來罕斯坦(J. V. Haustein)、本克(G. V. Bunke)、賴恩克(J. Reinke)諸人在同一研究上所發表的一樣。這樣，他的興趣遂起轉變而傾向於哲學，尤其是形而上的領域了。近來他已傾注全力於這個問題的研究。他的哲學出發點，是所謂知識的原始狀態，這是帶有幾分笛卡兒所謂「我思故我在」(Cogito ergo sum)那意味的。他要使原始知識這概念所含的律則顯露出來，使發展爲他的「分類學」，想在其中把康德所立各範疇加以改良，而以「全體及其諸部分」兩範疇補充之。這兩個範疇裏已把活力說的根本概念包括着了。杜里舒在一切有機體中，一切全體中，看出有「多樣」的胚胎之存在，這種胚胎在其生成過程中，原則上不能自發的增加。

隨後在他的形而上學裏，復對這生成（卽有機體的發展）加以詳細的研究，否認一切機械的觀念，而想只用活力說原理統一的地去說明它，他又說，有機體的生命除憑藉物理化學的自然要素外，還同樣的憑藉超個體的「圓滿實現」(entelechy)之要素而活動，而受其支配。這圓滿實現雖並不表現爲特殊的能力(energe)，卻是從屬於能力之一般原理的。它的活動存於「秩序之實現」，質言之，即存于其內含的緊張的「多樣」(mannigfaltigkeit)之展開。至於它的性質，最好拿它和柏拉圖(Plato)相比較。藉着圓滿實現的作用，種種有機體纔各自組成起來，所以有機體的組成，本就包含在圓滿實現的組織之中。這個理論之最高而亦最不容易達到的目的，就是要把世界理解作一個結合着各種部分(這種部分照個體對全體之重要程度而分階段)的統一的有機體。烏克斯寇爾(Jakob von Uexküll)對於有機世界的組織的構成，亦作同樣解釋，更明確的發揮了這項理論。另一方面，葉林內克(Karl Jellinek)則從這些觀點觀察着社會的有機體和經濟生活。

由杜里舒及其追隨者所展開的這生物學的形而上學的各種原理，史盤當着手完成他自己的思想體系時，並不知道；後來纔偶然促起他注意。他對於杜里舒哲學仍舊維持因果思想而與首尾一貫的整個見地不相調和一層，雖頗有非難，但其最一般的主要觀點，實在與杜里舒毫無異致，這就是史盤自己也得承認的。不消說，這兩個思想家，或從事生物學的研究，或從事社會學的研究，用完全不同的方法，而達到同一之結論。所以他們這種一致，實在值得深長注意。

史盤最近拿他那有機的全體的和目的論的思想，與德國浪漫主義的主潮交織起來，以構成他的體系，尤其是那由範疇論而成的部分。在這範疇論裏，全體主義的世界觀尤爲顯著。依他個人主義者所謂「部分先全體而存在」是絕對不合眞理的。這種見解的流行，直可謂是「莫可名狀的不幸」。由此所產生的知識，乃是「生命、眞理、精神的否定和野蠻」的說教。原子論、機械論、個人主義、資本主義乃至希冀未來的社會主義和感覺論，無一不是由這個世界觀所導出的虛偽思想。反是史盤自己則樹立一個第一最重要的本質論的範疇，即全體性的範疇，從這個當中找出一切形而上學者和社會學者唯一正確的態度。史盤說全體之為全體，並不具有任何存在；然而它乃超出成員之上，是隨成員之生以俱來，而又不隨成員以毀滅的。史盤從全體性再推出其他各種範疇：即適合、展開、出生、運命等樣式。而以一種不滅的、不可讓的、不可現的「原光」（Tünklein）為其中心——這或許就是杜里舒所謂圓滿實現的本源吧。史盤這個「原光」概念，乃襲自一個最偉大的德國神秘家克哈特（Maister Eckehart），他並且想證明在亞里斯多德、柏拉圖和托馬士阿其諾（Thomas V. Agvino）諸哲的思想裏，都已有着這個概念的存在。自由與隸屬在史盤的體系裏是沒有倫理意味的矛盾的，因為這兩個概念在「全體成員之被拘束性」上，在「全體性之關係」上，早已經完全一致了。史盤先從這全體性的關係，（即全體性之秩序組成）推演出一切道德價值和倫理價值，而後又在經濟學領域內導出一個均等重要性概念。近年以來，他鑒於邊際效用說的價值概念已難於維持，因想用這均等重要性概念取而代之。

八、泰爾德心間心理學的思想體系

最近諾曼文獻中，堪與史盤所創立的哲學和經濟學媲美者，恐怕第一要算泰爾德（Gabriel Tarde）的思想體系了。他年代雖早於史盤，但他關於經濟學的標準著作，到本世紀方纔出版。事實上他們彼此之間，只有一個本質的接觸點即史盤已具輪廓的全體主義的社會構造，（關於這，後面還要詳說），與泰爾德心間心理學的 interpsychologische 社會觀點有點類似。

泰爾德哲學的一般特徵便是非常樂觀主義的。依他的哲學，宇宙間有一種偉大的普遍的調和支配着，在這調和之中，一切個別現象都被安排在統一的關係形態下面。這一般普遍的關係形態，第一個是適應形態。這形態在無機界則現爲化學的化合，在有機生活上則現爲胚胎和結實，在人間社會上則現爲發明之創造的行爲。至於無生的自然界之波動，有機界之生殖，以及社會生活中之模倣，則是另一個普遍的關係即反復關係之種種形態。最後第三種關係形態，便是對立。這對立形態在其存在的三大領域中，現爲衝動、殺害和戰爭。這三個一般的關係形態，其互相作用和反應之合成力，便造成偉大的、社會的、有機的及宇宙的進化過程，這過程受普遍的調和所支配，從這調和當中找尋它自己之究極目的。不過在這進化過程內部，行着一種不可逆性定律，依這定律，各個發展現象之序列，都是固定的，被自然規定了的，從而是絕對不能顚倒的。發展的第二個根本定律便是累進擴大定律，後者與前面所述斯賓塞的作用倍加性定律內容完全一致。

泰爾德如何驚人而巧妙的，如何努力的企圖準照這個一般的哲學圖式構成經濟學的整個體系，後面還要詳述。自然，他那體系，在其最大的特徵上是和史盤的體系本質不同的；然兩者之間，實在有許多接觸之處。在泰爾德方面，正當價格的概念，演了非常重要的任務，而史盤在最近發展階段上，雖用的是完全另一種方式，畢竟不過是同一概念之「理論的再征服」而已。

九、美國哲學的樂觀主義與葛拉克學派

本世紀美國經濟理論的主潮，（老葛拉克爲其權威）乃由邊際效用說和古典學派的修正觀念所匯合而

成。故其哲學源流也可求諸這兩個經濟理論傾向的一般思想淵源之中。快樂主義和功利主義是這派的最大特徵，其所以受人攻擊實以此為厲階。除這種特徵外，他們還帶有樂觀主義的傾向。這樂觀主義傾向正是美國文化最重要的成分之一。

美國最初的哲學者許還是最偉大的哲學者，就是愛德華(Jonothan Edward)。他視自然和社會有如神聖，以為這是只以人類幸福為鵠的神所一手締造而成的一種壯麗的諧和。這種態度通過富蘭克林 (Benjamin Franklin)，便成為美國哲學的典型態度。富蘭克林藉他那「可憐」的李加德(Poor Richard)的格言把「人之幸福即人之目的」這信念深深種入美國各階級的心中去了。依他，即使社會的單位份子，亦只是為個人之福利而存在。富蘭克林並想把這些倫理的概念在自然科學的見地上打下基礎——這便使得他和法國重農學派發生了親密的關係。這個樂觀主義的哲學，在經濟學方面則由開利(Henry Charles Carey)完全表現出來。他以神的諧和當作整個經濟學體系的基礎。在這諧和裏面，有機界與無機界、精神與社會，都受有種種定律的支配。

葛拉克的學說裏，多少繼承着樂觀主義的傳統。他的分配論，完全是利用這傳統的，尤其是通過那邊際效用原理之倫理的採用。依葛拉克各生產要素憑各該邊際生產力而從社會盈利中所取得的分兒完全是正當的；究極的說，就是社會勢力的影響，也不可以剝奪它。塞利格曼從邊際效用說，推出一個自由的結論，用它去說明一般的實業界。巴充(Pathen)更把這樂觀主義加以發展，使之成為他的價值論和價格論的基石。因以在富之分配中，發現出一種協調的希望——那怕現時的工資制度，一仍舊貫！

一〇、新美國心理學及經濟的制度主義

本世紀以來，葛拉克學派在美國受了峻烈的批評。批評的先鋒，是一些生氣蓬勃的少年經濟學家，他們特別是拿所謂新心理學的各種發現做根據，對現代經濟學中快樂主義和功利主義的根本原理，實行猛攻。美國新心理學，一部分起於一八八〇年代，大部分起於一八九〇年代，其學說體系，乃由歐洲二大心理學派思想所匯成。第一爲舊聯想心理學，特別是經過斯賓塞修正以後的。第二便是現代德國的實驗心理學。

聯想心理學是經驗的說明的心理學之一派，它不以精神生活之單純現象的研究爲滿足，主張就是它們後面的心理氣質，也要加以研究。聯想心理學的淵源，實出自希臘哲學，哀利亞(Elea)的巴門尼提斯(Parmenides)和亞坡侖尼亞 (Apollonia) 的代俄哲尼斯 (Diogen(s)，關於「忘記」的斷簡殘篇姑不論，柏拉圖已最先實行了記憶之概念的分析。到亞里斯多德更給聯想和回憶的過程樹立了極饒興趣的定律了，在這種定律中，且見亞氏對於精神生活的體察入微。就是曾注意過記憶術之研究的羅馬人，乃至曾用精神去把握過回憶之動因的中世紀的煩瑣哲學者，都不能超過他的境界。

直至十七世紀的英國哲學家尤其是霍布斯(Hobbes) 洛克(Locke) 之手，這個題目纔開始進了一步；到休謨時，聯想概念便成爲心理學的中心。在休謨看來，聯想乃是從一個表象向另一個表象的推移方法。有了聯想，就可以說明單純或複雜的諸表象之不斷變化，不斷聯續的姿態。休謨又把我們的意識還元爲聯想的各種關係，遂把他整個經驗論建築於聯想說之上。另一方面，哈特利(Hartley) 卻把以前法國思想家笛卡兒和馬爾布隆什 (Malebranche) 各人的思想，加以更新而採用「心物震動說」(Psychophysischen Vibrationshypothese)，從肉體的纖維作用去說明這種聯想之心理現象。對於這種聯想過程之唯物論的見解，法國啓蒙主義思想是格外適合的。而把聯想還元爲緊密結合的纖維之共同刺戟，這項思想，又是德國科學家們所樂爲接受並且肯加以發揮的。在大陸方面，聯想主義終爲康德哲學和浪漫主義思潮所淹沒，沒有多大發展，但在英國，卽其故國，卻一直繼續着，到詹姆斯穆勒(James Mill)，又給了它一個新的衝動。像古典經濟學一樣，聯想心理學也是到約翰穆勒(J. S. Mill)，纔取得了論理的簡潔的表現。他把思想、感情、意志、行爲和感覺看做意識狀態的主要種類，把它們各種規則的聯想綜合爲一般定律，而後以之爲科學的心理學的對象。亞立山大培因則走另外一條路，卽由概念的統一化，使一切單純的聯想互相類似，互相接觸，總之，使互相依存起來；不過他同時承認另有幾種複雜的和構成的聯想，它們是由幻想引起的。

到斯賓塞，聯想心理學遂在他的進化思想中具備了最完成的形態。他首先把心理學一般分類爲主觀心理學和客觀心理學。前者重在將意識現象作內的觀察，後者則單從人或動物的行爲上去認識心理現象。這個客觀心理學的姿態是：心理學乃作爲關於一般生命表現之一定量的學問，它和生物學有最密切的關係，所以關於神經系統各種機能之正確知識，是研究這門學問的前提。斯賓塞以爲這些客觀神經機能之主觀基礎，乃是心理的原子和意識單位之結合；一切不同的意識對象，莫不是由此而出。這些結合的原動力和具體表現便是聯想（照初期英國心理學家所理解的）。生命的心理表現——斯賓塞更進一步說——之本質，只有當作進化現象纔能被理解。在它們的發展過程中，內在的心理關係，總是要求與外部的生活狀態相適應，有機體的長期的發展便是這樣進行的。如此，這些有機體對於外部作用所起的反映，是一天多樣化一天。各種心理活動與生命之心理的表現不同，它們在這些發展過程中，愈變成規則化，那時際，精神對外界的關係，愈益發生不同的性質，這不僅是由於個人經驗，一方面也是由於遺傳。

這樣子，斯賓塞一面重視進化思想，同時又採取哈特利的心物震動說。但他自己明白表示，還援用了德國學者黑爾荷爾提（Helmholtz）的新研究。像週知的一樣，黑爾荷爾提就是發揮繆勒(Johannen Müller）學說，而最初在精密的數學基礎上把握了生理過程和心理過程之密切關係的人。而且因了他那感官心理學的完成，給實驗心理學（卽前世紀後半期盛行於德國的學說）奠定了眞實的基礎。

實驗心理學中最初放著光輝的成就，是與亨利韋伯（Ernst Heinrich Weber）的名字不可分的。他從天生的感官之精密研究和測算着手，因而利用了實驗方法。實行從亨利韋伯的傾向過渡到舊派心理學說（尤其是謝林格 Schellinz 形而上學的觀念）去的，是惠希納（Gustav Theodor Fecher）其人。惠希納謂肉體和精神本爲同一，僅顯現之狀態不同而已。他並且對這些機能的相關關係，樹立一種不變化的比例和數學方程式。由這些比例和方程式，便完成了精神物理學，卽獨立於心理學與物理學之間的一門新科學。這個時期內，用其他方法（特別是關於天文學記錄錯誤這問題的精密研究），也得到和實驗心理學類似的結果。後來把各方面一切研究結果綜合起來，而成功一個統一之體系的（包含以代心理學三大領域，即感覺知覺論、感官心理學，及二者之結合的實驗心理學），實歸功於馮德(Wihelm Wundt)。

當實驗心理學在德國，特別被雲爾堡學派（Würzburg Schule）發揮着的時候，那項思想已遠涉重洋到了北美，與向來的聯想心理學見地，尤其是斯賓塞心理學說，結合而成新美國心理學。這對於大西洋彼岸最近經濟學的發展，是非常重要的。對於這新傾向的創立和發展致力的人甚多，茲僅舉次列數人為代表：威廉詹姆士(William James)、鮑爾文(J. Mark Baldwin)、華特生(J. B. Watson)、桑戴克（E. L. Thorndike）、凱龍(W. B. Canron)、提徹納（E. B. Titchener）、武德華斯(R. S. Woodworth)、敦拉浦(K. Dunlap)、葉奇士(R. M. Yerkes)和安其爾（J. R. Angell）。其人類學和生物學的方面，可推菩阿斯(F. Boas)、羅威(R. H. Lowie)、摩爾甘(T. H. Morgan)及英人巴特生（W. Bateson）為代表，而其社會心理學的關係，則為庫利、麥克杜加爾（W. McDougal）、俄格朋(W. F. Ogburn)及英人華勒茲(Graham Wallas)諸人所發揮，復為斐布侖及其追隨者所繼續，後者更為着重經濟的方面。這裏限於篇幅，不能把這些研究者的思想一一介紹出來。所以在這個極簡短的概括中，只好把他們的見解，有關經濟學之改造者，略為述及。

他們看來，人性決不是一種單純的現象，受純粹理性所統一指揮，像前人所假定的。剛剛相反，人性之中，當有一種無限複雜的精神物理的機能在裏面活動着；它對外界種種影響，常視其性質如何，而以各種不同的方法反應之。理性這東西，在這反應當中，即在人的行為當中，並無任何獨裁之任務，僅只演着一種選擇的任務吧了。因為理性根本只能把各個非所望的反應抑制下去，以選擇當爲的有用行爲而止。這些行爲所以可使個人生活和社會生活各種慾望，獲得滿足，要皆吾人精神物理的特性，即我們固有的本能有以致之；決非由理性的考慮所決定。理性的考慮僅演着次要的機能：即選擇強制履行之行爲，從而選擇已經存於心之行爲而已。然而這與述二事實並不矛盾：即（一）理性對於人類行爲之影響，跟着文化的向上日益增大，（二）在人類精神的發展中，人類行爲日益顯現爲全由理性所指揮的活動。因爲實際上，我們的問題，只是精神物理各種反應之永遠增加的分化作用。這些反應，常常和環境之變化無窮的影響相適應；人類行爲適應力的迅速，便把人類從其他一切生物分別開來。

經濟行爲亦復如是，初非由快樂主義那類普遍的理性法則所規定。因爲，人類的經濟行爲，即令在其最根本的原則上，也常是適應着經濟制度，社會環境之不斷發展的。並且人性的發展，像斯賓塞的學說那樣，乃與週遭經濟制度的發展相互平行而進。人間一切活動，那怕是最小的活動，也能給經濟環境引起種種變化；而那些經濟環境的變化，又要給人性以千數種的反射，引起種種更大的變動。這種相互的倍加過程，連續不斷，使兩方面都進行恆常的平行的發展和變化。捨象它的發展，而取一個與定的時點（例如現在）去研究人類經濟行爲與經濟環境之關係，固屬是有用的。然而用這種方法的結果，只能得到一個靜止的形象。但從毫不變化的執一而論的經濟行爲之抽象的演繹的假定出發，也不免錯誤。因爲一切需要和意欲，目的和手段，個人行爲的活動範圍與方向等等，都是變化無常無限錯綜的「制度」發展之機能。我們倘然要認識各種經濟關係的眞正本質，就得潛心研究經濟制度（institutions）之性質、起源、和成長，及其在發展過程中所起各種變化，乃至它在對於人類精神物理的性質（即人類的實際經濟行爲）的平行變化之相互關係過程中所起各種變化，然後纔有可能。

大體的說，這就是基於新美國心理學的最近勢力日張的所謂「制度主義」或叫「行爲主義」，乃是美國經濟學中一個最摩登的思潮。它的思想構成裏面，把德國實驗心理學和斯賓塞進化論觀點，以及他們背後的傳統的英國聯想心理學觀念首尾一貫的反復着。雖然這新經濟學說的中心，——相對主義，卻不能否認它和德國歷史學派的根本思想，尤其是該派希爾德布蘭（Bruno Hildebrand）的見解，有部分的接觸。

美國制度主義學派，輪廓極不明瞭，吾人幾乎不能稱它爲一個特殊學派；或謂其具有獨特的思潮，採取獨特的途徑，而與其它經濟學傾向不生關係。所以他們那些學者對它的評價皆互有出入，自己也不以「制度主義者」自居。雖然如此，我們說斐布侖以次彌徹爾（W. C. Mitchell）、康門斯（J. R. Commons）、哈密爾頓（W. H Hamilton）、挨狄（L. D. Edie）和陶格威爾（R. S. Tugwell）諸人是這個運動的指導者，總非過當吧。他如武爾夫（O. B. Wolfe）、葛拉克密爾斯（F. C. Mills）、部克（O. F. Boucke）、甫來德（D. Friday），亦各從不同的方面和這個運動有相當接近。

達文坡（H. J. Davenport）裝做和制度主義者毫無關係，但他既根據完全異於功利主義的心理學立論，而對邊際效用說作峻烈的批判，則其與制度主義者有或種關係，要無疑義。他自稱為心理的主意論者，高調精神事象和實際行動上意志要素的重要。這理論和美國人的進取思想是最適合不過的，十八世紀的美國哲學家愛德華、約翰生(Samual Johnson)和富蘭克林就早已把它定式化了。惠脫(F. R. Fetter)從這主意的心理學導出許多很有價值的經濟思想，但把他歸入制度主義者之列，卻又不可。因為他仍堅持着邊際效用說最重要的幾個結果，並且對制度主義還施行猛烈的攻擊。

由此以觀，美國人未能根據他們新心理學達到一個首尾一貫的新經濟學系統，固甚昭然。直到如今，制度主義的信奉者們，仍沒有形成一個統一的團結。他們的態度，或為歷史的，或為統計的，或為純分量的，又或僅為現實主義的和心理學的，因之意見各不相同。新心理學的信奉者真正一致的地方僅有一點：就是他們齊心攻擊老葛拉克及其追隨者所代表的正統派政治經濟學。最近狄金生(Zenas Clark Dickinson)力唱經濟學應該無視新心理學的結果而堅持那傳統的快樂主義原理，為正統派政治經濟學的態度大作其辯護。然而，美國輿論卻更加對新傾向表示同情了。

總論

上面將二十世紀第一季各派主要經濟理論的思想淵源說了　個大概。由這個概括的觀察，我們可以斷定說：經濟學的發展，最近仍和前世紀一樣，其受哲學思潮影響之大實非普通人想像所及。不過，哲學對經濟學這種影響，若從純理的學說之考察逐漸向社會政策之考察而進的時候，就益見其濃厚而多樣。因爲各種世界觀和哲學的信念之間，有着很大的差異和對立，在經濟理論的構成上，要把這種差異和對立反映出來，尙比較困難；反是，經濟政策的見地就容易對它們作直接的反映。試看尼采或斯彭格勒（Oswald Spengler）文化哲學的觀念，和托爾斯泰或朶思退益夫斯基（Dostojevsk）社會倫理的思想，它們與最近一些經濟政策體系之間，有如何密切而顯明之關係吧。又看諾曼諸國，柏格森（Henri Bergson）對於支配的社會經濟政策思潮之卓越的影響吧。法國理論家不是大多免不了這影響嗎？例如里士（Charles Rist）的協同合作或職團主義的態度，是誰也不敢非難的了。然而它在純方法論問題上，也還要推柏格森做他的證人。

雖然，哲學和經濟政策，社會主義思想傾向之間的關係，那怕如許重要，本書原定目的，專在論述最近理論經濟學的發展，爲範圍所限，對於這些關係，未能多多論及——我們在本編中已指出最近各派學說之哲學淵源中種種國際接觸的情形了。在較高級的思想領域中，可見到的主要文化的差異，決沒有經濟學說的發展和實際政策上顯明，因爲在純粹哲學裏，國民的和政治的對立不起重大作用，文獻的接觸和相互的影響比較還來得活潑。所以關於哲學的淵源，尙不難提示出這樣一個統一的輪廓。至關於最近經濟理論的發展本身，就似乎照三大言語區域分開來敍述，倒比較便當。

第二篇　德語諸國經濟學的發展

第一章　方法論與組織化

一、方法論爭的告終

近三四十年來，歷史派經濟學家與抽象演繹派經濟學家間關於方法論問題的激烈論爭，已經偃旗息鼓。新起的理論傾向正方興未艾，到一八九〇年代末，地位更形鞏固，乃得集中其過去不得不耗費於方法論方面以爭取其生存權的一切精力，傾注於積極的理論建設。歷史學派的人們，對於這個進展，開首是妒忌的從旁觀望，既而遂改取退讓態度，終於踏了和解的第一步。因爲大家逐漸理解了：經濟問題，複雜萬端，不要正確地把握它則已，否則我們的科學研究就非實行廣泛的分業不爲功，而這分業當中，演繹法亦復非常重要。本世紀以來，仍舊想恢復歷史學派固有立場的，實在是少數中的少數了。

格拉布斯基(Stanislaus Grabski)的書就是一例；其論理基礎尙稱健全。挨伯斯他德(Rudolf Eberstadt)冗長的演說，主張保存致治科學的歷史精神，也是同樣的一種企圖。斯迪芬格（Ludwig Stephinger）嘗援用李可迪的論理概念而爲歷史學派的見地辯護，即其最近著作裏，過去所主張的歷史的相對的見解，大體仍無變更。彌特射利希（Waldemar Mitscherlich）一面承認理論的研究，一面仍贊成現實主義的態度；最近的宗穆爾（Louise Sommer）也可說是這類實驗論者的一個。

另一方面，什麽勒派的健者哈玆巴赫（Wilhelm Hasbach）卻主張妥協，想使這個論爭得到一個和平解決。他於一九〇三年發表一文，提倡一種抽象的演繹的敍述方法，說它在理論經濟學領域內與歸納的研究方法相需相成，不可偏廢，並且在他自己看來，即在研究方面，也無妨借重演繹法。其時本澤爾（Gustav Bunzel）和比爾曼（W. Ed. Biermann）所發表的論文，亦復這樣主張。後二年，哈玆巴赫（Hasbach）又進一層，即使在最重要的經濟理論問題上，也和奧國學派融和了；並且極力證明：經濟科學的體系裏，果把需要論和消費論放在生產論之前，那是更賢明更適當的。這和現代抽象演繹的純粹理論之從欲望說出發，完全是如出一轍。

就是歷史學派的領袖什麽勒本人，對反對派各種著作的評論，也一天和緩一天了。他那篇刊入經濟辭典第三版（一九一一）中的有名的論文國民經濟，國民經濟原論與方法（Volkswirtschaft, Volkswirtschaftslehre und methode）裏，已簡直看不出舊有的對立。什麽勒還止申明演繹法和歸納法在經濟學中同樣正當而已，活格特（Andreas Voigt）卻更又甚焉，他在經濟辭典第四版（一九二八）當該論文裏，甚至論及各種特殊問題的解決時，也主張兩個方法都可使用。

不過，這種和解，到宗巴特（Wernen Sombart）纔得到最實際的成功，這就是他那不朽的名著——現代資本主義(Moderner Kapitalismus)。尤其是其第三卷全把統計的歷史的研究和理論的態度首尾一貫的結合攏來了。關於這部書本書著者已在另一論文中詳細論及茲不復贅。

在方法論爭中抽象演繹的傾向差不多一向都只做着招架的工作，本世紀以來雖則採了攻勢，仍是很不足道的，像李夫席子(Feitel Lifschitz)的書卽其例。然而這派的領袖們無論如何要和敵方妥協起來，甚至於還斷然說：「我們過去數十年中，所以拿出一個抽象的經濟人來，亦無非想把經濟學的迷車納於正軌而已。」他們已一天一天承認那難以用抽象方法預測的社會的要素實在在經濟生活之實際形成中演了重要作用。

威塞(Friedrich Wieser)和後幾年的龐巴衛就是這樣，他們着重「勢力」這社會要素，把它和那在實際生活中很少妥當性的經濟法則對立起來。威塞的晚年著作裏，更把這思想應用於社會學，就是在現代學說的精神中成長起來的青年學者，亦皆影從他們先生而朝這個方向進取。其中第一個就是安孟(Alfred Amonn)。他着重社會的法律的秩序之各種必需條件，視之爲一切經濟理論不可或少的基礎。蘇順泰(Joseph Schumpeter)關於歷史學派對經濟學的偉大功勞也能與以正當的評價。

早安孟數年，匈牙利人納維拉狄爾(Akusius v. Navratil)曾依經濟現象是離法律秩序而獨立，或從法律秩序而發生爲標準明確的分它爲第一次的現象和第二次的現象。最近不屬於奧國學派的若干德國學者發表有幾部可注意的著作，也表示了這個傾向。發瑟拉布 (Karl Wasserrab)和考拉(Rudolf Kaulla)，對於一切經濟現象之社會的法律的制約，頗有研究。崔丁內克·休登霍斯特另一方面(Otto V. Zwiedineck Südenhorst)和韓內革則繼龐巴衛和威塞而研究勢力要素和經濟法則的關係。依崔丁內克看來，此等關係是非常弛緩的，韓內革卻認爲是多樣而活潑的。最後蘭到爾（Karl Landauer）則說明了經濟勢力的本質和作用。

像週知的一般，在經濟學中注重社會要素，乃歷史學派一向來最主要的綱領之一。今則理論傾向的一些追隨者，也開始注意這個對象了。在這兒，兩個宿敵不由得不一致的合作起來。

二、論理的思想

上述的和解一面進行着，激烈的方法論爭的主要興味已一天一天移到它的純粹論理的方面。而它的目的可再不是專門同人家挑戰了，止在於更加明瞭而完全的說明各自本身的立場。不過各派研究的主要見地，仍舊難期一致，一般的組織化，到底沒有可能。

二十世紀初採取論理的態度者，以哥特兒（Friedrich Gottl）和史盤爲主要代表。前者腦子裏縈迴着一種「汎經濟學」的理想，這汎經濟學，和一切具體的組織形態都不相干。同時他又激烈反對經濟理論的「文字的支配」，反對不深入問題本質去研究而徒然迷信定義。史盤則從社會學方面着手經濟學的方法論問題。在其處女作中就研究着經濟機構中部分和全體的相互關係。如此便達到了機能概念的分析，達到了全體裏面相互對立的各部分之關係的研究。其後這機能概念又爲經濟學中其他傾向的代表者所採用，例如蘇順泰和加塞爾是。現在則更有許多人在努力拿這概念去代替那有些硬性的因果概念。

最近在這方面收到特別成功的，就是牟斯（Karl Muhs）。他以銳利的眼光指出許多大障礙，因了這些障礙，經濟學決不能建立在各種經濟現象之純粹主觀的心理的，乃至純粹客觀的唯物的見地之上。在他看來，凡作這種企圖的人，適以見其偏狹而已。其結果不過產出一些似乎不可調和的對立，如馬克思和龐巴衛的價値論之對立吧了。雖然如此，牟斯卻相信在他那所謂「同一律」中能看出它們的對立之間仍有着某種的妥協。使他我們必須拋棄經濟概念之實在的觀察，而採取機能的觀察，以社會經濟的觀點看來，後者實爲主觀與客觀之本質的關係。馬沙克(J. Marschak) 也很有貢獻於機能的經濟理論，不消說，他是比較着重經濟現象之客觀的=數學的見地的。拉姆普累希特(Arno Lamprecht)想拿機能派之發生學的態度來代替今日純粹理論之觀念論的態度。

斯特利格爾(Richard Strigl)想展開形式的經濟要素，把它當成一切經濟學的前提條件，於是遂分它爲「純經濟」要素和得自特殊經濟組織的「後經濟」要素。沙克(Herbert Schack)對經濟人這概念作了一番論理的分析，以爲這樣便可把關於根本經濟現象的各派見地調和起來。如此沙克最近與斯特利格爾有些彷彿，把他所謂「材料理論」(theory of data)公式化了，想從這理論中去把握人類對於他們能任意支配的各種手段（自然之賜物）所作的種種智慧的調整；這樣的去建立一種具有觀念論要素的形式的經濟理論。

其他許多學者卻特別把他們的興趣移到數學方法一方面去了。例如蘇順麥華芬史密特(Walter G. Waffenschmidt,)薩內 (Otto Kühne)和去世之前的維克塞爾(Knut Wicksell)，他們的論文都概念的地分析着這方法的本質，極明瞭的理解着它。薩內最近的研究更進一步，企圖以他和史盤、杜里舒、卡錫爾及其他諸思想家的討論爲基礎，建立一種現象學的經濟觀。巴克(Joseph Back)也曾以胡塞爾 (Husserl)的現象學說爲堅實根據，作過同樣的企圖。斯特累勒(Rudolf Streller)從西格華特(Sigwart)的見地出發，倣法龐巴衞的理論而使用時間概念，以爲如此可使靜學和動學的根本經濟問題得到方法論上的解決。福該爾(Emmanuel Hugo Vogel)與斯特累勒曾起過批判的爭論，他力稱經濟問題的理解，止能從動學發生出來，這種理解乃是一種想像上的經驗的概念。

關於經濟法則的論理地位這舊問題，仍原封原樣的擺在方法論研究的面前。在一般社會法則的領域，歐楞堡(Franz Eulenburg,)拉俊荷弗(Gustav Ratzenhofer)乃至對於黑格兒哲學各部分都有深切研究的刻勒(Walter Köhler)諸人，有許多最有價値的研究，已把這種問題擡高到傳統的方法論爭之上了。另一方面，日本人左右田喜一郎和哈斯 (Albert Haas) 卻完全片面的，單從歷史學派的見地去解釋問題。匈牙利人什勒新格 (Karl Schlesinger) 則取正相反的態度，想移植演繹的數學的思考要素，而結成歷史方法的果實。達爾布雷子伯革(Joseph Dorbretsberger)以那從法理哲學推衍而來的規範的解釋爲基礎，關於經濟法則的性質，發表了若干富於啓示的意見。

三、價值判斷的論爭

上述同那次激烈的方法論爭極有關係的一切研究，都對前此已完成的妥協，作了更詳細的說明，和更確實的發展。關於這種問題，大家既是一天一天相互理解了，還有什麽可以引起爭執的呢？如此，到本世紀初頭，大家的目光，漸漸轉注到旁的對象；而理論經濟學領域內的方法論爭甫經調停，科學的經濟政策方面忽又燃起一個。這裏問題是：科學的價值判斷到底可能嗎？質言之，卽當作科學的經濟政策學，對於爲了指導實際生活而施行的各種可能的干涉，只要加以說明，對於它們的相互關係和結果只要加以經驗的理論的分析便足够了嗎，從而，只要以說明的方式去處理它的對象嗎？抑是除了這樣之外，同時還應該具有規範行動的權能，而決定着那吾人在實際經濟生活上所當抱的目的呢？

這個論爭的發展可分爲兩個時期。一九〇四年以前爲第一期，其時這個問題尙只見偶然的零散的意見，能了，還沒有形成眞正的論爭。歷史學派的根本信條是：一切社會的理想和社會科學的認識，它的妥當性，都受了時間和空間的限制的。他們從這個相對性的見地出發，初則攻擊古典經濟學的「永久自然法則」，繼乃攻擊抽象的理論的新學說。他們自始至終由這種見地，反對假說一個一般的目的，而以之爲實際經濟政策內容之準繩。他們極力排斥這類企圖於科學範圍之外，凡是由這種企圖所產出的一切價值判斷，一律都被他們視爲非科學的。

這個思想，在羅射爾（Wilhelm Roscher）就已經看得出來，不過到一八九〇年代，什麼勒和布倫丹諾纔把它表現得極其明瞭。這些學者，都認經濟科學支離破碎的現狀實由於次一事實所致：即人們不去「實事求是」，偏要去侈談「應當」怎樣。到了前世紀末，宗巴特更果斷而彰明的承認這個見地，反對經濟學領域內一切倫理的宗教的和政治的理想。他一面闢去這些非經濟的要素，一面闡發一種從經濟學的本質推衍出來的自律的理想（即最大可能的生產力，）視之為經濟學的最高原理。宗巴特那過激的方法，便是這個見地的表現，曾在那時引起過強烈的反對。康吾(Gustav Cohn)尤其非難之不遺餘力，說在我們領域裏面全然無視倫理的要求，實在貽害無窮。

然而這問題到第二期發展階段，就愈來愈緊張了，完全轉到認識論上來了，同時一變而成一個激烈論爭的對象。揭起這個論爭的火蓋的，為一九〇四年韋伯那篇有名的論文社會科學及社會政治認識之客觀性，(Die Objektivität(Sozialwissenschaftlicher und sozialpolitischer Erkentuis)。韋伯這篇論文，乃是從一般的規範學的觀點出發。其根本問題是：科學所能（依經驗的基礎）證明之認識，其性質究屬如何？這是一個遠溯到古代哲學的問題。

本來，在原始人間意識中，用以判斷一切現象同一切事物的標準，並不是因果概念，而乃是目的概念。所以一切自然的和社會的事物，本只有拿它們對吾人自身的利害來下評判。就是說，最初的時候，因果概念乃包含在這包括的目的概念之中。古代和中世紀的一切哲學和支配的世界觀，這都是建立在這個基礎上面直到啓蒙運動發作因果法則突然擡頭這槪念轉直下使人們不從目的論的見地卻在他們的原因和結果的關聯上去認識自然界和精神界一切現象。康德最先採用因果原理以說明外界諸現象但他顧慮到人間認識能力的有限性，一面仍維持着目的論的原理作爲補充所以他乃站在兩個思潮的中間。但最近以來的德國哲學，特別在文德爾班先謀兒(Simmel)和李可迪諸人的著作裏頭，目的觀念和理想的主觀性，卻一天天和因果關係的客觀性顯然分開了，馴至只承認後者是科學證明之可能的對象。

韋伯的研究便從這裏出發他說，爲實在科學的社會科學，僅由如次的事實和眞理構成之。卽是說要它們的自明性能够拿一種基於直覺的觀察或一般的公理的，原因和結果之不斷的連鎖證明出來而「倫理的社會的理想卻須絕對除外，」因爲這些東西僅存於各個人的意識之中(無論人數多至如何程度)，從而只是種主觀的存續，不是客觀的。用新歷史學派的話來說：卽，社會科學只應研究「是」的東西，不應研究「當是」的東西。從而在科學的領域裏，既不能主觀的樹立一種社會的準則和一種經濟政策的理想，也不容許有社會的價値判斷。因爲它們的第一原理，都在科學認識的範圍以外。在韋伯看來，經驗的現象，並非存在於它們所直接顯示給我們的形態當中，它們乃是一種的理想型，是在概念的歷史發展過程中，由我們實際觀察所得的各個特徵所綜合而成。這種說法，是對孟革(Karl Mengor)和葉革爾(Oskar Jäger)的「現實型」的一種模倣。依韋伯只有這理想型纔是我們客觀認識的內容。我們因不能保證，說這理想型一定和現實實際的一致，但它們的確是最成熟的客觀認識的果實，至少也是和現實最相近的。

下面這事似乎要特別指出：卽，關於這些認識論的結論之應用，韋伯絕對不是在科學領域內一切地方一切時候都反對價值判斷。他甯從先謀爾繼承了「超個人的目的」這概念。嚴格論理的講，這「超個人的目的，」是無論如何沒有客觀性的，但是因爲它廣泛的流行和外部的自明性之故，仍不妨當它爲科學的對象。在社會政策方面，他舉出下面這些視爲是科學上可能的目的的設定，例如社會衛生和濟貧事業等具體服務，以及工場監督、工業立法、勞工仲裁或勞動者保護的準則之類。韋伯這種高明的寬大，因着下面這理由，更其值得我們重視。卽，其後所起的關於價值判斷的激烈論爭，實由韋伯的大多數追隨者把他的學說誇張太過了分所致。他們對於一切倫理的要求一概都加以否定，結果韋伯學說的深邃的認識論基礎，轉屢被人輕率的看過，馴致與認識論以素樸的客觀主義基礎，把韋伯之批判的客觀主義反而埋沒了。因之，這一個新傾向，卒致弄到一個得不償失。

宗巴特既樹立了生產力思想，多年堅持不變，但到一九〇八年，終於把它拋棄而整個的接受韋伯的見地。一九〇九年秋在有名的社會政策學會維也納會議中，他曾儘量徹底的把這見地發揮着。用他的話來說，我們領域裏實在談不到價值判斷，打個譬喻，你怎可拿科學方法去確定金色髮的女人和黑髮的女人孰醜孰美呢？不過，一般的講，韋伯的門徒們卻無論在維也納的兩次論爭中（一九〇九和一九一三）或他們自己的寫作中，都沒有提示過眞正新的有效的學說。

波留(Pohle)在對價值判斷的攻擊中，夾以對講壇社會主義的猛烈的駁罵，並想把這種攻擊公諸大衆。沃兒甫(Julius Wolf)也是沒有表示過全新的意見的一個。活格特曾在這次論爭中活躍着，擁護韋伯的立場；近來他把技術的價值判斷和實際的價值判斷峻別開來，認前者具有普遍的適用性，對於後者他也和韋伯一樣，視之爲主觀的非科學的。哈兹巴赫則着眼在這個問題的歷史的和實際的方面。亞朶夫·韋伯(Adolf Weber)和愛倫堡(Richard Ehrenberg)兩人的研究，都站在非常確實的認識論基礎上面。不過前者想拿他的方法論的研究直接去解決土地所有問題和住宅問題，愛倫堡則在表示他對價值判斷的態度時，又努力宣傳他那精密比較經濟學思想（後面還要詳述），這卻使我們如入五里霧中了。

韋伯(Max Weber)及其徒輩對價值判斷所加的攻擊，必然的在經濟學界招致一個反動的運動。韋伯本人的深邃的認識論思想，有些令人莫測高深，所以開首大家都很躊躇，不敢輕易反對。正式出來反對的，以康吾爲第一。他承認經濟學領域內有價值判斷的可能，這價值判斷雖來自主觀的根源，也不妨把它當科學的而且客觀的看待；雖則他仍不能不稱韋伯的學說爲一種有力的人格之全新的產物。因爲價值判斷乃根源於某一時代的一般文化，且是和那普及於一切有教育的社會而占了支配地位的倫理的見解相適應的。什麼勒也改取了同樣見地，盡棄其以前不快於價值判斷的態度，而以哲學的論據（大部分基於馮德）反對韋伯一派。什麼勒認那些不僅有益於人羣社會，抑且最能增進行爲者本人之切身利益的行爲，就是絕對的社會倫理的理想。這種行爲，在從來一切文化發展過程中都非常重要。所以他認爲凡百價值判斷，只要是根據這一般的理想而來，便都是客觀的，從而不妨採入經濟學裏面來。不過什麼勒並沒有指出這種科學的價值判斷所能夠成爲問題的，到底是我們科學中那幾個部門；而且他對整個問題的態度，始終是非常不確定，非常動搖的。

自維也納論爭以後，菲律坡維希(Eugen V. Philippovich)在所著教科書中亦取着內容完全類似的見地，不過更決斷得多。他以爲作為科學的經濟政策學負有下述的任務：即對各種經濟政策的論爭決定態度，而使經濟發展之方向同一般文化進步的目的能相調和。赫克納(Heinrich Herkner)關於科學的經濟政策學也在一般的國利民福中尋找那欲求實現的理想，所以是陷了同樣的循環論法。那時關於這國利民福的見解不一，正是弄得經濟政策學的價值判斷發生各種差池的主要原因。

反對韋伯的人當中另外還有一派，他們的論點是一個更廣泛的哲學的問題，即科學的價值判斷，根本是否可能的問題。至若經濟的價值判斷，卻被他們視為從屬的問題，只附帶的言及而已。

斯普朗革(Eduard Spranger)以一般的科學分類法為起點，主張價值判斷在人類意識中具有必然而永久的妥當性；刻勒(Walther Köbler)想從形而上學的、論理學的觀點去把握規範科學之根本問題。另一方面恩格蘭德爾(Oskar Engländer)則想系統的地將經濟學之論理的理想展開起來。黑斯(Albert Hesse)以康德之批判論為根據，從斯坦姆拉之目的論的社會學見地把科學的經濟政策學之價值判斷相當的組織化了。他堅持這種態度垂十餘年，最近纔又回到更為相對主義的態度和韋伯的一樣。沙克的論文同黑斯的初期處理方法有些彷彿，並不比後者的研究進步許多。尼克兒(Karl Eugen Nickel)的研究，倒是頗值得注意。他援用丹麥著名心理學家雷曼(Lehmann)的學說，站在心理生理學的基礎上，以淵博之學識攻擊韋伯學說。他曾給價值判斷論爭作了一本出色的歷史的概觀，尤有足多者。至於韋丁根(Walter Weddigen)，他近來漸已有了目的的和規範的傾向。本書著者在他所謂他律的和自律的經濟目的之歧別中，發現了一個解決。

大戰以來威爾布蘭德(Robert Wilbrandt)對於價值判斷論爭的解決貢獻最大。他本是韋伯的追隨者，所以到頭不能完全脫掉他的影響。不過他相信，（像我們後面將看到的一般）當作「防避窮困」之活動的經濟這概念根本就有某一定的內在目的存乎其中，這個目的便是經濟學應有之目的。他想根據這點，把經濟理論和經濟政策的關係重行考慮一番。結論是：經濟學儘管設定各種的規則，只要適合各個的情形就得了；至關於自然法的一切規範和命令，以及一切政治的文化的考慮，一概無需乎顧及。

四、精密比較研究法

本世紀頭二十年間，關於洛士托克（Rostock）大學教授愛命堡的學說，又曾引起過一次方法論爭，但範圍和影響都遠不及前次論爭之大。愛命堡開首把經濟學中兩個支配的研究方法，都加以批判，想結合兩者的長處而推薦一種新方法，即「精密比較研究法」（die exakt-vergleichende Methode）。這個方法，是先不先給經濟學的研究提供幾個確乎的出發點；依愛命堡，這種出發點只可以從精密的觀察中得之。自然科學對於這點是無困難的，因為自然科學的對象是可以測定的東西，何況又能够使用實驗方法。至於精神科學，一般是沒有這種便益的，不過，我們也得用迂迴的方法去獲得它。況且經濟學的對象，原也較其他精神科學對象更富於測算性。因為關於它的研究領域的一切關係，通通可依價值這中心概念還元為可能測算的貨幣。但要測算經濟事實，就不可不先有精密的調查，而這種調查，卻不是歷史的觀察法乃至統計的事實蒐集所能為力，非依賴精密的計算不為功。一切「綜合經濟」終不外為「私經濟」所構成，所以愛命堡最先着眼的，就是私經濟；希望詳細的把私經濟的簿記法加以研究，就可以得到可測算的比較單位。依他看來，經過這些比較單位之「任一組」，都可使我們必需的觀察條件應着經濟研究各時的目的而變更；如此，到了最後，便可把典型的因果關聯認識出來。經濟的研究因此便確保了實驗方法的便益，不然的話這種便益是沒有的。

所以愛命堡第一就從個別企業着手，將它的簿記詳加比較研究，然後根據這種研究，去認識經濟生活上更廣泛的各種關係和法則性。但他這一個方針的採用，卻不幸成爲衆矢之的，在關於他的研究方法的論爭之整個發展中，成了決定的東西。卽是說他的反對者，對於愛命堡學說之方法論的內容並不注意，只是非難他太一面的袒護企業者的利益了。這樣一來，愛命堡便不得不成爲一個被誤解的科學理想的鬭士而背起十字架來。對於這種種的攻擊，他只得拚命來招架，也許就因爲這個關係，使得他終不能以他的方法論思想爲中心，成立一個有名的學派——至於後來哈姆斯（Bernhard Harms）的一羣，和這項思想有幾分關係，那是例外。

五、經濟哲學

廣義的方法論問題，同我們文獻中至今仍常有人議論到的一個問題相毗連着，這個問題就是：獨立的經濟哲學有無成立之可能，它的本質如何？這個問題雖然興趣很是濃厚，但今日經濟科學諸問題中，卻沒有第二個有它這樣含糊的。經濟哲學（Wirtschaftsphilosophie）這名詞，曾屢爲重農學派所使用，邇來便用各種各色的意味被各派著作家返復着；但對於它所包含的概念，大家的見解卻全不一致。最初有人視經濟哲學就是在更深邃的理論關聯上的經濟學本身。從前有一個時代的人們，曾經把經濟學問題單當作社會哲學的一部分來研究；此種經濟哲學見解，怕是那時代的遺物吧。不過經濟哲學既經從哲學解放，兩個領域間旣經設定了多少明確的境界之後，便馬上來了一個反動。有些人感覺到：要確保經濟學的獨立地位的話，就有使他和成爲科學之科學的哲學仍舊結合起來的必要。經濟哲學這名詞，在它的新意味上，是指立於經濟學與哲學之間的一個知識領域。所以它的任務，好比一根橋樑，要把兩者本質的地結合起來。這一結合，有兩個根本的實現方法。我們知道，哲學之任務，原是要給一切科學提供思考的武器，即提供最基礎而最重要的手段；所以經濟哲學的天職，也無非要替經濟學尋找最初的形式的出發點，即經濟學之論理的認識論的方法論的概念。但在哲學，此外還有把個別科學諸最後結果互相結合的任務；經濟哲學在這點，則是意味着從種種世界觀之最一般的觀點，來研究各派經濟學說。

前世紀中葉，兩方面都作了種種嘗試。那最近二十五年間，這種嘗試，仍繼續未斷。但關於經濟哲學之組織化的根本問題，大家卻從未達到一個一致的見解。貝洛茲海母（Fritz Berolzheimer）在他的大著中（共三卷）把經濟和法律、國家（斯坦姆拉）密切的結合着，並且把經濟和道德和社會秩序一共當作一般文化發展的形成力之一來研究。想這樣地從「法律經濟一元論」的見地來理解經濟學。在第二卷中，他本着這個見地，用文化史的民族心理學的方法，努力從文學史的觀點，奠定他的學說基礎。第三卷纔提供一種實證的經濟哲學，當作財產與商業的哲學，貝洛茲海母排斥衆說，想在財產概念上建立整個的經濟理論；此際，他常議論到一些與其用獨立之經濟哲學還不如用經濟學乃至法學來解答更爲切當的問題。一九〇七年創刊的法理經濟哲學叢刊（Archiv für Rechts-und Wirtschaftsphilosophie）是依完全同樣的目的刊行的，忒尼斯（Ferdinand Tönnies）在其序論中彰明較著的說經濟哲學必須從一般的世界觀的見地研究經濟生活與法律，以及經濟生活與政治之根本關係；並且檢討經濟理論上大家公認的各種眞理和學說。

斯托兒茲曼最近幾種著作裏，關於經濟哲學這概念取着一個極相類似的見地。他也檢討着各派經濟學說，而努力從哲學的見地，把經濟學中各派意見的根本差異調和起來。這個態度實際是社會全體性的態度。依此則經濟學中的個人主義和社會主義，主觀主義和客觀主義，是像皂泡兒一般解消了。當然，這項思想，最後分析起來，畢竟要歸着於實際社會政策的綱領的。但是，斯托兒茲曼憑藉斯坦姆拉諸學說，並通過他那目的論的認識論，仍舊提示了不少很有價值的觀點。

在威爾布蘭德的書裏，把關於經濟哲學的這兩個可能的態度結合起來。大體上，他也不過是想藉經濟問題之哲學的研究來表示他自己的社會觀罷了。他的社會計劃，比斯托兒茲曼的更來得急進。他的社會理想，是一種社會主義的、共產主義的共同經濟（Gemeinwirtschaft）乃至最後發展爲帶有顯著的無政府色彩的、利他的犧牲經濟（Hingabewirtschaft）。然而威爾布蘭德仍舊是從經濟學諸本質之深邃的認識論的分析出發，並且在經濟性的理想（Ideal der Wirtschaftlichkeit）中發現一種規範；這規範，乃從經濟本質中推衍而來，經濟學全部概念，都是藉它纔得以成立的。

尼克兒關於方法論的著作，前面已經講過，他也相從那因「自然法則之必然性」而生的經濟行爲之規範，構成一種科學的經濟哲學。巴爾軋可夫(Sergei Bulgakoff)卻從完全不同的觀點，去把握經濟哲學的概念，他認經濟哲學就是意味着「經濟現象之自然哲學的分析」。依他，經濟哲學乃一種客觀行爲的哲學，自勞動起以至勞動生產物之交換的一切行爲，都屬它的領域。

上述這些系統的研究，都是想給經濟哲學體系奠定一個基礎；此外，又有些著作者，他們或哲學的地處理經濟學各個特殊領域，或學說史的地研究經濟哲學的問題，對於這尚在初期發展階段的科學部門，都多少有若干有價值的貢獻。

六、私經濟學經營經濟學和世界經濟學

以前關於經濟哲學各種問題，是夾在一般的經濟學裏面討論的，現在仍有些是這樣。不過隨着經濟學的發展，卻逐漸有把這一羣問題特別取出來，當作一個介乎哲學與經濟學之間，而成爲一門多少獨立的學科的經濟哲學之必要。個別科學中這種一般的分化傾向，在最近德語諸國經濟學中，尤其顯著。這裏，關於經濟科學的組織化，又引起非常激烈的爭論；同前次方法論爭一樣，惹起着廣泛範圍的注意。

愛侖堡曾將各企業經營及其與國民經濟之關係，作着該括的研究；從這樣出發，到本世紀轉換期，他便完成一種私經濟學，給私經濟生活以系統的研究。換句話說，即完成了一種獨立的科學，它與國民經濟學迥不相同，而又是國民經濟學體系之基礎。不過沒有好久，他便拋棄了這見地；後來甚至還說他原來只是想藉私企業的觀察，

爲國民經濟學找尋一適當而精密之基礎而已。其實，愛侖偃起初對於特殊的私經濟學之要求，在德國經濟學中並不是得未曾有的新事體。十八世紀整個官房學派，就根本是站在私經濟學的見地。即其後德國古典學派一些指導人物（尤其是勞 Rau），也仍要求繼續私經濟的研究作爲經濟學的一個特殊部分。本世紀以來，邁爾（Georg V. Mayr）也是取同樣的態度。他採用一種特殊的企業經濟學(Haushaltslehre)；認爲個人企業，即人類經濟社會諸活動份子，應該是企業經濟學的研究對象。

兩個比較晚出的著者淮耶曼(Moritz Weyermann)和熏尼茲(Hans Schönitz)，卻從另一見地出發。他們也企圖建立私經濟學，不過單主張作爲國民經濟學的一個分野來發展這門新科學，而不超出它固有的領域。在這意味上，他們是把私經濟學看作社會經濟學（國民經濟學）的一個部門；這部門的對象就是自立自營的私經濟主體各種爲利潤而作的活動；並且與狹義的社會經濟觀察相反，它乃從此種私經濟的利害着眼，照着各種類型，將這種種活動作個別的觀察。

還有些人與這幾個企圖稍有出入，他們依賴經營技術，想通過這種技術的系統的發展而建立私經濟學。鼎鼎有名的什馬楞巴哈(Eugen Schmalenbach)和尼克利什(Heinrich Nicklisch)便有這種企圖而致力於同經濟學有密切關係的一種商業經營學。反是舍爾(J. S. Schär)卻單在一般的經濟學境界以內，進行經營技術的研究。狄特希(Rudolph Dietrich)在更廣泛的基礎上把握着這個問題，而非難從來一切私經濟學體系，說它們沒有同經濟學之主要體系發生過任何有機的關係。他想藉他那浩瀚的著作，建立一從國民經濟學獨立的經濟學部門，質言之，即以研究經營之性質、組織、及其內在活動爲目的的經營學。

愛倫僕之學生哈姆斯，也主張「純粹社會經濟學」與國民經濟學之間，必須有一媒介的階段，這階段就是私經濟學；他稱爲個別經濟學。但他的體系之所以特別惹人注意，卻在他於經濟學之下，再加增一個第四領域，即特殊的世界經濟學。

這世界經濟學的思想，不消說是從舊文獻中脫胎而來，因爲李爾塔(Fulda)已討論過「國際的經濟學」，勞也曾注重世界經濟關係的重要性，就中狄特澤爾(Heinrich Dietzel)，也曾於本世紀轉換期內他那自由主義見地的種種研究中注意過這個問題。哈姆斯首先把國民經濟和世界經濟兩概念加以嚴格的分別，在他看來，國民經濟者，「因交通自由和完備而成爲可能的，受統一之法制所規定而且爲經濟政策所促進的國民中諸個別經濟間的關係和相互作用的總體」也。世界經濟者，「因高度發展的交通機關而成爲可能的，爲國際條約所規制所促進的，地球上各個別經濟間之關係和相互作用的總體」也。普通經濟學家，常只側重於一個特殊國家的情形，所以世界經濟學實在是經濟科學中一個重要部門。世界經濟學所包含的，首先是一般的部分，即基於經濟地理而處理國際分業和財貨的交換其他各種國際經濟關係，貿易平衡和支付差額問題，以及殖民地之世界經濟的地位等問題。由是便繼而研究世界貿易之法律的及經濟政策的規律和促進。至於特殊的部分，則討論世界貿易的經營和組織之綱目，以及世界經濟之生產流通和消費，結尾則論及擴張世界經濟之努力。通哈姆斯這個思想過程，從愛倫堡繼承而來的比較經濟研究的見地，好像一根紅線般的貫穿在裏面。利維(Hermann Levy)想給世界經濟學作一簡要而有系統的概觀，但很少成功。薩爾脫掃生(Sartorius von Waltershausen)經過縝密的準備研究之後，在他的近著中把世界經濟學問題從國民經濟學問題明確分別開來，而給世界經濟學之精神和物質的基礎作着優秀的說明。

關於私經濟學，經營學、以及世界經濟學之科學地位問題，曾經引起過許多議論。除前述各著者外，還有普賴安(W. Prion)庫巴特什(Rudolf Kobatsch)該拉赫(Kurt Albert Gerlach)諸人也很贊成把這些學問發展爲獨立之科學。反是狄爾(Karl Diehl)彪赫爾(Karl Bücher)布利夫斯(Götz Briefs)波昂(Moritz Julius Bonn)培剋拉特(Herbert v. Beckerath)克拉甫特(Louis Kraft)等卻主張這些學問在經濟學從來的體系裏，已可充分處理，無庸另設科目。然而這些學者的抨擊是絲毫不能妨礙這幾門新科學的；它們正不斷地在向獨立科學發展着。

七、戰爭經濟學

私經濟學乃至世界經濟學，創立之初，都遭逢許多迫害，而奮鬥的結果終於得到勝利。到今之日，它們都已着着發展爲獨立的知識領域了。可是企圖作爲特殊科學而建立戰爭經濟學的第三個分離運動，卻一無成效之可言。世界大戰前四五年，歐洲政治空氣漸呈險惡，關於戰爭經濟的問題，日益惹人注意，甚至還曾局部的引起非常動人的理論研究。

關於這個問題的著作，不知多少，且舉福兒克爾(H. Volcker)的書（此書預言了其後世界大戰的許多經驗）和華格納(Reinhold Wagner)的一般戰爭論（此書對於戰爭經濟問題也有精密的解明和詳細的論究）爲例。關於特殊研究，則有布勞斯坦(Arthur Blaustein)之戰爭經濟文獻的詳細目錄，依其所含各種經濟問題而分類。這種文獻，當大戰中乃至戰後數年間，當然增加了不知若干。將戰爭與經濟生活之關係加以深刻的理論的把握，並努力從一般的見地去理解它的，可以普楞格(Johann Plenge)、雷德勒(Emil Lederer)、哈姆斯、華爾脫揚生、和比爾曼諸人的著為代表。社會經濟與社會政治叢刊“Archiv für Sozialwissenschaft und Sozialpolitik”中關於戰爭經濟問題諸卷，尤有參考之價值。

和這些研究同時，方法論方面遂又提出一個要求：即應如何創立並完成一種特殊之戰爭經濟學，以與一般的經濟學並立？那拉特(Otto Neurath)在戰前就有這提議，想創立戰爭經濟學作為系統的論究戰爭之經濟利害的一門獨立科學。大戰告終那年，他又下了一個更精密的定義，認這門科學的任務，在把戰爭經濟所及於財富（即廣義的真實所得和勞動努力等，以及它們因戰費而得到的保障）的影響作比較的研究。不過他認為，只在今日的經濟學體系沒有澈底改造以前，我們纔把戰爭經濟學當作特殊之科學來處理。什密德（Ferdinand Schmid）曾於大戰第二年發表一個系統的戰爭經濟學綱要。大體是以那拉特諸提案為根據，不過認為這門科學，不僅僅要研究戰爭之經濟的結果，而且要說明其經濟的原因。雖然如此，他仍沒有達到戰爭經濟學之廣泛的組織化。和那拉特一樣，他僅僅表示幾個當能脈絡貫通的戰爭經濟政策的思想吧了。另一方面，邁爾卻給這門新科學提示了一個深思的系統的綱要。依他，戰爭經濟學應該與國民經濟學和世界經濟學鼎足而三，形成經濟科學第三個部門；至於戰時之財政問題，什密德以這類問題的研究為戰爭經濟學之任務，邁爾卻認為應該另由一個特殊科學以處理之，即戰爭財政學。而認戰爭經濟學之任務，只在於研究欲望之順序、生產、交易、消費等根本經濟現象因戰爭結果而起之各種變化。

對於這戰爭經濟學傾向首持異議者，便是攸楞堡。他在某根本的研究裏說明次一事實：卽戰爭經濟原不過一般國民經濟之修正而已；不錯，戰爭結果，一般國民經濟要受種種妨害但是它的根本，並不會因此而動搖。所以，戰爭經濟的現象，謂爲對於正常經濟生活之畸形狀態可也，它的研究，正不妨從正常經濟生活諸法則出發。黑勒爾(Wolfgang Heller)也反對戰爭經濟學的思想，極力證明傳統的經濟學已足够說明戰爭經濟的現象了。在他看來，各種特殊的戰爭經濟現象，主要的表現在商業生活中。倘使我們研究商業生活時，揭去貨幣的面紗，而更有效的援用國民經濟學和動的經濟發展觀點，就不難給這些現象作正當之評估。最近亞朵夫韋伯也附和黑勒爾等的見地而堅持次一論據：卽，戰爭經濟研究的重心在於經濟政策，而不在於理論方面。這一點，就是邁爾也不得不承認。由此一端，卽足以證明獨立之戰爭經濟學，原是沒有眞正的理論基礎的。布利夫斯對於這問題的見解亦復如是，他證明次一事實：卽我人決不能說世界上有所謂固有的戰爭經濟，一切戰爭經濟現象，都不過正常經濟現象之病態的變化而已。所以，企圖創立特殊之戰爭經濟學，正猶作爲特殊科學而創立恐慌學一樣，實在太不合理。——在這一切反對論的嚴重壓迫之下，獨立的戰爭經濟學這思想，現在可說已完全窒息死了。

第二章　建立體系之企圖

一、歷史學派

當我們論究二十世紀第一季德語諸國經濟學的發展，特別是這時期內經濟學所產生的該括的體系的時候，劈頭就碰見什麽勒(Gustav Schmoller)的「綱要」作爲新世紀轉換期的象徵而建立的一座偉大的紀念碑矗立當前。這書是他長期研究的結晶，它的出版，實爲經濟學中一件劃期的事體。不過，這不是就通常的意味說。這書之所以重要，與其說是作爲將來發展的路碑，毋甯說是作爲歷史學派全盛之表象，作爲該學派生涯中一個莊嚴的收場合奏。什麽勒動筆寫這部大著時，德國歷史學派還佔着支配勢力；卽發表之時，該派對於種種攻擊也尙能抵擋得來。這部書的出版，不僅因着著者之顯赫的地位而形重要，歷史學派從來還沒有過一部這樣該括的著作，這個事實也使它的價値增高不少。所以它的問世，是大家老早企望着的。舊歷史學派的創立者羅射爾在所著「綱要」中及其後所編之教科書中，都未能完全脫掉古典學派。希爾德布蘭和克尼斯(Knies)二人也沒有提示過一個經濟學體系。考兹和康吾的該括的著作雖很有可觀，但前者把自己的個性和自己的創獲都隱藏着；後者則因有力的歷史哲學和倫理學的思想之故，反把眞正經濟學的內容排除了。這樣子，通歷史學派的長期支配時代，對於該派學說總體，從沒有過一個適當的，且爲一般所公認的概觀，這個缺陷，最後纔由什麼勒的「綱要」彌補起來。

如果要將這部書所包全部思想複述出來，恐怕須把歷史學派的主要見解全體展開纔行。這書提供了許多非常有力而且有價值的歷史的和社會學的材料，用一般的社會學觀點，闡明着經濟學的眞諦。所以有些人不贊同說這是一部經濟學綱要，甯把它看作一部立於經濟學見地的一般社會學，實在很有道理。而且什麼勒所承認的國民經濟法則的領域也非常狹小，從而在他那體系裏本來的經濟理論是很瘦削的。他這一傾向，終未免涉之太甚，就是他的信仰者歷史學派的徒輩，對於這點也不敢贊同。例如伊那馬·斯特恩內格（Inama-Sternegg）就非難他不曾注意提供眞正的生產理論。

什麼勒的「綱要」出版之後，歷史學派又和數十年前一樣，再沒有把它的學說作成新的統一的體系。克萊恩希脫（Friedrich Kleinwächter）著的一部教科書可謂是經過縝密的推敲的，該書對於過去現在的經濟理論，從歷史學派的見地加以犀利的批判。不過無論就概觀的觀點說，獨立的理論說，他都沒有什麼新貢獻。盧蘭德(Gustav Ruhland)也發表有一部歷史性質的書政治經濟學體系（System der politischen Ökonomie)此書並非經濟學之系統的敘述，專着重在發揮著者自己對於各種經濟政策的提案。這些提案首先希望建立一種健全的土地所有關係以及適應於這關係的生產組織。歷史學派的壽命到本世紀初頭雖說已是日落崦嵫，但歐洲大戰中羅射爾和希爾德布蘭的主要著作的新版發行，實足以證明今日學界對於經濟學的歷史主義之系統的著作，仍舊不無興趣。

最近西鋭金(Heinrich Sieveking)又發表一個經濟學體系，想統一的建立於新歷史學派的原理上面。因此，他側重經濟科學之社會的和歷史的相對性，僅在它們與經濟學的眞正對象（即與人類的經濟的考慮）有着直接關係的範圍以內，纔始處理各種流通事象。因此，他和什麼勒一樣，對於國民經濟裏各種極重要的交換問題，差不多完全沒有注意。

二、純粹邊際效用說

在那次激烈的方法論爭中同歷史學派正面衝突的奧國學派，本世紀以來僅只公布唯一部經濟學體系，於該派的方法和邊際效用說的主要原理，可謂包括無遺。奧國學派威塞(Friedrich Wieser)的大著，無論外表的地位和實際的重要性，都和歷史學派什麼勒的「綱要」相彷彿。威塞亦為該學派優秀的指導者之一，這部著作也引起學術界的大注意，也給經濟學全領域作了一個最完全最有價值的概觀；而且只要各種徵候不騙人的話，它或者也是指着該派將從此崩潰起來的一個紀念碑哩。至少在目前，可以大膽這樣說。

威塞的書，是以邊際效用說為中心思想，其處理經濟理論一切部分（包括貨幣論）的存立和意義，皆一以此說為依歸。威塞不但要把經濟理論體系建立在這個學說上面，還想在它上面建立一種「科學的」經濟政策學。他從效用說推出私有財產之必然性，而把他的經濟理想（自由競爭與政府統制之諧和）建基於私有財產的法制上面。這樣一來，抽象理論與經濟政策之間失去了的鏈鎖，便重又找來了。但不消說，這鏈鎖到底堅牢到什麼程度，卻還是問題。雖然如此，從經濟理論之純抽象的出發點，漸次向現實世界之實際情形而進，乃是威塞之書的主要特徵之一。他首先分析單純經濟現象，以定出根本的經濟法則；次研究勢力關係在其中演了重要任務的國民經濟；再次提出他的國家經濟學說，論國家對經濟生活之影響；最後論及他的世界經濟論。這個體系，縱或有些部分，不免時代落後之嫌，但總歸有着不朽的價值。威塞在去世（一九二六）之前，曾把他關於勢力法則的研究結果發表出來，其中包括着他的學說之社會學的基礎。但上天不能假之以年，不容許他把社會學和經濟學結合起來。

安孟(Alfred Amonn)是威塞的學生，他最近對於這些學說作有深刻的批評，細微的指出它們在論理上有許多缺陷和矛盾。他抓住威塞思想的本質說：邊際效用只是個人的心理現象，雖能用以說明個別經濟的許多情況，但僅僅以此爲基礎，要建立一個確乎沒有缺點的經濟學體系，卻是不可能的。因爲一個國度裏，有多少人民，便有多少邊際效用，絕對沒有一種統一的邊際效用之存在。照這樣看來，威塞的一切努力便都等於白費了。

德語文獻中除威塞的書外，還有兩個值得注意的經濟理論體系，也是從邊際效用說立論。這就是兩部翻譯：一部譯自瑞典語，一部譯自荷蘭語。威克塞爾(Knut Wicksell)本爲數學派，甚至還部分的屬於洛桑派。不過他那代數的演繹，對於他的思想體系的理解是無關的，即令沒有也無妨礙。他那體系的特性，是開首便從統計的（不是理論的）人口論設定消費方面的量的觀點。隨後繼論列價值論和交換論，生產論和分配論，資本構成論，貨幣論和信用論。斯圖特(Verrijn Stuart)的理論體系，也完全以邊際效用說爲立場，雖然，至少在外表看來，他和歷史學派的見解很是相近。他嘗想把歷史學派學說與抽象演繹的學說融會貫通，治於一爐。是以在他的體系裏，除了拿抽象的經濟概念爲其理論之一般出發點外，又援用了代表社會範疇的特殊出發點，像自然、人類、社會等。斯圖特所抱的科學理想，是純粹因果的取銷價值的；認爲經濟學裏面只能有一個規範：即是一般的福利。他的社會觀是自由主義的，他是一個純粹的自由主義者；從而一切有強制性的團體，他都不能贊同。

經過少許猶豫之後，我們還是在這兒把匈牙利人黑勒爾(Walfgang Heller)的書來說說吧。他之堅持邊際效用說，及其學說之形式構造，都和威塞相彷。不過對於其他各派學說，亦態度平允，絕少門戶見。至於他犧牲原子論而高調有機的思想，這點卻很像史盤。他又像狄爾，安孟和奧本海母一般，着重社會的法律的和勢力的經濟要素。又從加塞爾主張，以價格論爲分配論之基礎；而在資本概念上，復與美國若干學者非常接近。黑勒爾把這種種傾向調和着，復參以自身研究所得，遂完成一個槃然可觀的體系。

雷德勒(Emil Lederer)寫過一本簡潔的經濟學概觀。他一方面重視邊際效用說，同時對於生產費說亦與以公允的評估，所謂生產費說者，即說明生產物之交換如何發生，社會的利潤如何被分配於各階級之間的學說。除開價值外，其他各種問題，雷德勒皆不過扼要述之而已。他的態度是數學的，機械論的，且是函數的。當他處理動的經濟現象的時候，似乎還很受有蘇順泰的影響。安孟認爲奧國學派邊際效用說的解釋，是雷德勒體系中的一個弱點。

除孟革綱要(Grundsätze)，之第二版（此書係他死後出版，有很多增補，不過其主要思想並無修正，二版一九二三年發行）和菲律坡維希之教科書重版了幾次外，舒勒爾倫(Schulern zu Schrattenhofen)，寫有一部優秀的新概觀，把邊際效用說見地的各個經濟學體系包括矜盡了。不過這書只是爲教授之目的編的，著者並不以提供新的內容自許。

三、蘇順泰之靜態論和動態論

邊際效用說又是蘇順泰（Joseph Schumpeter）學說體系所於以建立之基礎。不過他的新見解，已超脫邊際效用說的固有範圍，而自成其一個獨特的機械論的——數學的經濟理論體系。他的根本見地，在於把經濟峻別爲靜態和動態。從這個分別，就產出兩個迥不相同的觀察經濟現象之方法。蘇順泰最初一部大著，以一九〇八年問世，是依靜態觀察方法寫的。他排去一切政治的、哲學的和倫理的觀點，而假定一靜態狀況，以爲其純經濟理論之基礎。在這假定的靜態狀況裏，國民經濟中既沒有任何商業結合，也沒有任何消費結合，經濟生活的總過程沒有任何變化或者任何推移。在這前提之下，各人所有財量，皆維持在均衡狀態。於是蘇順泰的課題，便是研究一定觀察範圍內，其他一切財量怎樣因某一財量之變化而起反應。蘇順泰不問惹起這些變化的內在原因和動機如何，只注意那表現爲各財量之運動中間的函數關係的，外部形式的關係。他說，在經濟生活上，各個函數所於以表現之關係，是基於邊際效用價值原理而生的交換關係。從而財量之一切運動，都是在價格之構成中被客觀化，所得分配法則亦在價格之構成中發揮其效能。靜態經濟裏面，不消說只有三種所得的存在，應對着這裏可能的三種生產財：勞動、土地、和以前生產的財富。蘇順泰假定靜態經濟之均衡狀態中，有某要素是可變的；他研究這要素的變化對其他不變要素之影響如何，藉以用他所謂數學的變數法，說明價格之運動法則。

蘇順泰完全明白這些結論對於實際經濟現象，是只適用於一定之時點的，至多也只適用於短期間。唯有一定之時點，極短之期間，纔始可適用靜態觀察法。至於經濟發展之長期間，尤其是在現代資本家的經濟秩序之下，卻不可不用動態的見地。因國民經濟發展不息，依蘇順泰看來，是動態性質的東西；而近代企業家對於經濟生活之一切新的結合和進步，不啻是中流砥柱，左右着一切生產的進行，藉企業者的活動，而後資本以成，信用遂立。關於這種經濟生活之動的研究，是蘇順泰第二部主要著作的對象。這部著作裏，對於利潤和利息等所得種類，分析得特別詳盡。

這個體系在德語經濟學界曾經轟動一時，此從許多人對它作着深刻的批評這件事上也可看出來。狄爾非難蘇順泰者有二點：即蘇氏之純粹理論，必須設許多前提，必須在與現實隔之懸遠的抽象中纔能成立；同時，這種理論對於現實經濟現象之說明，又並沒有任何貢獻。史盤以確乎之方法論的和認識論的根據批判蘇氏的理論，而根本反對數學方法的使用。他懷疑財量之間，有什麼直接的純因果的而且機械的關係之存在。因為財量之成為經濟現象，乃由經濟主體之經濟行為使然。威塞為奧國學派的心理學方法辯護，以抵禦蘇順泰之攻擊。邁爾（Hans Mayr）則從純粹邊際效用說見地批評蘇氏之說。他首先尤其是反對蘇氏的出發點，即所謂一個財量的變化惹起其他一切財量的變化。其次反對蘇氏對於假值原理的看法；最後反對把微分學應用於經濟理論，說這簡直是荒謬。波爾主要的非難蘇順泰太迂遠不切現實，對於這位青年匈牙利學者的勞資論（基於各社會羣階級分裂的觀念的），尤表示不滿。勒西士(Wilbelm Lexis)企圖證明蘇氏的「經濟發展理論」，不該仰邊際效用說之鼻息，這類理論每每會和現實的經濟生活矛盾的。他方面納維拉狄爾（Akusius von Navratil）則說，在蘇順泰對企業家活動的讚美中，找不出半點本質新的東西。最近關於蘇順泰體系的批評，只有黑惠爾德(Leo Schönfeld)和康拉德(Otto Conrad)二人。前者拿歸與問題的新解釋，指摘蘇氏對這問題所提出的解決，有許多缺點。（何謂歸與問題，後面尚須述及），後者則運用其所著書中諸原理，從邊際效用方面下手攻擊。不過以上這些批評者，都只是從原理上立論，對於蘇順泰的成就之偉大的科學價值，卻沒有一個不稱許的，只有波爾是例外。

匈牙利人什勒新格受蘇順泰影響甚深，想以數學方法及現代貨幣論為基礎，一面發揮價值論和價格論，一面發揮關於銀行制度諸實際問題的理論。他又想當作財量的函數去把握價格這時際，他是着重在經濟現象的全然客觀的觀察方法。從而，這些現象之心理的背景，他是不注意的，雖說邊際效用概念，對於他也演着重要作用。

四、加塞爾及其追隨者

對於二十世紀第一季經濟學的發展，與蘇順泰體系有同等重要性的第二個理論經濟學體系，就是瑞典人加塞爾用德語所發表的體系。而且兩者之間，有着許多接觸的點。加塞爾也常使用數學方法；也是以價格論為經濟學之中心。然而這兩個體系，除了這種外表的類似點外，內容實大有分別。因為，加塞爾既斷乎排斥邊際效用，又着重經濟行為而不着重財量之機械的關係。其體系之出發點，是從經濟這概念之精深分析入手，因之便成功他的「稀少性原理」。因為經濟這一種活動，既是以滿足人類欲望為唯一目的，則對它成為問題的，就是分量上比要求滿足的欲望更稀少的手段了。加塞爾把這稀少性原理和交換經濟概念結合起來，遂將這原理從單純經濟生活的理論，搬入國民經濟學，並且把它作為價格問題的基礎。這樣，他便超脫整個價值問題；他認為這類問題，對於經濟學早已經成了無用的廢物。

所以一般都承認加塞爾的體系是「取銷價值的體系」。這個特徵，頗爲攸楞堡所指摘，而曼查德（H. Mannstadt）卻替它辯護。郭塞爾（Hans Neisser）也想以這種批評爲根據去說明加塞爾學說。他方面安孟勒（Hero Moeller）薩林（Edgar Salin）陸加玆（Eduard Lukas）（他拿加塞爾和李嘉圖作比較），以及最後狄爾則指摘次一事實，即加塞爾體系中雖然未用價值這名詞，可是並沒有去掉價值的概念。

因爲，所謂稀少性原理早已包含在孟革主觀價值論之根本思想中，包含在「經濟的數量關係」中了；加塞爾所援用的「評價」一概念，歸根結蒂，還是同經濟價值概念沒有二致。然而，加塞爾仍想在形式上完全脫離價值論，而用一種廣泛的價格論取而代之。從這價格論，便產生出他的分配論和貨幣論以及其值得特別注意的恐慌論。這些理論，都以價格論爲基礎，常同它保持着密切的內在的關係

委寶說，加塞爾對於次一非難是無可迴避的，就是他僅僅提供了「關於價格的特殊研究論文」，而未曾成立具有一切有機機能的近代交換經濟之整個體系。（攸楞堡）

狄爾最反對加塞爾的地方，就是認加塞爾忽視了社會的和勢力的要素，以致在經濟問題的解決上陷於絕對主義。蘇順泰和克朗姆化德（Wilhelm Kromphardt）說加塞爾在分配論中保留着歸與論的各個要素和他自己的主要理論，陷於矛盾。康拉德爲着同一理由，並爲了他的費用概念而攻擊加塞爾。沙姆斯（Ewald Schams）說加塞爾的價格論中對於積極的必要判斷和一般的選擇判斷，不加區別，是荒謬之至。外國對加塞爾下峻烈批判的，則有美國人佛蘭克林（Fabian Franklin）。他認加塞爾不僅缺乏獨創性，而且發現他完全把李嘉圖誤解了。他說因爲這種原故，所以加塞爾對於美國經濟思想完全沒有影響。

俄思華爾特（Hans Oswalt）關於理論經濟學根本問題的概觀，結構與根本原理，都與加塞爾者相彷彿。處處可以看出他受加塞爾初期著作之影響極大。特別是他的價格論的構成，以及他之努力於不依存法律秩序的「自然的經濟生活」這範疇的發現。不過有許多問題，俄思華

爾特卻站在與加塞爾完全不同之見地。他並不全然排棄價值論，他把價值論仍舊保留在體系中，同時還依賴邊際效用說，把它加以發揮。他關於經濟概念和欲望滿足的準備研究，多是很有價值的。他的小著作，大抵都文字流暢，敘述簡潔，對於各種問題的解剖極爲明晰。

巴哲(Siegfried Budge)最近發表的系統的企圖裏，也明明有加塞爾的影響。巴哲特別重視稀少性原理，對於一切根本經濟現象的說明，都以此爲依歸。不過有許多重要點，巴哲加塞爾之間，顯有不同。巴哲首尾一貫的着重靜的觀察法，和戲思準爾德一樣原則上仍固執着價值論，專從價值論來說明價格問題。不過，他的體系不置重價格的構成過程，而置重在生產論的問題。加之，他從社會主義經濟理論繼承了許多思想，例如他認資本利潤乃從資本家的經濟組織之下，勞動的剩餘價值產生而來。可是巴哲並不因爲這種思想，就得出社會改革的結論，他批評社會經濟的根本問題時，寧取着自由主義的見地。（和加塞爾一樣）

最後該斯特利希(Hans Gestrich)那簡明的理論入門書也到處受有加塞爾的影響。該書把現代經濟政策問題中幾個最重要的見地，和他自己及其他著作者關於這方面的理論命題結合了起來，實在是獨到的地方；至於概念的明晰上，和組織的統一上，卻並不見格外優異。

五、勒西士與亞朵夫・韋伯之現實的交換經濟論

如果爲歷史配景所容許，把本世紀第一季內經濟理論體系更依「各派」或過不相同的幾個傾向加以分類，那末勒西斯的體系也許當放在蘇順泰和加塞爾兩體系之間吧；雖然他和歷史學派有着密切的關係，像蘇順泰一樣他把他的研究限制於一個比較狹小的範圍；而另一方面對於問題的解決（他在這方面有相當成就則與加塞爾的見地很相接近。然而他的一般的立場卻又令人想起歷史學派的觀點。他把「抽象的」理論從「現實的」理論分開，而排斥前者；以爲用歷史方法所得到的認識纔是眞正的認識；一切依自然科學方法所把握的經濟定律都是非常不可靠的，且在他看來，就是現實的理論，也只適用於國民經濟之一定的發展階段。他的研究

對象，是下面這個問題：財貨之生產怎樣在一定的社會秩序中，成爲一種社會過程？用各種方式參加財富生產的人們，又怎樣從這社會過程中取得他們對所生產之財貨的分額？所以勒西斯的體系所包領域，就是生產、消費、和所得分配的理論。他像加塞爾一樣，極端反對邊際效用說。主張資本利潤乃是資本所有者取自勞動收益的餘額，這簡直是有馬克斯主義傾向。勒西斯對於經濟流通論中各種要素，不拘泥於傳統的分類，惟隨其在他那不可捉摸的思想上浮現出來的次序，任意加以排列。這倒給與我們一個新鮮的印象。他避免過甚的抽象，常和現實接近着，對實際經濟生活各種最錯雜的關係，一一都與以公平的評價。這種眞正現實的態度，使他那成就的價值越發增高。

亞朵夫·韋伯也是一個現實主義的經濟學家。但他最近所發表的體系裏，卻表示和加塞爾倒有許多類似之點。他也從稀少性觀念出發，拿價格論做了體系的樞紐，從這樞紐導出他的分配論。不過他仍舊保留着價值論，並還拿邊際效用說來說明它，這也與勒西斯有所不同。雖說有些處所，似未免太重視了這個學說，他那體系的形式的排列，卻完全是自己獨具的。他的書全用豐富的歷史事實和社會背景說明着；在社會勢力問題上，在其體系之一般的方法論基礎上，他都淩駕了加塞爾。

六、李夫曼之純粹心理的體系

李夫曼企圖把整個經濟理論體系，建築在純粹心理的基礎上面，與以上所述各體系，恰巧成爲對照。心理要素，本爲奧國學派所重視，但李夫曼更超過於他們。他們想從心理的過程說明整個經濟概念，而排斥一切物質的一數量的觀念，從而主張經濟理論之唯一任務，在把各種交換經濟現象還元爲主觀的價值判斷，即還元爲消費者之欲望。李夫曼的理論也是本於高愼（Gossen），與邊際效用說之信仰者正無不同。唯後者的主觀價值論，實際僅爲財貨本身的種種效用所構成。當李夫曼發見下面這個事實的時候不覺大吃一驚：即，高愼是把費用思想和享樂思想對立着，他只在這個對立關係中來評判享樂，並非是以其絕對的大爲判斷之標準。因此，李夫曼乃自行造出一心理收益概念，以表示效用和費用間之差異。僅在能夠確定某種收益的處所，即效用和費用（不是物量或價值量，乃是愉快與不快之心理的力）能夠相互比較的處所，纔有經濟行爲的存在。不待說，這項理論的根本思想，也並不是新的，在旁人的著作裏儘可找得出來。不過把它明白而一貫的展開出來，愼重的避免一切技術的要素，而在它上面建起一個統一的經濟理論體系，這個功勞卻不可不歸於李夫曼。

李夫曼的另一個發現，就是吾人種種欲望滿足過程中所生許多最小的收益，有在某最小高度上互相均等化之傾向。因爲經濟人爲了滿足他的欲望，必定把他各種開銷依照這樣的順序支出：即令最後支出之費項，也務求得到可觀的收益，並且依他自己的主觀價值判斷，這個收益必且是其他任何費用支出都不能淩駕的。如此，各種欲望之滿足所得到的一切最後收益，便將成爲幾乎一般的高，這個必然性，李夫曼名曰邊際收益均等定律

(Gesetz vom Ausgleich der Grenzerträge)他的價格論便建設在這條定律之上；繼價格論之後的分配論，貨幣論，也都是從同一個見地立說。

李夫曼論駁舊經濟理論和同他見解相左的新經濟理論時，是非常辛辣的，且格外自命不凡，這種態度對於科學有損無益，科學要求和平。他這樣，首先便挑撥起許多嚴厲的批評，跟着就是一塲設跼，馴致成為對人身的攻擊和辯駁。比方安孟和挨絲楞(Joseph Bergfried Esslen)二人對他的論戰，便是令人極不愉快的。二人都說李夫曼根本沒有獨創之見。安孟更一樁一件的證明說，李夫曼的邊際收益均等定律，其全部內容早已包含在邊際效用說中了，只因李夫曼對於後者根本不曾理解。挨絲楞則說，李夫曼所造出的效用概念，實際是價值概念的別名而已，李夫曼所把握的費用，即是效用的喪失。所以李夫曼這個根本原理，沒有一個是新的。要是他那體系中有什麼新的東西，那東西就得與這根本原理陷於矛盾。與本海母的批評也出於同樣的意圖和調子。對於這些攻擊，李夫曼只能報以惡意的答辯，責備他們虛偽，不誠實，且加安孟以偽造引用文之罪。斯泰恩堡(J. Steinberg)崔丁內克·休登霍斯特和斯托兒茲曼諸人，調子雖比較和緩，但都拿着有力的論據反對李夫曼。斯泰恩堡從現實的見地證明次一事實，攻擊李夫曼學說的出發點：即，國民經濟之根本現象，決不能用孤立化的方法，純心理學的地把握出來。邊際收益均等定律是絲毫不足取的，因為經濟學本來的領域，開始就把社會的要素完全承認了。崔丁內克也非難李夫曼之非歷史的非社會的見地，說那種心理的經濟學，根本是個人主義的。並且很懷疑純粹心理方法的效果；因為收益這概念中本來就含有一種物質的數量的要素。斯托兒茲曼則適用他自己的原理，主張在方法論上給李夫曼的學說以批評，最後得結論說：李夫曼的收益說，根本是目的的，並且社會的，他偏要強調它的因果的個人的性質，實在是白費氣力。

狄爾和當德勒對於李夫曼的邊際收益均等定律，也不表贊同。恩格利什(Karl Engliš)曾給消費經濟中的邊際收益學說作着徹底的批評，而得結論說，在消費經濟中，並沒有邊際收益均等定律的存在，存在的只是價格單位之相對的最小效用均等定律。克楞伯革(Eduard Kellenberger)證李夫曼之邊際收益均等定律，僅適於消費者方面，對於生產者，決沒有這條定律的存在。

其他若干經濟學家卻對李夫曼的成就很是稱揚。例如淮耶曼便重視李夫曼把經濟問題從技術的社會倫理的政治的問題等嚴格分開，而專在心理基礎上樹立統一的經濟學體系。雅腓(Jaffé)認李夫曼關於經濟秩序之辯證法的動力之心理學的理論把握，實爲宋巴特現代資本主義的一個進步。邁爾(Otto Mayer)也用非常空洞的話讚美着他。庫培爾(Arnold Kupper)嘗想藉李夫曼之「純粹」主觀主義，樹立一個新價值論基礎，但是手段太拙，這個大膽的企圖只落得一個毫無結果。

七、有機的和目的論的思想

前此所述二十世紀第一季德語經濟學中最重要的三大體系，即蘇順泰，加塞爾和李夫曼之體系，全是以個人主義的社會哲學做基礎的，最後所述之李夫曼尤爲徹底。他們對於社會本質和社會機能的見解，都着眼在個人；積多數個人而生全體。反是，史盤卻從全體出發，認爲眞正的全體必自有其實在；從論理的觀點講，社會之全體，應該在其諸部分之前。部分就是個人，個人並非物質的獨立的本質，止是藉全體之生活力纔能存續發展的一種附屬的份子罷了。史盤觀察社會生活機能時，着重在多數個人間的相互性，當這種相互性的存在爲人類精神所自來的泉源，在這兒史盤之所本，乃是浪漫主義的社會哲學和國家哲學，特別是亞丹繆勒(Adam Müller)的學說。他企圖把它們的精神移進現代科學裏面來，從它們全體主義的見地給經濟學加以改造。在他的主要著作裏，他把經濟解作一種概念的構造，這構造內部只受着目的思想的支配。他想把經濟科學恢復到「自然的」狀態，而排斥亞丹斯密和李嘉圖以來那種人爲的「因果論的個人主義的侵略」，所以在他看來經濟理論不應該以機械的因果的價值觀念開始，而應該以唯一合乎事實的服務（Leistung）概念開始，這概念他視為是全體之肢分，是整個有機體之有意義有目的的機能。史盤從這個思想出發，遂把整個理論經濟學變形為服務理論。這理論分四大主要部門，即物事的服務理論，服務空間結合理論，服務時間結合理論，和服務分量理論。第一部門處理財富和資本等單純的服務，及交換、信用、商業等較高級的服務。第二三兩部門研究單生的和多生的結合和較高級的結合，比方各經濟現象和推移過程之內在的運動。最後一部門則研究價值論和價格論。但如後面將要述及的一樣。史盤最近已背叛邊際效用說，所以這最後一部門已經有根本修正的必要了。

史盤也明明知道，這個新理論是有許多難點的，然而只有藉牠，纔可以認識國民經濟之目的的肢體的關係。為使舊概念能夠與這更廣泛的眼界融和起見，他乃首先將經濟這概念本身作一番深邃的分析，而從純目的的見地，在這概念裏面把目的之全體性的關聯和手段之全體性的關聯對比起來。他那體系中有一個獨立的部門，專一處理經濟概念之構成的性質，質言之，即是方法論。史盤一面將一切經濟學說廣泛地加以改造，一面把經濟學一切部分，從而一切經濟現象（經濟生活之形式的要素包括在內）總括於一個有機的脈絡貫通的體系之中。在傳來的概念之下，這種辦法自來止在交換經濟一方面適用着。（參照蘇順泰，勒西斯）

史盤學說在德國引起很大的批評，至今還有許多人在辯論着。這裏限於篇幅，不能把他的書所引起的各種反響一一說來，只舉重要的論人以見一斑。

許多經濟學家承認史盤的貢獻爲一個進步，斯托克玆曼就是其中最顯著的一個。他因爲有幾分同意，頗能賞識史盤全體主義見地的價值。雖然如此，他卻不贊同史盤對於價值和價格問題所提出的解決，認他那服務概念中，仍殘留有不少的因果要素；而自命目的論的有機的經濟學之創立，並非他自己莫屬。史盤的學生們安德利（Wilhelm Andreae）巴克沙（Jakob Baxa）亨利克(Walter Heinrich)和賽德爾斯密德(Gustav Feidler-Schmid)等，則熱心的替他們先生辯護。下述諸人，也和全體主義思想共鳴。即主張多數性理論的華爾德瑪(Waldemar)，提倡經濟生活波動說的雨果(Emanual Hugo)，和斯迪芬格，魏丁根，華根否爾(Horst Wagenführ)是。此外德國許多重要的歷史家，也承認史盤的成就是社會科學上一個重要貢獻。這點是大可注意的。培羅（Georg v. Below）承認史盤爲歷史學派最著名的一個後繼者。邁爾(Theodor Mayer) 也認爲凡是歷史家都應當理解史盤的學說。

另有幾個經濟學家很尊重史盤的學說，想把他那理論和從來個人主義的經濟學溝通起來。黑勒爾以爲事實上，個人並非沒入於經濟全體，他仍保留有從全體獨立的一切特殊的要素。科薔兒(Richard Kerschagl)把史盤的全體主義和個人主義調和着。他之外，黑斯在前述方法論的研究中，安孟在他自己的體系中（後面還要論及），也都嘗試了這個吃力不討好的事業。韓內革贊同從「新浪漫主義」的見地，把信用概念觀作交換的範疇；不過他以爲，「全體主義」這個表現，選擇得不甚恰當，史盤的觀念雖說正確，只可惜未能充分的「客觀化」。

個人主義的無數信仰者對於史盤對個人主義的攻擊，不消說要作相當應付的。其中最徹底最有活氣的就是桑德爾（Fritz Sander）。李夫曼的批評雖沒有新見。然其對人的尖刻，實有過之。

然而這些批判和攻擊，誰也折服不了史盤。他的名聲，尤其是在青年當中，似乎一天一天在增高着。

楞茲(Friedrich Lenz)最近發表的體系，和史盤有許多相通之點。他認國民經濟爲一種有機的社會的實在，一反從來的個人主義。像史盤受亞丹繆勒的影響一樣，楞茲則受李士特(Friedrich List) 的影響，所以他是把經濟學當着國家主義的婢僕看待。他的體系的中心概念是國家經濟；而強調國家經濟之歷史的文化的和政治的方面。以為如此便避免了理論態度和歷史態度的對立。他所提供與我們的，不是機械的價値論和價格論，卻是李士特之有機的生產理論；並且從政治整體的原理去說明一切經濟關係。國民經濟之最後目標，就是要滿足國民的全部欲望。故價格與分配，互相都有着有機的關係。楞茲這種論調，無非是想把經濟學上分析的和原子的態度，掃除一個乾淨。

就是上述斯托兒茲曼在其幾種舊著中所提供的經濟學體系裏面，也和史盤一樣，主要思想，不外是這當作社會之目的形象的國民經濟觀念。史盤和斯托兒茲曼在這個共通出發點上，同樣是受了斯坦姆拉目的論的社會哲學之影響。不過史盤重在他那社會學的全體主義，從這個觀點着手經濟理論概念和經濟現象之論理的分析。反是，斯托兒茲曼卻重在講壇社會主義派的社會倫理的觀念；不僅在經濟政策諸問題上，即在理論經濟學諸問題上，也徹頭徹尾顧慮到這個觀念。他又企圖援用「自然的範疇」以幫助他的理論說明，總想把這範疇和社會倫理的範疇密切的結合起來。從非社會的離開現實的「幻想的烏托邦」出發的理論，他是絕對排斥。因為這樣得出來的結論，不能拿去和現實世界任何社會要素相結合。他對於經濟學的態度，是企圖從實際方面入手，然後漸向現實的倫理的目的形象而進。這就使斯托兒茲曼的體系產生了特具的折衷的特徵。他常想把抽象的因果的「自然的」理論，和目的論的社會倫理的見解儘量融合起來。他對邊際效用說和分配論已經實行過這辦法，在他那廣泛的分配論中，到處可以看出來。斯托兒茲曼對於各派支配理論的批評，非常有力，但他自己的積極理論；卻很是動搖不定，有始無終。我們前面已經說過，這動搖最近使他又有建立經濟哲學的企圖了。

斯托兒茲曼目的(Zweck)一書，在德國文獻中頗有好評。他的許多批評家中，當德勒主要批評他的目的論的見地以爲尙不如普通流行的因果見解，更能適應國民經濟之本質。蘇順棻不能在斯托兒茲曼那一般的社會的見地中，找出絲毫本質的新東西。狄爾對斯托兒茲曼的社會哲學的根本見地雖很表同情，但同時對於他的個別的經濟學說，卻不甚滿意，說那是折衷主義，並且沒有決斷。然而斯托兒茲曼的成就之有功於經濟學，卻是大家沒有不承認的。

恩格利什的著作，已由捷克語譯成德語的一部中所表示的學說體系，首尾一貫的有着目的論的傾向。這一點是和史密和斯托兒茲曼的體系類似的。不過他的社會的根本見解，寧是個人主義的。貫穿着他全書的根本原理，就是所謂最低不快準則(Postulat des Minimums an Unlust)所以他對於各個經濟理論，或經濟學體系的探討，是採心理分析這條路線，於是使他非常接近李夫曼，尤其是在對邊際效用說的批評上。他的價格論，想把效用之心理的說明和洛桑學派的均衡思想冶於一爐，而其分配論卻又着重社會勢力的原理。所以他那個體系是十足折衷的。關於方法論的見地，恩格利什和斯特累勒之間曾引起過頗饒興味的爭論。

約塞非(Berthold Josephy)最近發表的可注意的思想構成，似乎最好在這兒說一下。和斯托兒茲曼一樣，他首先斷然否認一切純理論的「營實孫故必」，而着重社會的要求，認爲這種要素，是經濟學之獨立的主要範疇。但是約塞非體系裏的深邃的哲學基礎，卻不像斯托兒茲曼一樣出於斯坦姆拉和馬堡學派的思想傾向，實是因一種帶着形而上學的背景的特殊態度而跨進柏格森的思想界了。和斯托兒茲曼一樣，約塞非也以「自然」範疇和社會範疇對立，用發生的方法把前者直推溯至自然對於人及人類社會之本原的制約爲止。所以在他，這自然範疇是更重要更根本的東西，社會範疇還只是從屬的第二次的。然而在約塞非那聰明的思想過程中，似乎已一天一天着重社會要求了，尤其是重視經濟現象諸法則的前提。這樣一來，他的經濟理論的結論，終歸還是和斯拉兒茲曼的見解接近了，有時甚且和次述狄爾那社會法的學說有些彷彿。我們要注意，在約塞非的思想當中，且還有一種歷史的觀點，和一種顯著的自然法的痕跡。

八、社會法的傾向

狄爾自己本是斯坦姆拉社會哲學的信仰者，對斯托兒茲曼的出發點，自然是贊同的。經了許多年的準備，到世界大戰便開始公布他那建設在這個基礎之上的廣泛的理論經濟學體系。依他的計劃，這體系共分四卷，現在發行的已有三卷。狄爾稱他自己所代表的經濟學見解爲「社會法的」(sozialrechtliche)傾向，把羅德伯托斯(Rodbertus)馬克思，斯坦姆拉，斯托兒茲曼和安孟都看做他的先驅。他所謂社會法的傾向就是說，個別經濟包含於國民經濟的整個組織之中，止是國民經濟的從屬的部分罷了；是依賴國民經濟，然後纔具有「其活動態樣，大度，和速度」的。所以他絕對反對從個別經濟的研究即個人經濟行爲個人欲望等的分析入手，來處理理論經濟學。他認爲只有具體的法律的秩序，是經濟學的確實的基礎。只有在和爲其基礎的法律組織之密切關聯上去觀察最基礎的經濟現象，纔可以獲得一種實際對應於國民經濟之本質的理論的認識。

狄爾體系現已發行之三卷中，第一卷首先包含關於經濟學之本質與課題的論爭的論究，討論科學之對象，及作爲一般的社會科學之一部門的經濟學，法律與經濟之關係，技術與經濟之關係，最後研究經濟學之組織化問題。其次便對從來各派經濟思想之發展作一精當的說明，同時對過去與現在的主要學說體系加以深刻的批評。第二卷先爲生產理論立一簡潔的基礎，然後說明生產之自然的和技術的基礎並論生產之社會形態，最後研究資本家的生產方法。第三卷處理財富流通理論，以及價值價格貨幣和信用諸問題。至於將來的第四卷則準備處理所得分配論。把題材這樣排列着，在財富流通理論中探討價值和價格理論，而不在經濟學一般的根本問題之下去探討它。從這一點，也可斷定狄爾的體系是受着他那社會法的見地的限制，和其他理論經濟學體系見解不同。

安孟關於方法論問題的根本思想，和社會法的態度非常相近。這在前面所舉他的初期著作中很是顯明。他區別個人經濟與國民經濟，想證明經濟研究而以那僅適用於各個現象的經濟原則爲基礎是錯誤的，主張國民經濟裏面一切都是依存於社會的和法律的必然性。國民經濟的中心所在，不是價值現象（無論主觀意義或客觀意義），當是社會的價格問題。故依安孟，經濟學之主要內容，乃由那決於私經濟的交換現象和價格、工資、利息、及地租間之量的關係而成。但當我們所論及的問題是屬於一切國民經濟之目的（一般的福利）的時候，我們便跨進了另外一個領域，最好叫它做國民厚生學（Volkswirtschaftslehre）或用亞丹斯密的表現叫作「純粹經濟厚生論」（the pure theory of economic welfare）。應用經濟學（安孟喜歡稱爲應用經濟厚生學）的對象，在研求增進福利之方法。

這三個領域中的第二領域即純粹經濟厚生論，在安孟的最近著作中已經有了說明。他從社會的見地研究國民經濟各個部門，如生產、交換和所得分配。他拿各種「動的」現象和這些「靜的」關係對比起來，而在他那關係商業循環、恐慌理論和經濟制度之一般的發展諸研究中，關聯的考察着它們。

安孟的方法論思想，曾引起許多經濟學家的注意。在其對象與基本概念（Objekt und Grund-begriffe 1927）的第二版中，想對以前各反對論作一答復。狄爾最近非難安孟爲了社會的準則反把法律的準則忽略了。並且嫌他還部分的保存着歸與論；對於安孟的分配論也不甚贊同。奧本海母不贊同安孟的認識論，並且說他把科學的目的和概念混爲一談了。李夫曼非難安孟的折衷主義，韓內革則謂他未能充分注意現代資本主義的構造。本書著者以爲安孟的三個區分，大可不必；把經濟概念付之等閑也是不盡然的。

黑兒伞特斯坦姆拉（Helmut Stammler）的輕快的體系，主要是方法論的。他企圖證明那由斯坦姆拉立下基礎，更由斯托兒茲曼和狄爾繼續闡發的經濟現象之社會法的概念，是唯一正確的概念。

九、社會改良主義者之學說體系

前述社會法的體系把我們引導到許多經濟學說體系中來了。這些體系雖同樣是以社會思想為立論基礎，但同時又具有社會改良之傾向。

本世紀初，普勒脫（Julius Platter）根據馬克思主義理論和意德沃羅基提供了一個體系，但沒有博得學界多大贊同。他對於最近三十年間經濟理論的發展差不多完全忽視了。為了支持他那社會主義的論點，竟使用着早已為一般所否定了的論證。威爾布蘭德的小規模的系統的概觀，大體是站在社會主義的，共產主義的見地的；範圍雖不及普勒脫的廣大，卻頗多獨創的思想。這書的主要論點，在探究現代的繁華所以突飛猛進之原因，所以他想把現代國民經濟中最重要的人口政策問題和一般的組織問題都一一加以解決。其書第二部討論價格論和分配論，除馬克思見地外，還顯著的帶有邊際效用說的思想。威爾布蘭德最近發表的小著也包含着同樣的思想，企圖和邊際效用說結合起來，以發揚馬克思主義並使之簡單化。

奧本海母之系統的大著，根本思想也是社會改良。不過他所主張的社會主義思想，不是馬克思主義的而是土地改良論的。他甚且還以嚴厲的批評反對馬克思主義；他憑着豐富的歷史證據證明一切社會貧困，都是大土地私有之惡果。他那整個理論經濟學體系，完全是為了闡明這項思想；企圖使他所有的學說盡成為廢除大土地私有制的論據。這個傾向，在其出發點即經濟概念之決定上，已經顯露出來。他嘗把欲望滿足之衝動，即經濟的衝動作如次解釋卽，經濟的衝動，非僅利用勞動和交換等經濟手段而已，也常利用着政治手段。所謂政治手段，卽是掠奪和國家之手段，這兩種手段，都可無償取得他人的勞動。他那理論中其他各要素的排列，大都是照着這一個樣式，務使其和土地改良思想能够契合。奧本海母體系裏最重要的所在就是他的分配論和恐慌論。其首尾一貫的特徵，是歷歷現出自然科學的，尤其是生物學的類推。所以他的學說，也帶着些客觀主義的色彩，和我們研究蘇順泰時所感到的一樣。

奧本海母的體系最近曾加以修正，他想在這修正中特別把他的認識論的和方法論的方面更加以發揮。但是安孟卽對這點大加攻擊，以前的論爭於是又被燃起了。他第一反對奧本海母對於經濟槪念的處理，其次攻擊其對於社會勢力說之純客觀的說明。我們知道，奧本海母的獨占和所得分配理論，是建設在這社會勢力說之上的。對奧本海母體系的其餘議論，大都是關於他的社會主義方面，這裏無需提說。但其中有關及奧本海母的任何理論的，我們後面仍要說到。桑德爾對奧本海母的自然主義社會學所加的理智主義的攻擊，惹起一個極無謂的論爭。克拉夫特(Julius Kraft) 亦捲入漩渦，他反對桑德爾。

凡上所述，都是企圖給理論經濟學體系作一種獨立的系統的槪觀。然而並不以此爲滿足，大戰前後，德國又翻譯了許多外國語的著作，以豐富他們自己的文獻。關於諸曼及盎格魯薩克遜諸書，將在三四兩編論及，暫且不提。這裏僅就所譯的兩部俄國馬克思主義者的著作，稍爲說說。馬斯諾夫(Peter Masslof f) 的體系，貫注着史的唯物論的精神，卽使處理各個國民經濟的根本問題，也都明顯的表現出馬克思主義的傾向。其整個學說體系的構成，以經濟生產力之研究爲基礎；這經濟生產力的分配和發展之法則性，爲其體系中之指導觀點，其餘一切國民經濟問題，都是依這條法則來說明。在這場合，馬斯諾夫對工業生活和農業是同等注意的，且常使用豐富的統計材料（以俄國狀況爲主），幫助他的說明。該勒茲諾夫(W. Gelesnoff)的體系（這體系本身也較馬斯諾夫的書重要得多）在德國學界博得非常大的讚許，爲馬斯諾夫的書所遠不及。該勒茲諾夫的根本社會觀也是馬克斯主義的。不過他一面屬於給馬克思諸根本學說以嚴厲批評的修正派之左翼，同時在思想過程上，又很置重古典學說和邊際效用說等旁系學說。他的書可謂是精心雕琢出來的一個理論經濟學體系，把題材又整頓得格外纖巧。全靠這樣，所以他偏生能够在經濟理論內部，處理着各種否則必須在經濟政策領域內纔能處理的問題。他這書用着講義的形式，使他的敍述更加直捷簡明。並且還舉了許多饒有興味的實例，用許多國的統計材料表示出來。

徹耶諾夫(Alexander Tschajanov)關於農業政策的簡潔的著作中，包含着以家庭經濟論爲基礎而體系的構成整個經濟理論的暗示。

前此所舉各著者，都是想從社會主義見地，提供一種理論經濟學的體系。但是，培舍(Heinrich Pesch)在他那積二十年之苦心研究的四千頁的大規模學說體系中，卻尊重着正統天主教的社會思想。培舍的出發點是二重的。首先把人間現世和天國來世的宗教觀念置於一切之上，而用神的道德律將兩者結合起來。這道德律就是無上命令，吾人運營經濟生活時，無時無刻不要遵守的。他以爲把人看做社會生活過程中的客體，是斷乎不可的。因爲人乃是支配物質世界的獨立的主體，他唯一的生活目的，就是要本着神的道德律所昭示之途徑而行。培舍思想中還常有種合理的不變的人性之人類學的目的論的觀念，與上述這根本思想並存着。他把這兩個根本思想交織起來，對個人主義和社會主義同樣加以否定的批判，而拿他自己的連帶主義的社會理想和社會的勞動組織與它們對立。在這理想的組織裏，由於個人利害與社會利害的調和，個人自由與經濟的國家統制之妥協，公共福利自隨之而增進，如此，國民經濟之「自然的目的」就達到了。

培舍的著的第一卷，已將上述意味的經濟學打下相當基礎。第二卷首先詳細批評現代各種經濟組織，隨後論究領土和土地之狀態，人口人種及階級等問題，凡此種種，皆視爲是用連帶主義實現公共福利之條件。第三卷處理經濟生活之種種社會的要素和形態，對於一切種類的利害，論述綦詳。最後二卷研究生產價格及所得分配理論。培舍的倫理的熱心，躍然紙上。他雖然常折衷的地利用若干流行的經濟理論思想，但特別置重的，卻是連帶主義的社會思想和個人道德行爲的要求。他的結論是正當的價格和公平的分配。總而言之，培舍的體系，那怕首尾一貫着基督教的社會的特色，卻仍能放大眼光，顧到其他各派支配的學說，這實在是他的長處。他對於這些學說，採取寬大好意的態度，不僅要指出它們的缺點，同時還要指出它們的長處（當然是依他自己的見解）。他的體系所以在科學的批評上得到好意的待遇，大家都承認它的優長，實是要這種賢明的態度之賜。他後來又發表一部規模較小的著作，用獨自的說明展開他那社會倫理的根本思想。

一〇、其他諸人

什密德特(Max Schmidt)最近作了一個系統的研究，沒有經濟政策的傾向，但和前述諸學者兩樣，注重在社會要素的歷史觀點。他自任要在這研究中爲一種新「人種學的」經濟學建立一個基礎，認爲經濟學中對於這人種學的觀點，從來沒有人考慮過。他於是分析交換經濟的各種社會要素，想把它們一概還元爲人種學的要素。他所用人種學上的材料，差不多全是取自美洲原始民族的生活。舒柏爾特（Emmerich Schubert）的書雖不是一個完整的經濟學體系，對於經濟學體系之人種學的，人類學的及一般文化史的基礎工作，卻有不少有價值的貢獻。

——俄夫納(J. Offner)從截然不同的另一見地把經濟學和現代自然科學密切結合起來想以這結合爲基礎寫一部理論經濟學的入門書，可是嘗試都沒有成功。哥爾德舍德(Rudolf Goldscheid)的書更是論理的但也最注重自然科學的思想企圖將一種規範經濟學的新體系之構造和主要觀點表示出來。這規範經濟學的中心目的，不是處理財富過程的利害關係和「購買力經濟」，而是要利用一切經濟手段，以完成人類更高級的發展。

這裏，我們對於另一個挪威人開爾好(Wilhelm Keilhau)最近的企圖，也得提及一下。他想利用概念之巧妙的方法論的構成，將所有經濟事象皆移入思想界，而從經濟的決定，經濟的行爲，及經濟的評價諸特殊。理論，建立一個理論經濟學的新體系。開爾好最卓越的地方，是他思想清晰，論理謹嚴。黑爾玆惠德(Edmund Herzfelder)的體系也有幾分類似，但思想與論理方面，都遠不如他。以淮仁革的哲學做出發點，想使用臆說的方法，經濟學因而達到新的眞理認識。他不往成交的實費中去尋求交換價值法則之基礎，偏往供給方面的牌價中去尋求它，所謂牌價，乃是純主觀的形態在市場的客觀化。他這個辦法，分明是受後述恩格爾德爾價格論的影響。黑爾玆惠德以爲從這牌價及其對交易對手所引起的心理的反作用，乃是價値變動之源。他這樣便把「價値變動論」建立了起來，把經濟理論的整個體系都建築在它上面。他想賦它以嚴密的數學的容貌，並且超越貨幣價値論而將它發展到倫理的境界。雖說表示了些很有見解的思想，（尤其是對邊際效用說的批評）他那體系要不大大加以修正，想引起人們更大的注意，怕是不可能的。

作一般的體系構成之企圖的，還有許多著作。不過這些著者並不注意把他們的經濟學說體系作詳細之發揮。例如密爾華斯(Rudolf Meerwarth)最近所著本身極有價値的著作，或它的課題，本是要從統計的見地來把握經濟學的原理；但按之實際，僅僅給與了經濟統計，多少和經濟理論的見地有着密切的關係而已，並沒有提出一個經濟學體系來作經濟統計看。他的著作的確是不可多得的。

斯迪芬格和黑內爾(Haenel)兩人都曾企圖建立獨立的經濟學體系，然實際上，不過達到了更廣泛的價値論和貨幣論罷了。所以關於他們的著作，等後面再說。曾楞格和那拉特也沒有準備作詳細的研究，只給值得注意的新傾向的學說體系，畫了一個輪廓。前者僅關聯於交換經濟，後者則關聯於人類經濟生活總體。曾楞格闡明新歷史學派的思想，尤其是什麼勒，彪赫爾，和宗巴特的學說。他想樹立一種「自然的」交換經濟學說體系，以經濟形象之相互作用爲基礎。另一方面，那拉特則儘力避開交換之考察，而企圖一種以幸運說（基於幸福主義的見地的）爲根據而建立的全新的經濟理論體系。在這個體系裏，交換經濟和管理經濟，貨幣經濟和實物經濟等一切可能的經濟形態，原則上都與以理論的研究。

二、教科書

上面已將二十世紀第一季德語諸國出現的多少獨立的新理論經濟學體系及建立體系之企圖，詳細討論了。現在要繼續論及幾部著作，它們雖沒有本質的新見解，沒有使經濟學的體系更加豐富，但它們爲教授上的目的，究竟給我們提供了關於經濟理論的知識的許多有益的總括。最近除康納德的綱要（Grundriss）的幾次新版（特別是由阿爾伯特（Albert）改訂過的）和流行最廣的威廉那拉特（Wilhelm Neurath）概論的（Elemente）外，還有文克斯特因（Adolf v. Wenckstern），沃兒甫（Julius Wolf），格朗則爾（Josef Gruntzel），什維德蘭德（Eugen Schwiedland），威哥金斯基（Wilhelm Wygodzinski）和陽（Georg Jahn）諸人的著作，都有一讀的價值。

文克斯特因的導論（Einführung），差不多全沒有出得風頭。這書不敍述一般承認的理論經濟學說，單發揮著者自己的主觀見解，攻擊社會主義和近代合作運動而極力辯護中產階級的政策。但就是這個傾向，也未能在他的書裏面前後一貫的表現出來。他這書的特徵就是令人讀了感到一種不快的高壓，並且他那獨特的體系也就極不分明。沃兒甫自命要提供一個作爲精密科學的經濟學體系，但並未提出一個本質新的學說。凡各科學因著它們論理的性質而達到無論新的理論研究和新的事實材料都無可置疑的確定的結論者，他都看作精密的科學。他又努力找許多「實驗的」證據證明經濟學在實驗的方面也是一種精密科學。他的積極論究裏蒐集了很不少理論的資料，並且從工藝學中引了許多例子，證明這個結論的正確。但是畢竟只提示幾個暗示的見解吧了。這個企圖失敗之後，隔四年他又寫了一部大書也是同樣的內容。

格朗則爾那頗博好評的概觀出版之後，又出了一部理論經濟學的系統的概觀，不和沃兒甫的書那樣自命不凡，可是內容倒比較重要。他在這書裏企圖根據有機的社會觀建立一個有着正確的方法論基礎的完全的學說體系。格朗則爾主張經濟現象之現實的觀察法，反對一切孤立化的抽象。他不承認有絕對妥當的經濟法則，而只承認一種的經驗律。其主要着重點僅在於經驗的說明，沒有在積極方面提供任何創造的學說。其體系中可視為最有價值的，就是它有着社會學的基礎。還有一位維也納大學教授什維德蘭德，也在戰前出過一部小小的教科書，在歷史和社會學方面都有着正當的基礎。其後又發表一部浩瀚的大著。這書先將國民經濟之一般理論問題作一短簡的概觀，隨後就特別詳細的處理着國民經濟之人類學的和文化史的方面。關於國民經濟之組織問題和社會倫理問題的詳細研究，也是這部書的長處之一。——威哥金斯基和湯各提供了一部簡潔明瞭扼要的經濟學入門書，都努力平等的顧慮到一切主要的理論問題。威哥金斯基所舉的許多工藝學上的實例，都很有意思。

第三章　價值

由德語經濟學最近十年的發展看來，價值問題似乎非常動搖，它在經濟學體系中的地位已今非昔比了。然而當本世紀之初，這價值問題，的確占了指導的地位，那時候正當全盛的邊際效用說，便巍然矗立於想解決這問題的許多企圖之前線。

一、龐巴衛和威塞在價值論上的意見衝突

奧國學派的價值論，僅僅對外形成共同戰線，內部卻是意見衝突，這在前世紀末葉就已表現出來。即是說，關於存貨的評估，威塞和龐巴衛兩人意見根本不同。威塞主張可分割的存貨各單位，一律依邊際效用與以均等的估價；故存貨的總價值，等於邊際效用乘存貨諸部分之數所得之積。反是龐巴衛卻主張：由於邊際效用遞減律的結果，即因爲邊際效用常決定於爲滿足欲望而被使用之最後單位，其餘未使用之部分，反而效用漸增，故存貨總價值，應該等於各單位之不均等部分價值之總和。這種互相矛盾的見地，在兩位奧國派領袖的初期著作裏已經明白表現出來。後來的新著作中，不但仍舊繼續着，且還用類乎論戰的方法使之尖銳化到無可調和之餘地了。兩

方面都有許多熱心的追隨者，各自維護他們先生的地位；又有種種講求妥協的努力，這便成爲二十世紀頭二十五年純粹邊際效用說價值論發展的主要內容。

先講威塞的追隨者，第一個是祖開款德兒(Robert Zuckerkandl)。不過他對於這次論戰，並沒有提出一個新的觀點。布羅塔(Ernst Broda)首先採用「邊際部分」和「邊際部分之商」兩概念，前者表示存貨中之喪失具體成爲問題之一部分，後者則表示總量中含有若干邊際部分。他以此爲基礎，給威塞的價值法則作成一個公式，即總價值等於邊際部分之商乘邊際價值。不過對於威塞所力倡之「一定存貨」這概念，卻並沒有嚴格堅持。最近斯提爾索姆洛(Kläre Stier-Somlo)想從經濟學中一般的代替原理的見地，證明布羅塔的理論沒有根據。繼威塞而任維也納大學講座的罕斯邁爾，更是急進的替威塞的見地辯護。他承認龐巴衛價值公式的構成，論理上的確是一貫的，只可惜這個價值公式究與現實世界中一定存貨之估價全然相反。他纖巧的分析着經濟概念，和史盤的態度一樣的把這概念看成目的諸體系和手段諸體系的對立。其結論是：關於經濟傾向之決定，除技術的因果關係的欲望階段和財貨量外，還得加上一個需要的時間要素。龐巴衛的公式如果僅在下面這場合，也許是正確的，即直接使用我們支配之下的一切存貨，以滿足我們在某時點上依次發生的欲望之場合。然而實際上吾人對於最切要的將來欲望，亦常需顧慮及之，從而欲望之實際滿足，實在有相當的時間之延長。由這一事實看來，威塞的價值公式不能不說還比較近於現實。

參加這次論爭的學者，大部分都左袒龐巴衛，他們想證明：當威塞相信從每單位的價值等於其邊際效用這個發現，而推定存貨的總價值亦必等於這些均等的個別的邊際效用之總和時，是受了「雙關語」的蠱惑。因為我們對於邊際效用的均等性，不能「接續的」·(konjunctiv)去理解，只可「分離的」(disjunctiv)去理解；存貨的總價值乃由種種不等的部分價值之和而生。這是克勞斯(Oskar Kraus)對威塞的反對論。對威塞價值法則的其他許多抗議，尤其是蘇順泰的，也都如出一轍。

在蘇順泰看來，威塞和龐巴衛因了這種根本衝突，所以關於歸與論問題的解決，兩人意見也大相懸殊。假使威塞始終固執他關於存貨估價的見解，那末關於憑生產物價值決定補充生產要素之價值一層他也會主張：被歸與的收益部分之總和，無論任何情形之下，都不能多於或少於生產物價值。龐巴衛卻與這「均分」思想相反，而着重在次一事實：即補充協力之全部利益，依存於對各生產要素之支配，故各生產要素之價值，必須大於由威塞之「均分」所歸與它的生產物價值的部分。於是可得結論：補充羣之總價值，或生產物價值，小於各個生產要素價值之總和。這個結論，正和存貨總價值大於其中所含個別價值一樣，絕對沒有論理上的矛盾。蓋因我們在這些價值總和裏，所處理着的，僅是想像上的大吧了，任何現實的意義也沒有的。這樣子，蘇順泰憑藉他那巧妙的價值函數概念和價值曲線，遂得到一個和龐巴衛非常相近的解決。我們這裏未能把他這概念和曲線以及其他關於與這次論爭很有關係的諸觀點更詳細的與以研究，實在遺憾得很。他為調停這次爭執起見(龐巴衛的結論中也如此表示），仍主張只有以威塞的研究爲基礎纔可以求得問題的圓滿解決。

黑耶克(Friedrich A. von Hayek)雖然傾向威塞的見地，可也達到同樣融和的結論。他的目的是想和奧國邊際生產力說實行親善，以解明歸與論問題。Lilly Katser 想將歸與論和史盤的全體主義連鎖起來。

最近熏惠爾德嚴峻的批評蘇順泰的見地（這在前面已經提及）說它不值一駁；後來並出一書，發揮他關於整個邊際效用問題的新見解，和蘇順泰的見解完全對立。他原則上本只想繼續邊際效用說從來諸結果吧了，但一面又想把邊際效用說一向所忽視的各種關係也摘發出來，因此他在出發點上便不得不把今日通行的概念機構根本倒轉過來。他首先想把高慎的定律擴大爲「部分效用次序定律」(Gesetz der Teilnutzenordnungen) 跟着就否認了特定的離經濟傾向而獨立的個人欲望體系的概念。同時主張：對於財貨的評價，不僅要考慮到奉獻(Widmung)的判斷，同時還要考慮到絕念(Verzicht)的判斷。財貨之個別的效用乃由「總經濟效用」而來。因爲吾人用財貨滿足一定之欲望，換句話說即每一次的奉獻，都是與其他各欲望滿足之絕念不可分離的，所以給財貨評價的時候，這絕念也不可不同樣加入考慮。（參照李夫曼的收益原理）蘭到爾雖然從同一個來源得到暗示，卻是朝另外一個方向進發。他也由歸與論的爭論出發，不過他的目的在於維護龐巴衛的見地。他作了許多積極的嘗試，想解決這歸與問題而給生產物價值和生產要素間之機能的關係，立一個系統的根基。他假定價值、價格、地租、工資、利息等都是既定的概念，無需乎去研究。對於非經濟勢力在機能收益分配（歸還論之根本現象）上的影響，他倒特別注重。

除上述這些想祖述邊際效用價值論的重要企圖外，另外還有許多的貢獻。它們的方向是泛於旁流，不是順着主潮的丹麥人沙林格（Will Scharling）對於龐巴衛之背離孟革威塞的邊際效用原理，嘗提出反對，本世紀以來仍然如此。俄國人俾里莫威馳（A. Bilimowitsch）想從邊際效用之一般的見地，更明白的理解交換價值和歸與各種根本現象。薩爾茲（Arthur Salz）則以現代美國文獻爲基礎，研究反效用在價值構成中的重要性，以及價值與價格之構成要素的彈力性。鮑厄孟革兒堅（Käthe Bauer-Mengelberg）近來把反效用之性質看作價值論和分配論的研究對象。密塞斯（Ludwig Mises）指摘主觀邊際效用說體系裏，仍舊保留着少數客觀的要素。淮恩柏該（Otto Weinberger）給這個學說的發展提供了一個歷史的概觀。Franz Cuhel 和泰伯吉斯（Joachim Tiburtius）關於經濟欲望的分析，以及薩克士（Emil Sax）想把邊際效用說應用於租稅論的新企圖（他致力於此已逾四十年），也都值得在這裏提及一下。

二、史盤的均等重要性學說

對於價值問題的解決，史盤的努力實在值得特書一章。他本是一個不折不扣的邊際效用說的追隨者，一九二三年所發行的真詮（Fundament）第二版，仍舊支持邊際效用說的價值論。然而他雖則因爲這樣，不能不承認價值之主觀的起源，但總想從客觀的方面去把握它；他所注重者，不是作爲欲望滿足的效用之心理的內容，而是價值之中所含的目的達到之客觀的現象。史盤體系中所採用的價值概念，就是這樣一種外面的客觀的概念。他的追隨者科奢爾，以確定史盤之價值問題的見解對於其他著名價值理論所保之地位，引爲已任，並且分量的地更精密的地把握着這新的價值概念。但是到一九二五年，史盤的見解忽然發生一個大大的變化。他把高愼定律更精密的研究一番，竟發現手段增加時，效用未必減少，不，有時甚且逐顯著的增大。因此他覺察整個邊際效用說全是錯誤的，必須拋棄而企圖用一個全新的概念構成代它做經濟理論的出發點。依了這個概念，經濟理論上成爲問題的，不是各成員的服務(Leistung)和服務量，而是由一個整體的組織所達成的服務狀態，卽向一個組織諸成員之服務所懸之目標的接近。各個服務的份額，就在這服務狀態內部，依照均等重要性的原則，卽一切成員皆不可或少的原則，實行分派。但這並不是說，全體中任何成員都與其他一切成員均等重要，僅是說照分枝法的標準，在同一組織中的各成員是均等重要的。故自全體而下，首先只是均等重要的各服務(die Leistungszweige)部門，其次只是諸次位全體性(die Unterganzheiten)末了纔是最後諸成員(die letzten Glieder)。因此這均等重要性說，全體徹頭徹尾是有機的構成着，不把它和史盤的一般全體主義的社會學和經濟學關聯研究，不能正確的理解它。前面講到這些的地方，應該參照參照。

史盤最嚴峻的批評者首推淮勒(Julius Wyler)。他想證明均等重要性這概念本質的要素已盡在邊際效用說之中，認爲史盤努力客觀化，反而把邊際效用說的意義誤解了；史盤對於根本的內在價值與由此派生的第二次價值(效用)之差別，尤其沒有認識。淮勒之先，斯托兒兹曼特別從下面這個事實中看出了均等重要性觀念的弱點，卽它不能作各個成員卽各財貨的任何尺度，從而它對於財貨本身之價值和價格簡直毫無關係。

五　客觀價值論的復歸

許多邊際效用說的批評者對於奧國學派的根本原理，即從效用導出價值，並不絕對反對，只不過想把它和古典學派的見解多少調和起來，藉這樣聊以自慰。然而像我們後面要斷定的一樣，他們在這場合，是附和現在英美經濟學中特別流行的某傾向的。一九〇二年碩爾(Richard Schor)在某謙遜的論文中主張要正確的認識價值現象，就不可不同樣援用主觀的和客觀的價值概念。康德在其與李夫曼的批評有直接關係的研究裏，也不僅是用效用概念說明經濟價值，同時還用了費用概念去說明它，雖然仍是從主觀方面把握的。斯迪芬格和黑內爾在他們那自命要爲一般經濟理論建立新基礎的著作裏，也企圖將主觀價值論和客觀價值論綜合起來。前者向經濟學說中一切唯名論一切「ism」宣戰，對於價值問題，也主張同時從主觀和客觀出發，以認識「實在的素質」。黑內爾幾分根據狄爾那批判的論究，想從個人的價值評估導出那受社會要素所影響的價值之有機的起源，以便把客觀價值和主觀價值的對立消除掉。

著登(H. C. Boden)最近提供一個關於價值現象之主觀成立方法及其社會經濟的作用的研究，與黑內爾的書很相類似，只是更謙遜一點，對於純粹邊際價值論也表示反對。

二十世紀第一季除了這些嘗試，想在新價值論與舊價值論間找出一個妥協者外，自然不會沒有一種相應的反動的努力企圖把客觀價值論過去的獨裁權重新恢復起來。首先第一個人，無疑是與本海母。他在原理上雖分別主觀的使用價值和客觀的獲得價值，但是前者只在隨經濟主體自由處分的既存貨物之評價時，有着有效的機能。這種機能，在實際經濟生活上，尤其在現代交換經濟裏面只是種從屬的機能而已。因爲，現代交換經濟裏面，第一成爲問題的是凡百賴以滿足欲望的貨物皆須由市場購買得之。而市場上的評價標準，卻不是憑使用價值，而乃是憑客觀的獲得價值。此獲得價值之本源，就是獲得之客觀的費用。奧本海母所謂費用，是指非費於休養衝動（游戲衝動娛樂衝動等）的一切精力支出而言。依照這些費用而作的評價，自然對於財貨也能通用。因爲任何財貨的獲得，都免不了要有所費的。

對於奧本海母這個大膽的嘗試，學界羣起批評。而以楞納(Alfred Renner)和安孟的批評辯護主觀主義的見解最力。關聯着這個批評，安孟和奧本海母之間遂展開一個非常有興味的爭論，似乎把兩者相互的意見更弄得分明了。奧本海母已給他自己所獨創的命題加以根本修正，安孟也好像有意思和奧本海母的客觀主義的見解妥協起來。於是乎整個論爭便把戰線向關於純概念的各種前提，尤其是關於「靜態」概念的討論縮小了。夫流格爾斯(Wilhelm Vleugels)把他對奧本海母理論的批評加以發揮，而成爲維護邊際效用說的一篇有力的辯護辭。

除前述馬斯洛夫和駭勒茲諾夫二人的書中多少維護着馬克思派勞動價值論外，海曼(Eduard Heimann)的出色的論文也有這種傾向。在格朗則爾看來，使用價值和交換價值之外，還得有一種費用價值。其意蓋指貨物對於人類欲望滿足之重要性而言，此種重要性，取決於生產之勞動以及對於生產的資本支出。羅斯特(Bernard Rost)也想以同樣的價值學說之更該括的批評爲基礎，建立一種經久的「內含的」客觀價值理論。宗巴特（所著現代資本主義第三卷）乃至克萊寧希脫和其他歷史學派的信奉者，他們對邊際效用說的批評，大都與價值性質之客觀表現極有關係。莫爾曼(Warthold Mohrmann)所作同樣的企圖，因爲缺乏必要的理論背景之故，可說已全歸失敗了。

四、特殊的說明

主觀價值論客觀價值論以及居間調解的企圖，爲二十世紀第一季價值論發展的三個主要傾向。不過這時期內，我們還看見有不少嘗試，從完全不同的另一方面來把握價值問題，而望得到圓滿之解決。我們只須稍舉幾個例子，當然，他們是注定了要失敗的。其中最成功的一個，怕要算什汪納(Alfred Schwoner)的著作了。他就本世紀初對於價值問題的解決有一個有益的觀點，那就是價值之時間的變動。最近他想將維也納派的價值論加以發揮，而作出一個獨創的價值分類。可是他的研究纔到中途中，關於價值的概念便欠明晰而漸陷於思想混亂了。波蘭人科士坦內基(Anton v. Kostanecki) 於一九〇〇年作過一個非常大膽的嘗試，想把學說的價值研究和歷史的價值研究綜合起來，但是沒有博得人家中點贊同，也許一部分是因他不幸把中世紀的記敍符和現代的價值論混爲一談的原故。雷翁哈德 (Johanner Leonbard) 和開逃爾合德(Gerd v. Ketelbodt)在他們關於價值概念的研究中，也取着完全獨立的態度，兩人共同的謬誤，是對於經濟的價值和目的的價值判斷的分別，沒有弄的清楚。

五、「瀕死的」價值論

我們一方面看見許多人作着種種企圖，想把價值論更加以發展；同時另一方面，卻又須指摘出，最近十年間德語經濟學中價值論的地位，已然經不起四面八方的攻擊，而根本上起了動搖了。狄特澤爾和加塞爾在本世紀轉換期就對價值論開始總攻擊，在他們的新著作中，復使用更精確的論證，宣布了整個價值論的無用。李夫曼的舊論文及前述彼之國民經濟學之基本原理 (Grundsätze der Volkswirtschaftslehre)，也附和着他們。這幾個人以及他們的追隨者，都是想用一種適當擴大的價格論來代替價值論。但哥特爾·阿地利林惠爾德在其對「名詞的支配」的鬬爭中，卻不僅僅攻擊價值論而已，連經濟學裏面所有其他抽象學說也一體反對。最近並且想用種一般的，包含着有效大的數的「經濟函度」(wirtschaftliche Dimension)取價值和價格概念而代之。因爲，只有在這種形態上，纔能將這些概念變爲他那現實的經驗的「汎經濟學」之有機的成員。他系統地研求着，指望給這個主張找出理論的根據來。

許多人覺得價值論橫遭這些攻擊，自己再不可不抖起精神來抵抗一陣了。本世紀轉換期，（最近亦然）威克塞爾曾用有力的論據反對加塞爾；那拉特在某篇精采的論文裏，企圖確定價值論在理論經濟學體系中所占必然的體系的地位。歐戰以來，厲勒更是以價值論之最成功的擁護者資格而現身。狄爾也有同樣的意向，拿他那由主觀要素和客觀要素所構成的價值論，抵抗各派的新攻擊。活格特站在認識論的和哲學的基礎上面贊同保持現代主觀形態的價值論。安孟峻烈的批評着哥特兒的新理論，而擁護傳統的價值論。乍斯則用較溫和的態度，說哥特兒「經濟的大」這概念，仍不免有價值觀念存乎其中。巴克在其關於方法論的著作中，將這次論爭的全貌盡了出來，而結論說：哥特兒自身就成了他所極不滿意的「名詞的支配」底犧牲，他的批判論未免太偏執了。

這時期內德語文獻中出現的許多價值學說史中，推考拉的書爲上乘。他的價值思想，是以前述社會法的經濟學見解爲根據。

第四章　價格

二十世紀第一季德語理論經濟學中，價值論和價格論的地位發生一個大大的轉變。這期初頭，價值論是絕對占優勢，一切理論經濟學的研究，都是從它出發。可是價格問題一天重要一天起來了。有幾個經濟科學的領導者甚且宣布整個價值論的無用。至今這價值論和價格論的地位之爭，還沒有分個勝敗。然就種種徵候看來，價值論對於反對者不斷的攻擊，恐怕終究是抵抗不了的。

一、邊際效用說的價格論

在奧國學派，也許希望不分輕重彼此，同時發揮這兩個理論，而保持它們在經濟學中一向的均勢，是最適當的一個辦法吧。可是最近二十五年間這派在德語文獻中所表現的關於價格論的研究，卻非常令人失望。蘇順泰和威塞的系統的著作（前面已講過多次）就其本身而言，固然都是卓越的成就，但已經不足以撐持邊際效用說在價格論裏面的地位了。蘇順泰假定一種完全的自由競爭，作為其價格論的前提條件。在此種自由競爭之下，享樂財與生產財之間的交換過程，絲毫沒有阻礙；國民經濟因而達到最大限度的均衡狀態。蘇順泰就想證明這均衡狀態中被交換的財貨之邊際效用關係的相互價值，是一種普遍妥當（一般適用——譯者）的價格。並想更巧妙的進一步證明：在上述情形之下，一切價格和一切要交換的財貨量，都可精確的決定出來，因爲它們的價格和數量之間原有種精確的相互作用之存在。威塞則和蘇順泰這客觀的機械論的見地相反，而在邊際效用說價格論裏面着重心理的要素；但同時又特別重視社會的要素，高調社會勢力關係對於價格構成之影響。爲了這目的，他遂提出一種級別的邊際效用（應着所得和財產的級別），而在那上面建立他所謂級別價格理論（Theorie von den geschichteten Preisen）。威塞認爲有的財貨人人皆可得到，有的則唯富有階級纔能享受，因把價值分爲大衆價值，中間價值，和奢侈價值。他關於價格構成的詳細研究，是漸漸從競爭價格向獨佔價格推進着；同時又把市場分爲兩種，一種爲受自由競爭和法律習慣所支配的有秩序的市場，一種爲受恐慌恐怖暴斂所左右的無秩序的市場。他用這種方法，巧妙的從其一切社會的和心理的要素當中去理解價格的構成。

蘇順泰的理論和威塞的理論（後者爲龐開款微爾及最近的邁爾 Hans Mayer 所繼續），是最近二十五年間邊際效用說關於價值問題的兩個主要成就。關於黑耶克最近的企圖，即根據美國現代諸研究，尤其是惠脫的研究而把時間要素拿進價格論裏面來的企圖，也值得提及一下。至若僚克栩伯格所發表的短文（以批評蘇順泰學說爲主）之類，皆無關重要，這裏無需考察。

二、李夫曼「純粹主觀的」價格說明

李夫曼所給與我們的價格論，一見似與維也納學派的很不相同。眞的，他確使用着一部分旁的概念，但是歸根結蒂，卻與邊際效用說的價格論非常接近。李夫曼的邊際收益均等定律是何意義，前面已經說明。他的價格論就是根據這條定律先從供給方面再從需要方面展開出來。李夫曼稱那賣者賴以獲得均等的最小限交換經濟邊際收益的費用，即最後賣出的貨物之生產所必要的費用爲「邊際費用」。這個邊際費用，常因交換經濟的邊際收益增高而增高。在自由競爭之下，它乃是李氏所謂財貨之「正常價格」的決定者；實際經濟生活中，財貨的販賣，不能長久低於這水準以下。不過，爲邊際費用和邊際收益所決定的這價格水準，只是競爭價格的最低邊際而已，與這最低邊際相對待的，就是需要方面的最高邊際。在消費方面，決定的東西，是所購買的財貨之效用和費用的比較，也常常同樣的顧慮到收益原理——消費收益原理。依理講，一切財貨提供到市場，應該在任何價格水準上都找得到消費者，即邊際消費者的；這邊際消費者顧慮着消費收益原理，剛剛購買得起，那末這財貨對於他就成爲一種邊際享樂財。但是，如果同時另有一個消費者，購買力比他更大，那他就再莫想享受這財貨了。所以在需要方面決定價格水準的，乃是邊際消費者的邊際收益。不消說，在自由競爭之下，這兩個價格邊際（由供給決定的最低邊際和由需要決定的最高邊際）是一致的，依李夫曼的理論也應該如此。所以李夫曼思想過程的必然的結論，與邊際效用派從需要的分析所達到者，實在沒有分別。康拉德的價格論也和李夫曼的非常彷彿。雖不是從收益思想出發，他的理論卻建立在那作爲效用原理與費用原理的綜合而理解的價值概念之上。最近沙克以李夫曼的研究爲根據，反對絕對的價格論，主張一種經驗的，具體的，變動的價格水準。

三、「純粹客觀的」解決

奧本海母之「純粹客觀的」價格說明，（前面已經述及）其形式的構成，雖與李夫曼之「純粹主觀的」理論完全異趣，但內容卻非常彷彿。奧本海母爲了要精密的研究價格現象而避免一切妨害的作用起見，遂先不先作一系列大膽的抽象，抽去社會裏面一切不等性，假定各個人的能力完全相等。照這樣，那末如果生產者都作同等時間的勞動，各人的所得就一定相等。更假定一切市場經濟皆爲靜止的，其中雖有自由的運動，但與定之事實和與定之均衡狀態，卻沒有任何變化。在這種情形之下——奧本海母說——一切財貨和一切工作的價格，應該除原價外還要給一切生產者保證一種均等的純所得。因爲，價格乃由原價和「附加」或生產者利潤而成。所以市場裏面販賣的生產物，其價格就是照其數目攤分相等的「正常所得」，再加上各自的原價。以此抽象的價格定律爲基礎，將抽象過程中被除外的具體的現實生活諸要素，再順次拿來加入考慮，並研究它們對於價格構成之影響，於是那通行於實際經濟生活的價格就成立了。所以，我們一旦把生產者之不等的物質的或人的資格取消掉，便會有各種獨佔價格形態出現於前。奧本海母關於這種獨占價格的研究，極饒興味。——這與李夫曼的價格說明，在次述一點是一致的。即成爲李夫曼「主觀」價格論之基礎的邊際收益均等律，過細分析起來，仍舊含有客觀主義的要素；而奧本海母建立於所得均等化傾向上的「客觀」價格論，同樣也不是沒有主觀的要素存乎其中。

宗巴特在其現代資本主義的第三卷（一九二七）中所提供的解決，全是根據從來的客觀見地的，不過他關於供給和需要的現實的分析，卻很包含着些值得注意的思想。他分需要爲外的需要和內的需要。前之場合，購買者立於特殊的資本主義圈外，後之場合，購買者立於圈內。（四七九頁）在供給方面，他非常注重卡特爾、聯合、以及其他生產者結合等之人爲的影響。他專往合理化、機械化、和價格均一化中去尋求大經營之社會勢力的影響。

四、綜合的企圖

加塞爾想站在完全另外一個見地上解決價格問題。他從交換價值評估出發，假定它一成不變，從而關於這些交換價值評估的內容的構成和心理的前提，也都絕對用不着考慮。這些交換價值評估，其經濟的根據就在前述的稀少性原理中。由它們所決定的價格，具有一種經濟的機能，使人類無窮之欲望和現成的有限之滿足手段間，常常保持着均衡。不過價格雖依存於交換價值評估，交換價值評估卻也依存於價格。這個相互依存性，能夠利用數學的方程式組織，給它好好的表示出來。加塞爾的第一個方程式組織——其數學的方面，這裏可以從略——

就是財貨數量種類以及消耍之限度不變時，價格定於供給與需要一致的水準上面。他又更進一層，從既知數內取銷供給方面的財貨數量和種類兩項，單只假定提供的財貨在其生產時所用之生產手段是旣知的，而後從改變之後的假定研究價格的決定。於是他就得到一個認識：完成品之供給和生產財之價格間，也有一種決定的函數；最後，最後生產物之價格和生產手段之限度間，也有同樣的一種關係。加塞爾把他的價格論更往前發展着，想證明交換經濟諸成員各種所得，亦復依存於這價格構成過程，從而一切經濟的分配，歸根結蒂都無一不是爲價格構成過程所決定。加塞爾這個一般的價格論中，客觀要素和主觀要素，被他意識的地結合着。卽與定的生產手段之量和生產之技術的條件是客觀的；而那推動整個價格構成過程的完成品之需要，卻是一種主觀的要素。

崔丁內克休登霍爾斯特關於價格問題的論文（遺憾得很，我們對於它的高貴的價值至今沒有加以注意），和加塞爾的價格論有非常之多的接觸點。他也認價值現象具有好幾重性質，想在純客觀基礎上或純主觀基礎上去把握它同樣都是錯誤。他用眞憑實據提出這種主張，反對李夫曼的價格論；自從最近和加塞爾及史盤作了批判的討論以來，他的主張已更加明白了。他也注意那價值評估和價格之間被視爲函數的關係，以及社會分配問題和價格構成的直接關係。他那關於價格問題的深邃的方法論的研究，近來爲安孟所繼續。前面已經講過，安孟關於方法論的初期著作裏，就已經對這問題提示了重要的見地。

恩格蘭德爾所嘗試的價格問題的解決，在另一個方向上和加塞爾的價格論碰了頭。他也從市場之客觀的現象出發，關於價值評估，僅只研究其在價格構成中對於當事人態度之影響。他對邊際效用價格論的批評，也和加塞爾的批評的見地相彷。他想從購買者在市場裏面對某一樣財貨所作的，按照各人的預算的「最高出價」，來說明價格。在價格構成中，邊際購買者之最高出價表示其最高邊際；邊際購買者及其他購買者對於該財貨的更多部分之最高出價表示其最低邊際。而他又想採入費用要素和邊際購買者所得與其最高出價的關係，將最高出價和價格構成之間諸關係，展開成一個包含許多個別問題的簡明的價格論。

近來繆勒（Hugo Müller）力說恩格爾德爾的價格論，就是對於其他諸經濟理論問題也具有認識論的價值。馬爾茲塞爾的價格論是屬於恩格爾德爾的見地的，這在前面也已說過。

狄爾的教科書第三卷（一九二七）所倡綜合的價格論，以現實主義為特徵。他丟棄了抽象的價格定律，而對應著消費財或生產財，批發價格或零售價格，農業生產物或工業生產物，建立一種市場價格構成的一般的傾向。在一本特殊的價格論中他又攻究了各種價格構成對某些特殊市場的傾向。

本世紀第一季其他獨立的價格說明之企圖中，以捷克人恩格利什的理論最值得注意。他重又回到主觀的傾向，不從交換價值評估出發而從使用價值評估出發。認證使用價值評估，可拿它們所賴以互相結合的效用單位作精密的測算。利登勞爾（Riedenauer）對於價格問題的數學概念，有出色的貢獻。格姆則爾在其前述著作中使用他那「現實的」方法，研究着實際經濟生活上的價格構成之各種特殊場合，最近以來，他的研究越加和狄爾相近了。

五、史盤之有機的全體的價格論

史盤在前述那篇引起許多批評的最近的論文裏，提示了一個價格論的輪廓，完全排除價值評估概念，而站在純粹客觀的基礎上面。我們還記得，前面講到史盤的新理論時，他如何主張同一枝分構造階段中各個成員的均等重要性。他視價格爲以成員的服務之分量比例爲其基礎的均等重要性的具體化。將各種的服務部門和服務視同一律，它們的分量比例便成爲整個服務活動諸成員。他說，若是期望經濟機構上能以有新的成員組成，那末價格構成之基礎便不是現存的成員狀態，而常是期待中的成員狀態。所期待的服務有時增加，有時喪失，於是均等重要性之外，又現出較大重要性和較小重要性的概念。依這種見解講來，則每一個價格都只有從一切價格之系統的而且時間的總關係，纔可得到說明。然就國民經濟之有機構造的一切成員和形象之特殊性講，卻事實上只有藉某種適當的組織，價格纔有平均化的可能。就是說，自由競爭之下，是不許財貨達到均等價格的。史盤稱那爲整個經濟有機體之正當的配置之正當表現的價格，即爲「正當價格」；以爲這一來，他便已經用純粹理論的方法把那爲古代及中世紀全體主義的、有機的、目的論的科學，以及其他一切時代的道德意識所具有，而爲「有着因果機械的方式的個人主義科學」所嘲笑的一個概念，重新找回來了。由此已夠明白，這個價格論的非常大膽的構造，是與史盤的社會學和經濟學的最一般的思想共存共亡的。目下關於這個問題，正爲學界議論之的，結果如何，自有分曉。前此所加於他的各種批評——我們講均等重要性理論時曾論及的——對於他的價格論仍舊適用。

第五章　分配

一、邊際效用說與分配論

本世紀和從來一樣，理論經濟學中的分配論的發展，和價值論與價格論的進步極有密切的關係。當邊際效用說在德語諸國尚占全勢的時候，歸與論（邊際效用說的分配論）受着熱烈的研究。然而邊際效用說一旦受了根本的批評，於是歸與論之外又有其他的分配論擡頭起來。在邊際效用說裏面分配問題和價值論有着密切的關聯，所以我們開始的時候，覺得有把兩者的發展併在一道敍述的必要。本世紀第一季歸與論的發展，也是奧國學派二大指導者（龐巴衛和威塞）及其追隨者間論爭的對象，所以把這論爭作整個的敍述，似乎是適當的。同時奧國學派又有許多學者致力於生產論的研究，並且想從這方面努力回復歸與論的均勢。

關於休勒((Richard Schuller)和蘇顛黎的一般的收益問題的研究，等到後面再說。匈牙利人夫萊歇爾(Paul Fleischl)固執龐巴衛一般經濟理論的見地在這基礎上面建立一個完全依有邊效用原理的生產論。近來罕斯邁爾企圖在純粹自然的技術的基礎上（將關於社會組織的一切問題除外）建立一個單以經濟的效用法則爲唯一理論前提的生產論。租開款德爾最後的一部著作，也是關於生產論的。他計劃着一個一般的生產論，在那最初發表的菁華裏想根據廣泛的文獻的研究，把奧德學派的生產論見解和美國人尤其是老葛拉克及其追隨者的新生產論見解結合起來。

邊際效用說以外諸理論中，我們應簡要的指出史盤那宏大的生產論。他這生產論是以國民經濟之有機枝體構造中的交換之生產機能的分析爲基礎。巴克沙著有一部關於生產力說的歷史，想發揮史盤的思想。對於德國人本世紀初出版的諾頓荷爾茲(A. Nordenholz)的著作，也頗值得說說。不過這部書大體踏襲了古典生產論的故轍。狄爾的企圖很是野心的，其理論國民經濟學(Theoretische Nationalökonomie)第三卷，整個的是發揮他那社會法見地的生產論。對於最近生產論的整個發展，那是很値得推薦的一部書，可惜不屬於我們現在的研究範圍。封德利希(Frieda Wunderlich)用規範的目的論的方法研究生產力問題，達到了許多重要的結論。宗巴特也想用他那現實的方法解決同一問題。

新奥國學派之日益注意了生產論問題，無疑是最近他們所以放鬆那四面受敵的歸與論的維護和發展底一個理由。曾經有人作過好幾次這樣的企圖，想把歸與論和本來與它有密切關係的美國邊際生產力說結合起來，俾使奥國學派和老葛拉克派結成聯合的戰線。可是至今不見何等成功。在德語諸國，喜利(J. W. Schiele)要算是最成功的了，他用獨特的見地發揮那基於邊際生產力原理的美國分配論。他的獨創性，在於使邊際效用說和勞動價值論巧妙的結合了起來。他認勞動爲價值之唯一來源，而把如此得出來的剩餘價值概念應用於分配論。不過他毫不費力的玩了這套困難的理論把戲，思想上並絲毫沒有社會改革的精神。

二、從價格論的立場解決分配論問題

對於本世紀初流行的分配理論（卽邊際生產力說的分配論）和歸與論之批評，以李夫曼最爲峻烈。

他爲着證明關道爾最近的研究雖以成立，並和他閙起無益的論爭。在這種純理論的討論上而對反對者的政治態度（如這揭合關道爾的社會主義見解）亦積極攻擊，實不足取。

依李夫曼的見解，經濟理論上最大的錯誤，莫過於把工資、利息、和地租歸之於協力生產的要素，即勞動、資本、和自然。因爲，這些生產要素，只造出了純粹技術意義的生產物吧了，至於這種生產物能否看作是滋生利潤和收益的經濟財，那首先要憑人間主觀的價值判斷來決定。所以只有基於前述效用和費用之間的收益之考量，我們纔可以來講所得。把收益中一個價值份兒直接歸之於各生產要素，那是大錯而特錯。眞正的分配問題，是一個關於具體的價格構成的，純粹的實際問題；其所成爲問題者，是協力於生產的人，各可從實際收益中得到幾何？這樣看來，李夫曼乃是認爲：前述他在價格論中所努力闡發的需要和供給之成立方法以及其在市場中的相互作用，就是對於分配論也是決定的東西。

想直接從價格構成過程來說明分配，這一種思想，最近十年來在德國經濟學中最是顯著。龐巴衛雖大體以歸與論爲基礎，但在後述他的利息論中，也表示有這種見解的傾向。他以時間要素爲生產問題之焦點，首先研究企業家怎樣用他手頭的現在財（即他給參加生產的人們所提供的生活手段）換得土地的使用、勞動工具、和勞動等將來財。龐巴衛這樣去分析生產財市場的結果，使他注意到兩個非常重要的事實，即所得這東西，實際是在生產財的市場中纔構成的；在這構成裏面，有許多社會要素（比方現在財所有者和將來財所有者之間的關爭）演了重要作用。

然價格構成和所得分配的密切關係，直到加塞爾纔與以完全明瞭而緻密的理論的展開。前面講他的價格論時，我們已經知道，他是直接的且自然的從最後生產物價格向生產手段價格，從生產手段價格向分配問題的主要觀念而進。不過沒有表示關於消費財和生產財之評價的思想。在他看來，生產財——加塞爾在這裏把生產財和生產要素視為同一——的價格構成，已經包括了整個所得分配。這一點是受華爾拉斯那觀念的影響。即企業者居於經濟生活的中央，他依從價格構成的同一法則，一手買進生產要素，一手販賣消費財。他為土地資本和勞動之「稀少性」所強制，不得不對它們支付一個價格，這價格正和最後生產物的價格水準一樣，是受價格構成的一般法則所支配的。加塞爾憑藉這項思想，創為一個完全統一的價格及所得的理論。

黑勒爾和亞朵夫韋伯兩人的新體系裏，都直接而完全的從價格構成導出所得分配。這兩位學者亦皆重在這問題之社會的制限。在宗巴特那以價格論為基礎的理論的分配思想裏，現實主義的特徵更其顯著。（現代資本主義第三卷一九二七）

奧本海母的分配論，也是由他的價格論推衍而來。前面已經說過，他把他那抽象的價格論和社會生活的實際狀態結合着而進行了深邃的獨占價格的分析。他分獨占為許多種類，而特別注意階級獨占和交換獨占。所謂階級獨占，與個人獨占相反，乃指那基於在社會上層階級和下層階級間，形成某種獨占關係的憲法和法律的勢力地位而言就歷史上講，這種階級獨占有三個不同的形態。即奴隸制度、農奴制度以及爲近代「資本家」經濟組織之基礎的土地獨占是土地所有者同時就是交換獨占的所有者，因爲勞動者們只能將他們勞動力直接賣給土地所有者自身，或則賣給那終久是以土地獨占爲基礎的其他資本家。一切交換獨占，皆能把價格擡高至競爭價格以上，所以獨占階級的所得因獨占利潤而增加；而這一增加，在另一方面即就是勞動所得的減少。這個分配論是非常珍奇的，並還具有非常尖銳的社會改良的特徵。雖然，它究竟和價格論有着明白而直接的關係，仍舊是以價格論爲基礎的。

在論列奧本海母對分配問題所提出的解決的許多著作中，我們要特別提及蘇順泰。他說，奧本海馬的獨占概念包括太廣，終不免於錯誤，並且今日的土地私有根本不是獨占的，所以建立在這個觀念上的奧本海母的整個分配論，實在不攻自破。一面奧本海母則爲自己的見地辯護，結果遂開起一個很有興味的論爭。這次論爭中充溢着誠懇篤實的空氣——適在今日尤其覺得須再三注意——實可爲同類論爭的楷模。

上述諸著者之外，舒斯忒(Ernst Schuster)也提示了一個完全依據價格論的分配問題的解決，他最近作了一個大膽的企圖，想以康德的認識批判爲基礎，把所得概念一古腦排斥於經濟學之領域。

三、社會的分配論

龐巴衛在分配論中所置重的第二個見地，即社會勢力關係對於所得構成的重要性，是初期諸作者所常顧慮到的。歷史學派多數學者，尤其是兼爲講壇社會主義者的那些人，都是把分配問題看做社會勢力的問題。這，我們在布楞丹諾最初的著作中已經可看出來，什麼勒在其綱要中，亦復依同一意義解釋着分配問題。最近勒西士尤其是屬於這一羣。其一般國民經濟學（Allgemeine Volkswirtschaftslehre）一書裏，以爲對於各所得部門的實際的大只社會勢力是決定的要素。雖然在其他方面，他大體仍是依從古典學派所用以解決分配問題的各種原理。從而仍舊是從生產財價值出發的。勒西士最大的功勞，在於他把分配論和深邃的生產論密切的結合起來了。他的生產論，與其他各派見解不同，主張一切生產手段之最後目的，都只在於消費財的生產；所以，一切投資之收益能力如何，終須視將來消費財的販賣狀態以爲斷。他以爲所得有由物質的生產而生者，有由人的勤勞而生者，亦有由其他所得而生者，（如租錢），因把所得分爲一次的，二次的，和派生的三種。他的分配論亦復含有社會主義的要素，這在前面已經說過了。

勒西士的書出版後三年，一九一三年，在德活動的俄國社會主義者圖根巴拉諾夫斯基(Michael Tugan-Baranovsky）公布　本分配論，宣講社會要素的萬能。圖根的批判的出發點是下面這個原理：分配問題無論如何不是一個價值的問題。在這一點，他的見地和勒西士本質不同。他不僅痛駁那依存馬克思主義和邊際效用學派價值論的分配論；凡是想從價格構成來說明分配的一切理論，他一概都否認。因爲依圖根，分配問題和生產問題或交換問題，絕對沒有關係，它只是諸社會階級相互接觸的一個過程，即由資本主義生產和交換諸條件互相結合着的各種社會階級之所得間的依倚關係之表現過程而已。他認爲分配論的眞正任務，就在這些依倚關係的系統的研究當中。所以，從這種地方，我們也可以看出他和勒西士的問題的提出，是非常兩樣。勒西士總想把分配論和生產論密切的結合起來；反是圖根卻認生產爲純粹經濟的過程，分配則爲歷史的社會的和勢力政策的範疇，把二者嚴格分開。

圖根的學說在專門文獻中引起了許多反響。威爾玆(Wilhelm Wirz)一面對圖根的理論表示敬意；一面又反對它的出發觀念之把分配過程視爲階級全體間的鬬爭，在威爾玆看來，生產手段的處分權，實際上決不是屬於整個的階級，分配的鬬爭，原只是各個人間或非常小的集團間的事情罷了。阿爾布勒希特(Gerhard Albrecht)研究圖根的分配論和現代其他著者的分配論之關係，特別指出數十年前丟林格(Eugen Dühring)早已嘗試過和圖根同樣的分配問題的解決了。斯托兒玆曼前述新舊各著作中，也很有這種傾向。不過他把圖根的書詳加批評之後得到結論說：圖根想完全離開價值概念來解決分配論是錯誤的，因爲分配現象，正和其他所有經濟現象一樣，本來是種價值現象。而且既不是由價值導出分配，也不是由分配導出價值，兩者都是從第三者的統一，即內在的社會有機的目的機能派生出來的。在對斯托兒玆曼也有過影響的斯坦姆拉社會哲學薰陶之下，什勒德(Paul Schroder)反對一般流行的只談各種個人活動的抽象的分配理論，而想建立一個制度的分配概念，這制度的分配受法律和社會的約束。近來，約塞非在前述那小本的系統的著作裏講到分配論的時候，也高調社會的要求。

匈牙利人巴拉斯(Karl von Balás)倒很接近德國人的社會法的態度。他不以把法律制度看做國民經濟的單純的骨架爲滿足，還要集種種經過各時代發展而來的法律概念來說明分配的各種條件。首先考察取着購買力這近代形態的所得，然後專從其社會勢力的方面來敍述分配過程。巴拉斯這些思想以一九一三年發表於匈牙利，恰好和圖根巴拉諾斯基那類似的理論同時，這是很可注意的。

史盤也曾當作社會有機的目的的機能去把握分配過程，但爲了對於這問題總體的全體主義的研究，終使他更超越了現代關於這問題的各種見解。依史盤看來，分配的基礎不在主觀的價值判斷，和價格構成裏面，而在經濟的全體及其確定的關節配置之中。在經濟的一般組織裏面，要生產怎樣的財貨，在怎樣的秩序上生產，那一些財貨屬於所得，又屬於那些所得部門，這一類問題，是早已決定了的。生產過程裏早已包含了分配，要在兩者之間擬進那以價格論爲基礎的特殊的工資論、利息論、和地租論，那無非表示個人主義唯物論思想吧了。眞理當是：決定分配的東西，是基於分量比例原則的均等重要性，只要有了價格構成過程，分配就自然能够進行自如。各所得部門按照再生產的必要品和剩餘而均等的得到分兒，這分兒的決定者乃是一切成員和一切手段的比例。例如用的勞動者少，各勞動者就可從屬於「勞動」這服務部門的剩餘中，得到比較大些的分兒。就是這部門內部，各個勞動機能也仍要按照他們各自在關節配置（即一定的勞動組織）中的均等重要性，而各得到相應的分兒。——這個思想若加以相當的改變，豈不是古典經濟學的工資基金說早已包含了的嗎？

四、從價格構成導出(rent)

二十世紀第一季德奧諸國沒有出現一個新地租論。而這問題的新解決卻是否定的傾向上的，即是說，學者們已再不用特殊方法去說明地租了。前面討論分配論之發展時，我們已經看見大家都在努力給一切所得部門尋覓一個儘量統一的說明原理。這一來，關於地租的一切特殊理論，自然而然消滅了。這種傾向，在那企圖直接從價格構成建立整個分配過程的學說體系裏，表現得尤其顯著。加塞爾是從那成爲生產要素的土地的供給和需要在裏面演着非常重要的作用的一般價格構成之見地，處理地租問題同時又適當的使用稀少性原理，仍舊固執古典的差額地租概念，並想更加以精密的發揮。所以他的地租論中，首尾一貫的顧慮着土地之可代替性和資本與勞動的可代替性。李夫曼把李嘉圖的地租律一般化了，以爲這個定律，對於多數販賣者各自拿着用不同的費用生產的生產物來到市場的場合，隨在都可適用。他認地租這東西，本也是從租錢一概念而來，和資本利息正無不同。康拉德也只採用石油的地租論，且完全一般的去解釋它：優等土地是稀少的，故此等土地之所有者具有獨占性質。他利用這獨占，多少可在價格與費用之間獲得一種差益。凡屬因自由競爭的制限而在財貨交易上產生的這類差益，通通屬於 rent ，地租也者， rent 之特殊的一種而已。這種獨占地租論——前面已經考察過——被奧本海母完全合理的展開着，且把它適用到其他所得部門。圖根巴拉諾夫斯基和專門從社會的勢力關係推出分配論的一切經濟學者，都是和其他所得一視同仁的解釋地租，甚且更來得明顯些。

五、收益遞減律之一般化

蘇順泰主張把整個分配論統一化。極力證明收益遞減律非農業上特有之定律，想持此以傾覆地租論一向所保持的特殊地位。他說，如果經營方法，組織技術，和資本力都不變，換言之卽在靜態經濟中，這個定律不僅行於農業，對於工業恐怕更要適當吧。但如果在動態經濟中，則無論對於農業或工業，都沒有適用的可能。所以依蘇順泰看來，今日之下還來提倡土地收益遞減律，是毫無意思的了。蘇順泰這種主張，是受最近美國理論家的影響，不過其數年前休勒所開始的同樣的研究，卻像是出於自己獨創的。他對於關稅政策問題，極有研究，從這研究得到如次的認識：那使得各國工業經營能夠用較低的費用生產的，自然的以及其他的特殊利益，只能被利用到生產的某一定限度為止。若生產擴張到這限度以外，費用便要漸漸的增加。惟其如此，所以休勒主張工業方面也是受收益遞減這一般定律的支配。魏丁根從完全不同的前提出發，也得到同樣的結論。他以徹底的方法論的研究為基礎，從主觀心理學的觀點把「精密的定律」（即消費財之遞增量最初起遞增的效用，超過了某水準，便起遞減的效用這條定律）公式化了。他在這裏所用的工具，也是邊際的分析。魏丁根那關於生產力和生產額的精密的法則，本來是用以解決客觀的實質的利潤構成問題的，它的全體有機的概念和那一般化的收益遞減理論正相一致。這種解決，明明是本於史盤個人主義的態度和蘇順泰休勒和全體主義的態度，在這裏竟合致起來了。

蘇順泰和休勒的研究在德奧諸國給與一個對土地收益遞減律再加以根本之檢討的動機。結果引起許多有興味的討論。奧赫根(Otto Auhagen)和崔丁內克所取的態度，和蘇順泰很相彷彿，但另一方面愛勒波(Friedrich Aereboe)威克塞爾，挨斯楞，賴塞爾福，該爾斯坦(Theodor Vogelstein)，狄爾斯杜肯(Rudolf Stucken)淮斯(Franz Xaver Weiss)等，卻擁護這條定律的傳統的形式。

愛勒波和挨斯楞的注意，主要集中於這問題之技術的和農業化學的方面。想證明土地收益遞減律的根據，是由於我們關於土地的技術知識之不完全和自然力之不能充分利用所致。威克塞爾和賴塞爾卻從經濟的見地研究這問題。前者提醒我們的研究不要從一定的土地面積出發，而要從勞動和資本之一定量出發；後者則由價格論和貨幣論之研究得到同樣結論，即一種特殊的土地收益律，是無論如何絕對要擁護的。

羅薩爾斯坦的見解是：工業生產的收益遞減，只在那生產骨子裏總和土地稀少性有着關係的情形之下纔能夠發生。狄爾以爲，想對農業和工業建立一種劃一的收益律，一切努力徒然表示退步而已。因爲研究這兩個生產部門的收益而忽視它們的特殊條件和性質是不可的。最近斯杜肯從同樣的前提出發，說明農業收益問題和工業收益問題許多典型的差異。准斯腦土地這東西是一種本源的經濟要素，非時常直接的適用價值和價格理論不可，所以他相信「土地」這特殊的範疇是存在的。

反對把土地收益遞減律擴張到工業去的一切重要抗議，總算挽回了德奧諸國特殊地租論的頹勢，至少是暫時的。然而從法意和英美經濟學那方面襲來的「分配論統一化」那陣帶勁的風向，恐怕不遠將來，仍舊要把這種抵抗吹得雲消霧散的吧。

六、都市地租

對挨伯斯他德（Rudolf Eberstadt）關於都市住宅政策和都市地租的見解而起的論爭，前世紀就已開始。亞朵夫歇伯和活格特各於一九〇四年和一九〇五年以比較深入的研究加入了這個論爭。兩人的見地大體與一九〇一年菲律坡維希在社會政策學會的報告中所主張者相同，卽都市土地價格和都市地租可由一般的地租論得到說明。其後克萊華希脫（Friedrich Kleinwächter. Jr）也大體根據威塞那本小册子作了同樣的企圖，想從邊際效用說的最一般的見地出發，給都市地租問題作一滿意的解決。

七、關於龐巴衛貼水說的議論

本世紀第一季德語理論經濟學中地租問題沒有許多討論便帶過了。反是，利息問題在這個期間內卻占了非常重要的地位，引起着各方面強烈的興趣。龐巴衛那有名的資本利息貼水說，是前世紀末葉發表出來的，它所引起來的議論，可直到世界大戰時纔始停止，有些部分甚至到戰後還常促起我們注意。自然，他的論點非常廣泛，我們這裏只舉出幾個最重要的觀點吧了。同時，參加這次論爭的學者中，我們也只能把影響最大的幾人說說。誰也知道，龐巴衛主張利息是由於現在財與將來財之間的價值差異。這種差異，不僅是因爲現在的供給和將來的供給不能相同，和對將來欲望之系統的過低評估所致，並且也因爲迂迴生產（能利用更經久的生產方法，生產價值更大的生產物之迂迴生產）之多產性所致。這樣一來，時間要素便成爲價值的優越之基礎。龐巴衛的批評者們，炯眼看出這迂迴生產多產性的命題，正是他理論上最薄弱的一點。於是他們的攻擊便都往這個方向集中起來。

庫拉德認爲，我們要比較兩個生產方法，固然有兩個標準可以採用，即必要的時間或所生產的財貨之分量，但要兩者同時並用卻不可能的。龐巴衛就犯了這個論理的錯誤，以致從他的法式奪去了一切的內容。狄爾的攻擊也以這點爲標的，且認爲龐巴衛想用抽象的演繹的方法解決利息問題（在狄爾看來這是屬於歷史的法律的範疇），從一般方法論的理由講是不可能的。我們在薩克士那該括的批評中也發現有同樣的見地。他的批評對於龐巴衛理論的追隨者們的確是最峻痛烈的批評了。原來薩克士也是邊際效用說的支持者之一，而今竟對維也納同志的理論加以反駁他證明：只有那對於利息問題完全錯誤了的私經濟的見解纔會忽視現在財和將來財之價值的差異。在現實的交換經濟裏面，利息卻是起源於那有着不平等的社會勢力關係的財產分配之不均。海尼什(Michael Hainisch）大體上也和薩克士這批判的和積極的見解差不多。此外德國還有許多批評龐巴衛的人，最典型的一個怕是蒲特克維茲(L. V. Bortkiewicz)吧。他絕對反對迂迴生產多產性之說，以爲就是龐巴衛其他各種議論，亦無一足以說明利息的現象。所以他不承認現在財對將來財的價值優越：並證明龐巴衛的利息論根本和那有名的生產力說是一邱之貉。外國人裏面，則有葛拉克（他和奧國學派的有名的論爭，待後面再敍）從生產力說的見地反對龐巴衛之說。他如沙坡斯尼可夫(N. Schaposchnikoff)和藏可夫(Z.Zankoff)諸人，以及最近威克塞爾和比克(L. V. Birck)等人物，卻專着重於批評迂迴生產多產性的命題。

對於一九一一年夏以前出現的各個批評，龐巴衛都親自答辯了。最近其最熱心的學生維斯(Franz Xaver Weiss)，以維護其師之學說爲己任，還想用獨立的方法更加把這學說完成起來。黑耶克(F. A. von Hayek）想在靜的利息論中導進一個時間要素，以使龐巴衛完全化。西弗斯（Erik v. Sivers)關於德人對龐巴衛理論的各種批評作了一個概觀，雖有許多甚不完備的地方，卻還清晰可讀。

八、利息之動態的說明

二十世紀第一季德奧文獻中出現了一個嶄新的利息論，這就在蘇順泰的著作裏頭。他憑藉晚近美國各理論家，以爲利息的起源不僅僅在於龐巴衛所重視的那時間要素中。除時間要素之外，必還有另一要素的存在，這要素能夠更確實更客觀的保證被使用之資本之價值折耗，同時能夠防止競爭把價值平均化，均等的給生產財再加以評價的傾向。依蘇順泰看來，這個要素乃在經濟的發展之中，經濟的發展因爲生產過程的常常改變和更新，能夠不斷的保證一種剩餘價值之創造。所以靜態經濟中決沒有利息的存在，資本利息，只有在經濟生活的動態中纔有發生的可能。

蘇順泰用異乎尋常的論理把這項理論發展着；就是和龐巴衛比起來也無稍遜色。蘇順泰的批評者中，只斯托兒茲曼曾對他那動態利息論作過一番特別詳細的研究，他從一般的方法論觀點反對這利息論的結論，認為資本主義也只不過是一種社會勢力關係的相互作用而已。哈爾姆(Georg Halm)和龐巴衛的反對意見相同，說蘇順泰的經濟學說體系，將作為因價值剩餘之不斷的創造而惹起的可怕的通貨膨脹之結果而崩潰。恩格爾德爾反對蘇順泰，其主要論據是：有許多資本家的生產者，並不是蘇順泰所謂動態中的能幹的企業家，然而，對他放出的款子仍舊可以得到利息。海恩則(G. Heinze)近來想證明靜態經濟中和動態經濟中，同樣都有利息的存在。

李斯最近發表一個利息論，和蘇順泰的甚相彷彿，認利息在手工業經濟中或小農經濟中都沒有存在的可能，只有大資本家的生產方法之下，利息纔能發生。因為，在大資本家的生產方法，生產上所獲物質的經濟手段之剩餘收益，是作為獨占的資本蓄積過程之機能而出現。福該爾的研究也有這個傾向，他着重在利息和景氣變動之關係。

九、利息之獨占說、制欲說和生產力說

本世紀以來社會主義思想的利息論，沒有提供比原來的利息論更新的獨創觀點。康拉德主張利息的基礎，乃在屬於有產階級的「資本獨占」，至若那像摩操一般的交換技術的觀點，不過是一個次要來源，對於利息的發生只稍微盡了一點點助成作用吧了。奧本海母提供了一個完全首尾一貫的資本利息獨占說。像馬克思主義者俄荷夫（Wilhelm Hohoff）等的企圖一樣，其他許多不十分重要的企圖裏都是同樣的思想占優勢。巴哲曾給與本海母的利息論作了一個極徹底的批評，而發揮古典的勞動說和先尼俄（Senior）的制欲說創成一個獨特的利息論以與之對立。關於利息問題，他也斷底了蘇順泰那靜態經濟和動態經濟的分別。

酬欲要素，即資本家的「等待」，在加塞爾的利息論裏面也很占重要。不過他闡具體的利息率，僅只依存於價格構成過程這點，李夫曼也是一樣，但因他那主觀主義見地的原故，卻把利息的起源溯及於消費者的觀點。斯特利格爾拿晚近奧國學派的資本利息殘餘說作了一個嘗試，但對於生產力說仍很重視。龐巴衛之外，很久以前還有一位熱包爾（Max Gebauer），也曾強調過生產力要素的重要。恩格爾德爾也贊成這個見地，而全然否認龐巴衛的貼水說。布利夫斯在所著學說史中對古典經濟學的利息論作了一個犀利的批評。威克塞爾則以確實的論據和論戰的手腕擁護利息生產力說的真正核心。

一〇、舊工資論思想的發展

二十世紀第一季德與諸國各所得部門理論，惟工資論有着最統一的發展。最初幾年中，常流行着一種見解，其根柢實出於古典學派之流的工資基金說。例如龐巴衛、斯彼托夫(Arthur Spiethoff)以及最近的巴拉斯便是。不過德國經濟學中這個學說，卒以薩爾茲所加於它的非常徹底的批評而告了結束。他最近把這學說和關於工資構成的現代價格論的分析作了一個對照。西銳金在其最近發行的教科書裏，也舉了許多可注目的論據反對這個學說。

杜命的工資生產力說近來頗為安吾德(Paul Arndt)尤其是亞朵夫韋伯所重視。不過現在有一個傾向，把這學說的主要見地和李嘉圖的工資論巧妙的結合起來，效力更來得大。雀丁內克休登霍斯特在本世紀轉換期的時候出版的書裏，主張雇主方面的需要和勞動者方面的供給，對於工資之決定，是同樣重要的。不過他仍承認慣例的工資，慣例的工資型在工資構成中演了重要作用。克林（Ernst Klien）很明瞭的展開着下面這個命題卽產生工資的價格構成過程，是由兩個要素所決定的。那兩個要素呢？卽歷史的發生的習慣，和現在正作用着的供求作用。什麼勒也強調同樣的見地，尤其是他那綱要的第二版裏面。當然，他所側重的卻是歷史的要素。

其他沒有這樣重要的企圖，例如薩斯拍哈（Franz Saspach）等，想在一般的價格構成之範圍內，從抽象的理論的方面去把握工資問題的企圖外，加塞爾的工資研究尙比較的值得注意。他也把工資構成中的供給和需要作了周密的分析。

二、根據邊際效用說的工資說明

從分析的觀點講，邊際效用說的兩個追隨者，休勒和斯圖特寶最爲傑出。休勒先詳細的研究下述兩點：卽勞動力對於企業家的價值如何？和勞動市場的需要（卽此種價值的結果）是怎樣形成的？然後得結論說：對於工資構成中的需要之形成，決定它的，不只是邊際價值，（卽最後被使用的勞動者對於企業家的價值）需要的整個內部構造（卽內的成層）都是決定的。他根據關於需要的不均等強度的研究，設下一個命題：工資騰貴不定引起勞動需要的顯著減少，工資跌落亦不定引起勞動需要的顯著增加。其次，休勒進而分析勞動市場中的供給，研究各種心理的和社會的條件，這些條件，乃勞動者的工資請求之所本，據這些請求的差異（卽成層，）同時也是由此而生。依休勒，決定工資高低的，是那仍爲企業家所使用的，固執最高請求的勞動力層的供給。「需要不變的場合，要求更好的勞動條件的層，愈多於要求較低的請求的層，並且對於企業家也愈有利益，那末請求高的層就愈成爲供給的決定者。能幹的勞動者在供給上愈占重要，高工資或其他有利的勞動條件愈能增加生產，而勞動者的組織愈加擴大和改善，則這個事實也愈加顯明。」

希爾德奧本海母（Hilde Oppenheimer）有一篇出色的學位論文研究勞動者組織對於工資構成之影響。斯特利林爾深信邊際的分析的工資論，也可拿去說明勞動鬪爭中勢力要素所起的作用。從而他很著重維也納派關於工資論研究之中的社會政策思想。

斯圖特在他的研究過程中，也達到了和休勒完全相同的結論。他首先提出一個根本問題，卽工資的決定基礎，還是應求之於勞動者的欲望呢，還是應求之於勞動者工作的價值？他把於第一個解答有利的論據加以否定的批判後，承認工資的基礎只在於工作的價值，這一部分是由威塞之說而來。勞動的邊際生產力是企業家評估價值的標準。但勞動者方面的供給，亦復依存於他自己的勞動工作的價值評估；勞動者的欲望和習慣的生活程度，都僅只是這價值評估許多要素之一。在這個價值限界之間，工資究竟達到了如何實際的水準呢？斯圖特也認爲還是依存於休勒曾經指摘出的那心理的，勞動技術的和社會的要素。

一二、社會主義的工資論

像康拉德、奧本海母、圖根巴拉諾夫斯基、琉因（David Lewin）諸人那樣站在社會主義見地的工資論，——

和這派的利息論一樣——本世紀以來沒有提示任何本質新的見地。他們仍只抱着下面這觀念，不過多少修正一些罷了。即，不利於勞動階級的社會勢力關係，總得要把工資降低到勞動者的最低生活程度，所以究極說來，工資之高低是由勞動者之生活必需所決定。——這個思想像我們剛纔說過的一樣，是斯圖特和邊際效用說其他追隨者攻擊得最激烈的。

斯杜肯把最近社會主義的工資論之發展作了一個出色的概觀，連講壇社會主義者的學說他也處理了。但對於他們那種樂觀主義的見解，即社會勢力推移的結果，工資定會一般的騰貴起來這期望，卻不敢贊同。斯塔培洛(Joachim Staberow)近來反對生產力說，而看取價格構成中的勢力要素。

一三、動態的企業家利潤論

在我們所要考察的時期以內的德語文獻中，可目為企業家利潤論的發展的，只有蘇順泰的利潤學說。關於這個對象的其他各研究，都沒有產生他這樣新的結果。蘇順泰認企業家利潤，和資本利息沒有分別，也只由於經濟的發展。依他的見解，經濟發展的實際支持者乃是企業家。（前面已經提及過）在靜態經濟中絕對不會有利潤的存在。只有在從一個經濟形態向另一個經濟形態的過渡中，從而動的經濟狀態中，纔會從超過生產手段價格的生產物價格發生剩餘，由這剩餘，纔發生利潤。不過企業家的活動，本質上在於國民經濟之動的發展，所以它同時又是某特殊的永續的所得之泉源。前面已經說過，這整個思想過程，多是根據最近美國關於這問題的文獻而來。

現代德國關於利潤論的文獻，多分是以蘇順蔡的學說爲中心。克栂伯革和更爲徹底的拉姆培（Adolf Lampe）抱着下面這見解：企業家利潤，在靜態經濟裏面也能發生，因爲利潤和地租都可溯及於特殊的，獨占的，超出平均以上的人物的（或物質的）性質的，所以這兩種所得，應可視同一律。恩格爾德爾基於價格論和工資論的考察，證明靜態經濟中也有企業家利潤的存在。另一方面，對於動態經濟中企業家所得的分析，收了一般的成功的斯特累勸卻想把靜態經濟中的企業利潤當作殘餘所得來說明，這殘餘說明在宗巴特的現代資本主義（第三卷一九二七）中也出現着。至於想把企業家利潤大部分再歸於勞動者的榨取的摩爾(Bruno Moll) 最近的企圖，則是以傳統的社會主義態度爲本據。波爾關於近代資本主義的經濟發展上企業家之動的使命，提供了一個優秀而簡潔的歷史的概觀。維敦惠爾德（Kurt Wiedenfeld）把各國和各產業部門間典型的差異上的企業家活動之本質和重要，作了一個比較研究。福該爾則研究利潤水準和景氣變動之關係，和他關於利息問題的研究一樣。

第三篇　法意經濟學的發展

第一章　方法

一、諾曼諸國經濟學中「方法論爭」之闕如

前世紀末期諾曼諸國經濟學裏面，像德語諸國那樣歸納法與演繹法之間的「方法論爭」，是不存在的。在諾曼諸國科學上的討論，一般和德語諸國性質上有些兩樣；而且，在這裏凡關於純粹理論問題，常是比較不活潑地，用友誼的甚至迎合的方法去討論。然而這個話只不過從形式上面說明了現象吧了。其實就內容講，這現象實可從下述的事實裏面得到說明：即德國歷史學派的影響，不論在法國經濟學或意大利經濟學中，都未能逐走古典學派。歷史傾向的代表者們，常是意識自己地位薄弱的少數派，所以他們對於支配的古典學說的方法論，不敢輕易取攻擊的態度。因此之故，就是前世紀最後一季裏面，那怕抽象的演繹的研究完成了新的進步，一部分且發展到數學的研究的時候，他們還是不聞不問。

二、洛桑學派之方法

諾曼人稍稍躊躇之後，便以最大的熱心，採取了數學的方法。這個方法，本世紀初期首先盛行於意大利，最後在法國也成爲科學發展的最重要的支持者。潘他呂安(Maffeo Pantaleoni)到他一九二四年暴卒爲止，發表有許多論文，用他那特有的卓越的思索，依各種見地從事研究，國民經濟學的方法論問題亦在其研究之列，而且常堅持數學的方法。本世紀數學方法的發展，實在是受他的賜。因爲他乃是最初誘導拍雷圖 (Vilfredo Pareto) 鑽研經濟學理論問題的人，而拍雷圖這人，就是大家都公認的數學方法的指導者和鬪士。

拍雷圖是一個數學家和牧師，數學的觀察法原是他的拿手，但他決不因此就把自己的見解弄成頑固的偏見。他畢生的努力，在於儘可能完全地去認識眞理。在他的研究過程中，每每碰到危險的轉換期，但是他爲了新的更優秀的知識，能夠毫不躊躇的犧牲舊的原理和成見。他運用數學方法的時候，他的出發點是常加以根本的修改的，而且毫不厭倦的從新思索，同時以新的論據爲它辯護。

他對於經濟現象研究方法的根本見地，下面這段逸話，恐怕是最好的說明了。拍雷圖嘗於柏倫統計會議席上，演說「國民經濟的自然法則」。當時出席會員什麽勒馬上就提出抗議說這種法則是不存在的。拍雷圖聽了，處之泰然，微微點一點頭。過後纔由坐在他旁邊的一個人，問什麽勒是否懂得柏倫的情形。什麽勒說是懂得。於是拍雷圖就問道：你知道有不花錢可以吃飯的旅館嗎？穿着華麗的禮服的什麽勒用半可憐半輕蔑的目光瞧着素服的——但人們都知道他是一個節儉的財主——拍雷圖答道：旅館便宜的固然有，想一個錢不花，卻怕是沒有的事。這時候，拍雷圖個道：「這個就是國民經濟的自然法則呀！」

從旅館須經過一個酌量以後纔給與食物這現象，就可推出的一般經濟法則，乃是一種自然法則。一般說來，一切經濟研究，都已包含着某種經濟的法則性之認識。因爲，我們在這種研究上——拍雷圖——可以把某種現象ABC和他種現象A′B′C′結合起來。然而，爲什麼ABC可以與A′B′C′結合，卻不能與A″B″C″結合呢？只是因爲，我們預先已把這種結合看做合法則的先驗的原故。更進一層去研究，就是無意識地自然地利用數學的推論。拍雷圖除了系統的著作外，（見後述）還有許多大大小小的論文（這些論文已收錄在一本書裏），發揮並擁護他的方法論上的見解。

潘他呂安和拍雷圖的方法論上的刺戟，在本世紀法國喚起了有效的反響這事，好像還幾乎沒人知道似的。季德（Charles Gide）在和里士（Charles Rist）所共著的學說史的最新版中，歎惜庫爾諾（Cournot）和華爾拉斯在他們本國內沒有得到贊同，在其寄給布楞丹諾慶祝紀念論文集的最近論文中，也講到這事。但是我們和他相反，卻要在這裏指出爲數學方法而展開熱心的宣傳的若干較年青的法國經濟學家關於方法論的各種著作。

部維爾（Emile Bouvier）的著作，發表於本世紀初。他坦白的告白他缺乏必要的數學知識。雖然如此，卻以令人首肯的論據，努力誘導人們走向經濟學上數學研究的方向。里士在其極可注意的某論文中，主張把國民經濟學各主要領域，從方法論的見地加以區別。他在下述事情中，發現直到現在為止經濟學發展上的根本弊病就是：大家常從某種方法論的見地千篇一律的去解決國民經濟學上一切的問題，以致強迫把各個對象適合於特定的形式而加以歪曲。要免除這種弊病，唯一的方法，就要把以交換機構為樞軸的各種純理論問題，從國民經濟學上的社會論理的和社會法律的、組織論的和社會政策的問題分別開來。為了解決前者，他採用歷史的=歸納的研究，對於後者，他推薦洛桑學派所用的數學方法。普文(Pierre Bovens)的優秀的洛桑大學學位論文，雖與部維爾的著作同出一轍，但其數學的運用是站在確實的基礎上面的。荷蘭人薩法塔夫斯基(W. L. Zawadawski)在其浩瀚的著作中，主要是藉學說史的論究說明數學方法的根據。摩勒(Jacques Moret)技師戰前所寫的著作，其概念的明確，是優於一切著作的。他想從一切可能的方面去辯護數學方法，並且系統的地反駁對數學方法所提出的一切批評。尤其他那書第二部中所提出的學說史的概觀，可以說是完全無缺的。實際家勒盧(A. Leroux)在某小冊子中，主張大學的經濟學講義，應該以圖式的說明更有效的使用數學方法。

由於上述幾種著作，想已證明了：數學方法在法國文獻中，甚至在戰前也提供了一般人所想像以上的興味和理解。

各種錯誤，比如哈雷(Sp. C. Haret)教授的錯誤，——不從數學的見地說明各種社會生活現象，卻從純機械的法則出發，試欲以社會學及經濟學的立場來解釋它——一點也不能變更前述一般的事態。

關於數學方法之文獻的研究及擁護，就是在最廣泛的適用這方法的意大利，也不怎樣強烈。在意大利，安莫洛梭(Luigi Amoroso)恐怕是利用一切機會，勇敢的辯護拍雷圖方法之妥當性的唯一個追隨者。

安莫洛梭對於賜納康(Pasquale Jannaccone)的尖銳的攻擊。卽所謂最近意大利理論經濟學，大部分都因可疑的拍雷圖的模倣和誤解而困乏了這主張，批評最力。他也和其他大多數數學方法的代表者一樣，很理解數學方法只能用以說明經濟現象之比較狹小的範圍，並且，卽令這範圍之內，仍要實行廣泛的抽象推行。踏到數學的見地所能考察的限度，佛爾泰拉（Vito Volterra）曾於本世紀初某一次種長演說中，把國民經濟學上，從數學的研究一般所能期待的以及數學研究力所不逮的東西，非常正確的指示出來了。

與瓦爾他（Erminio Juvalta）大膽的將純粹經濟理論之數學的思考方法，採用到倫理學裏面去，像經濟理論家們選擇「經濟人」的行動爲其研究對象一般，他個選擇「正義人」做他的研究對象，他那種種研究，的確會引起所有國民經濟學者的興味的。貝拉底（Domenico Berardi）在某篇論文中，高調各種經濟關係的純粹因果性質；而支持經濟學上的數學方法。另一方面，非洛桑學派的現代經濟學的理論指導者之一格拉齊安（Augusto Graziani），數年前在同樣的研究中，卻力說嚴格的因果關係，並不定在一切國民經濟問題上都占重要。因之，在數學方法中，——如後所述——他畢竟絲毫不能看出對於我們科學的發展究有多大稗益。

三、非數學的演繹法

本世紀第一季意大利經濟學裏面，數學方法在霸權爭奪戰上常常得到完全的勝利。但法國就不同。這個方法在法國——像我已考察的一樣——雖也有着勇敢的鬪士，但畢竟只是少數的一派。法國經濟學裏面，卽在今日，仍是另一種抽象的演繹的方法，卽曾被重農主義者和古典學派應用於經濟學之研究的，只用言語的表現而不用數學的表現之方法，占着優勢。這個方法所以能够維持這樣長的壽命的理由（這些理由在學說史的文獻裏已屢屢有人論列了，）今日依然存在。就是說，這個方法依然是最適合於法國經濟生活的整個機構的；論理與政治科學研究院（Academie des Sciences Moralss et Politiques），依然在那兒指導着科學的發展而一向以維護正統派爲宗旨的其他學會，也還是隆盛如故。——本世紀以來這個方法最重要的代表就是居俄，（一九二八年已死）他是一個老鬪士令人生畏的論戰者，直到最後爲止都是他那科學的信條之潑剌的擁護者。

他對於自然經濟法則的確信，在他的著作中到處都表示出來。他本着這確信，想在方法論上提倡一種自由主義，反對其他一切的傾向，如保護主義，尤其是社會主義。那怕在世界大戰的時候，他還是以鐵一般的決心堅持他的見地，就在這種危急之秋，也只把永久偉大的經濟法則放在念頭裏，決對不肯輕忽了它。

居俄之後信仰古典傳統的最重要的人物，便是最近物故的舍利(Gustave Schelle)他最近從自由義學派的見地，詳細地研究着方法問題，堅決否認數學方法。依他的主張，數學方法在大多數場合都要求非常廣泛的抽象，然而事實上有許多重要的經濟法則，卻絕對沒有法子將它們數學的方式化。一九〇七年一月政治經濟學社(Société d'Economie Politique)召集了一次會議，討論現代經濟學教學法，舊自由主義學派便又利用這機會儘量嚴格的，不，簡直是絕對執拗的說明他們關於經濟法則的方法論的命題。這回打先鋒的是報告人培楚克斯(Auguste Béchaux)，居俄爲對抗參加這次討論的反對古典學說那些人的異論起見，也極力的附和他。過去二十五年間，勞克塞爾(M. Rouxel)、威利(Edmond Villey)和鮑丹(Louis Baudin)也或關聯着分配論，或在一般的自由主義論究上，努力說明着那見地的正當性，對於那種方法論的辯護也稍有點貢獻。講到這點，沙芬(Albert Schatz)和意人祖加尼(Oliviero Zuccarini)的著作特別值得說說。後者也同樣主張遵奉「永久妥當的」經濟法則。最近俄國人斯特魯夫(Peter Struve)在某根本的學說史研究中研究了這個法則，不過經他巧妙的一轉，竟用馬克思主義的經濟決定論的意味解釋着它。

諾曼諸國就是本世紀中也還有許多經濟學家，站在數學方法和非數學的演繹法這兩個指導的學派之外，對這兩個方法的原理都表示好意，同時又以幾分獨特的見地維持着獨立。第一個就是格拉齊安，他那心理學的見地恐怕是和奧國邊際效用學派在方法論上的見解最爲相近的。其次就是少數意大利學者，他們在方法論上，是站在現代數學的見解和保守的古典的見解之間。

蘇班（Camillo Supino）雖無條件的承認經濟法則之效力，不過認爲這些法則裏面決沒有數學的嚴密，不可不加以明察。因爲經濟生活有時間的和場所的不同，理論研究也得把這些情形加入考慮纔是。坦閣爾（Vincenzo Tangorra）從主觀見地和客觀見地之對立這側面來把握方法問題，一面辯護主觀的奧國學派，同時也高調學站在客觀見地的、古典的和數學的經濟學許多觀點的價值。社會學家彌傑爾斯（Roberto Michels）最近將經濟學上心理學的研究和客觀的態度作了個比較，以決定前者的限度。在現代數學見解和古典方法論上的見解之間取着獨立的批評態的發棚底（Ghino Valenti），也值得在這裏提及一下。

四、論理的和認識論的努力

另有一羣學者，沈潛於論理的和認識論的研究，因以對於數學派和古典學派的方法，多少有些批評。曾想建立新「實證」經濟研究原理的西米安，在這種批評上，態度最爲嚴厲。在他看來，我們科學中的支配的方法，盡是站在規範的目的的見地的。因爲這些方法，都想僅僅在手段對目的之關係上去研究經濟現象。例如古典學派常探求着招致最大財富的生財之道和盡美盡善的分配方法等；就是數學傾向，也總不能忘掉經濟的均衡，視爲這是應該實現的準則。反是，西米安卻想僅僅從經濟生活的原因和結果之關係去認識它，想只把經濟現象之純粹因果的說明做問題。說「實證」方法的這個綱領，是和韋伯所主張的「取銷價值」的準則互相呼應，恐怕是無可否認的。像我們後面要考察的一樣，西米安的因果思想，和我們前面講數學方法時，例如講貝拉底時所謂的因果思想，完全是另一會事。

許久以前，和韋伯的研究同時開始的意人塞拉(Emanuele Sella)的研究，也有同樣傾向，不過結論稍有不同。他受潘他呂安影響，從純粹理論的領域逐出一切價值判斷；在應用經濟學中雖仍承認它們，但也以不超越純經濟的（從而不是道德的）準則之限度為條件。關於經濟法則，塞拉想證明對於經濟學關係重要的，只是這法則之相對的論理的妥當性，其絕對的妥當性卻無關重大。塞拉另有篇論文說明他關於整個國民經濟的有機的見解，在方法論上也是重要的文獻。

盧哲羅(Guido de Ruggiero)的批評的研究，是由非常不充分的理由產生的，他對於國民經濟學的現狀非常隔膜，故而不滿意於它的各種結果，他對於我們科學之比較完全的論理的基礎，實在止抱着一種非常模糊的要求吧了。波丹(Charles Bodin)受着與盧哲羅同樣的氣分（但依戰後的情形講亦不為無理的氣分）的影響，相信國民經濟學須要假定一個最高目的，即探求那能夠減輕人類的痛苦而增大人類生產活動之生產力的手段。

雷栽(Léopold Leseine)在其浩瀚的著作中，指出各個經濟學說相互補充而結合為一個統一的全體，這事有其論理的限度，這是極有益處的一部著作。他在某深邃的學說史的概觀中，想把各個學說之批評的部分擱置一旁，而把他們積極的理論互相調和起來。他的書受着一般的歡迎，就是居俄亦因其刺戟而作了一個特殊的方法論的研究，不過僅僅想把前述方法論的原理再加以發揮而已。雷栽在和蘇黎(Louis Suret)的共著中，把對於數學派諸理論的理解所必要的數學知識，簡潔的敘述出來。

五、統計的和歷史的——歸納的見地

本世紀統計的方法，無論在法或意，都愈加引起了一切傾向的經濟學者的注目。這個方法是所謂中立地帶，各種傾向的研究者都在那裏並肩而平和的研究着。研究這個方法而說明了它對經濟學的重要性的許多學者中，這裏只舉出培尼尼(Rodolfo Benini)和馬赤(Lucien March)。

前者甚至想從數學的觀點爲經濟學而利用統計方法的結果，後者則在其根本的研究中，縮確的指出這個方法對於經濟學的研究，其關係和應用都有一定之限度。——最近盧夫(Jacques Rueff)主張國民經濟學卻就是統計學，在它內部，理論的法則只有關係經營相互孤立之生活的多數個人時，纔發生效力；反之，有機的結合者的全體之經濟生活，卻只有藉統計方法的助力始能研究。

我們現在已從經濟學上的統計方法之擁護者們，達到了對歷史的＝歸納的方法表示好意而把他的方法論的見解置於這個方法和演繹法之間的那些諾曼研究者。

這個傾向的各種研究可以得放尼(Maurice Defourny)或穆萊 (Boberto Murray) 的論文爲代表。前者是充滿着和平的調和的精神，(雖然概念欠明晰) 想在經濟學中各種支配的方法之間達到一種和解。另一方面，穆萊不拘他是洛桑學派的優秀的追隨者，對於數學方法的應用範圍卻加以顯著的制限，認爲歷史的歸納的研究也在經濟學領域中演着重要作用。

就是部癸(G. H. Bonquet) 也曾給歷史的態度以公平的估價，雖說他的見解，多半是模倣柏雷圖的。科薩(Emilo Cossa)在其關於方法論的許多論文中，對抽象的演繹的方法作着嚴厲的批判，他和前世紀那位意大利的大經濟學家，非僅名字相同而已。

羅利亞 (Achille Loria) 毫無疑義是經濟學最近發展上最卓越的人物之一，他也是一個批評抽象方法的。他的許多著作，都首尾一貫的辯護歷史的見解，不過對於什麽勒之流關於國民經濟現象之無條件的相對主義，卻也不取。但在方法論的見解上，羅利亞的着重點與其說是認識論的考量，不如說是社會學的考量。他是把史的唯物論，用特殊的方法和關於一切科學之究極目的高尙的理想主義的見解綜合起來。他關於方法問題的見解，即着重一切社會經濟現象之時間的場所的差異這見解，就是由此而生。但他同時又不拒絕承認某種歷史的，社會的法則性。他的見地，恐怕和德國舊歷史學派的態度，尤其是能射爾和希爾德布蘭關於方法論的學說，最爲相像。

即在法國文獻中，也可以找出若干比較非妥協的歷史的＝歸納法的辯護者。歷史家隱諾菩(Charles Seignobos)本世紀轉換期時在社會科學院（Collége Libre des Sciences Sociales）的講義中攻擊一切抽象的方法，無論它是站在數學的、生物學的、心理學的，或其他任何見地之上的。認爲社會科學上唯一正確的方法，只有歷史方法。他又非難專只注意於唯一的歷史的說明原理，例如種族的、宗教的、或唯物的說明原理之傾向，而擁護那顧慮着人類文化發展的一切領域的歷史方法。豪塞(Henri Hauser)是法國日就衰微的歷史方法的主要代表之一，曾寫了許多論文擁護這個方法。但他的方法論的考察，很傾於實際的＝政治的論究，不僅攻擊古典學派的科學方法，並其自由主義亦攻擊之，而且拿出他自己的保護主義的「國家主義的」學說，與此自由主義相對立。他的根本思想是對經濟的「自然法則」之認識論的非難，從而是關於國民經濟生活諸現象的相對主義的見解。比利時人格里夫(Guillaume de Greef)最近也同樣的極力反對抽象方法的「經濟人的神話」和「魯濱孫故事」。他以孔德哲學諸命題爲本據，僅從歷史的社會學的見地觀察社會經濟生活，從而把社會經濟生活一部分置於歷史發展之流中，一部分使之與其法律的政治的和一般的社會環境最密切的結合起來，社會經濟生活要在這個形態上，纔始成爲他的研究對象。但是在他這個綱要的詳論中，所示關於分配論諸命題中，他那虔敬的方法論的意圖，只非常不充分的實現了。

拉布利阿(Arturo Labriola)關於方法論的態度，和羅利亞的方法論見解有兩種接觸點。不過羅利亞認爲社會學的見地即史的唯物論常只演着第二次的作用，而拉布利阿則最重視之，因此，他關於方法論的論究，也完全爲他那一般的社會主義的學說所範圍。他首先拿現實主義的歷史的＝社會的見地，和自髮內（Quesnay）以至拍雷圖在經濟學上不斷發展而來的抽象的合理主義見地相對立。但他馬上又把重點移向那常和演繹法結合着的個人主義和自由主義之批評，從他那社會主義的見解與以攻擊。

六、社會學傾向之影響

最後所述諸學者之方法論傾向，把我們引到另一羣經濟學者中來了。這些學者專以社會學爲基礎，想把在一般的領域內所獲得的各種方法論原理，也拿到特殊的國民經濟研究上來適用。我們首先要回到前已述及那西米安關於方法論的著作。在這部書裏，前世紀末所發表的涂爾幹的社會學思想，結成了它對經濟學方法論的最成熟的果實。因爲，前述純因果的，或——像在德國所說的——「取銷價值的」國民經濟研究的見地，對於西米安所認爲唯一正當之方法的「實證」方法，只滿足了一半的要求。照他那準則的第二半分看來，這個方法起先就非站在社會的立場不可。就是說，這個方法，要是想得到各種經濟現象的正確的觀念，就必須常常在其全幅的社會的關係上去研究它們。從而，只要各種抽象的方法和假定的「隔離」結合着，西米安一概是無條件地拒絕。在他那共變比較法——他這個觀點乃從涂爾幹繼承而來——中，即國民經濟現象及其種種附隨現象之間的各種關係之比較研究中，和愛命堡的精密比較研究有着接觸的點。——愛命堡的方法在法國，此外還得了貝暖（Maurice Bellom）這位熱心的宣傳者。

涂爾幹的追隨者中，除西米安外，毛尼爾（René Maunier）也可以在這裏說說。他在某很值得推許的初步著作中，努力系統地說明經濟現象與其他一切人間活動（他把這些關係的總體看做社會學的認識對象）之間的種種關係。結論是：這一些活動領域，在科學研究上是不能相互分離的。就是國民經濟學中也將只有社會傾向的方法，能夠看做唯一正確的方法。普沙(Arthur Bochard)把泰爾德心間心理學的社會要素，即發明與模做、適應與反復這類社會的重要因素，採入涂爾幹所創造的學說體系之中，而把由這一結合所產生的各種結果，又利用為經濟學所應取的方法，想如此在經濟學方法的領域上，把涂爾幹和泰爾德的遺教聯起姻來。

社會學者佛姆斯（René Worms）也極力指摘下面這觀點：經濟學研究方法之社會學的立腳點，實足以促進這門科學的發展，這個立腳點把經濟學的視野擴大，把既知的各種事實，在一種更能適應現實的光亮之下提示出來。佛姆斯斷乎排斥那些想暫在國民經濟學上適用演繹法的企圖。在他看來，目前的研究，用了歸納法就足夠了。他在這歸納法的研究中，對接近着我們的環境，則推薦統計的和特殊研究論文的方法，對未完全開化各國，則推薦人種學的方法，對遠古時代，則推薦歷史的方法。年事較長的著者佛姆斯(Emlie Worms)或許不僅和佛姆斯有若思想上的關係吧，他也曾在大學講義中提議把國民經濟學和社會學密切的結合起來。

意大利文獻中，克洛徹本世紀初所作的、想用社會學圓滿地解決經濟學方法問題的企圖，是很有興味的。他承認馬克思主義的史的唯物論是部分的說明原理，但不是唯一的說明原理。從這個批評出發，想把國民經濟學上的道德的觀點和純經濟的見地，嚴格分別開來，而在數年之前，就已把宗巴特後來在政策學會維也納會議中所主張而引起大議論的、對於國民經濟學的「各從所好」原則(Grundsatz des "de gustibus non est disputandum" 建立起來了。克洛徹在那從一切道德要求獨立的利己主義之不斷追求中，發現了純粹經濟的原則，如此遂必然地達到經濟現象之主觀見地。從而他對拍雷圖的客觀見地乃至對數學方法一般，提出一種非常有興味的反對論，非難它僅只能給社會經濟關係作某種不甚完全的敍述，而不能同時更加以說明。

七、方法上面的一般發展傾向

以上諸論究所述各種方法，即數學的、非數學的演繹的、實證的、統計的、歷史的＝歸納的和社會學的方法，便成爲二十世紀第一季法意經濟學發展的主要傾向。那是一個非常豐富而不容易作成一個概觀的程序。像我們前此所能充分觀察的一樣，上述這些類型，只有極少數的學者代表着它的純粹的形態，所以這個程序的多樣性，更因而增加。大多數經濟學家都站在上述諸傾向的二個或二個以上的中間，爲了這種折衷的態度，致使他們的見地，不能統一。但同時又因這種折衷主義的原故，各種方法漸有達到和解的趨勢；而大家關於這些方法中，對於經濟學的發展，那種有怎樣的期待一層，意見也漸趨一致了。如此便成立了一種分工，種種的方法，都成爲一個組統一體之部分的觀點，它們已經不是互相對敵，而是多少和平的以理解纖的發展的、更大的互相補充着。但是，我們如果要探求這些發展過程裏面相互的勢力關係之或可發生的推移，那就可以確認，數學方法日益有成爲法意兩國支配的傾向之希望，另一方面，純粹歷史方法卻不斷的地位低落了。而實證的統計的社會的各種方法，則在這兩極之間維持着它們的地位。

八、關於經濟學的組織化沒有革新

本世紀初以來，無論法或意，關於經濟學的組織化，都沒有發生有足稱述的議論，也沒有經濟學的新分科出現。這兩國的經濟學是沿着多少確定的進路發展而來的，不是處於我們在德語諸國所看見那樣不斷的醱酵狀態中。關於經濟理論上各個問題之組織的排列，也有幾個革新的企圖，等到後面再說。在意大利，關於把"Ragioneria"（和德國所謂私經濟學相同）與國民經濟學更密切的結合起來一層，曾引起過小小的論爭，不過並沒有惹起廣泛的學界之注意。阿利亞斯（Gino Aria）世界大戰時發表一個有力的商業政策體系，具有廣泛的理論基礎。它的出現，是作為一個獨立的科學即商業經濟學（Economia commerciale）。其後法國人克勒格特（P. Clerget）所發表的完全同樣的著作，可以和它媲美。但這種見地的是非，沒有人從組織學的立場討論過。又想樹立產業經濟學（Economia industrials）的體系，即想樹立私經濟學的工業學體系的（V. Tosi）那部同樣的、不過更謙遜得多的著作，也受到同樣的待遇。關於世界經濟問題，也有人作着詳細的研究，而且世界大戰在諾曼諸國，也曾喚起關於其經濟方面的深奧的研究。但大家都想也沒有想及，把獨立的世界經濟學或戰爭經濟學之存在權，當作一種問題來討論。無論法國人或意大利人，一般都沒有僅關於諸科學之方法和組織化的討論的才能。

第二章　建立體系之企圖

本世紀第一季法意兩國，在經濟學的新理論體系之創造上是非常多產的。既有了各色各樣的方法論的傾向，各自主張自己的權利，那末產生出比較多數的學說體系都想從某特定的觀點，體系的把經濟學全領域包括起來，也是必然的事情。因爲，只有藉這些學說體系之論理的力量和科學的效果，那爲它們的基礎的方法之正當性，纔能得到說明，它在與其他方法之競爭上的地位，纔能相應的確立。

一、洛桑學派之學說體系

本世紀初以來，在諾曼諸國經濟理論發展上占着領導的，自然是數學派。這派在前世紀最後十年間從華爾拉斯的著作他之後從潘他呂安的體系接受了豐富的遺產，到今之日，只要好好的保管這遺產而且加以闡發就行了。爲這個任務而出現的拍雷圖，成就了頗重要的事業。他的發展過程，是從數學方法，先往理論經濟學方面下工夫；最初的時候，他是想完全獨斷的地去把握它。其政治經濟學講義（Cours d'économie politique 1896）一書中，除了他那純粹經濟理論之嚴密的抽象的數學見地外，並且把極端的自由主義視爲顛仆不破的天經地義(dogma)。自此之後他益沈潛於國民經濟現象的分析，而同時卻從現實的社會生活關係，日以遠離，但是他那一片眞誠的研究心早已覺察了這點。因此在其發展過程的後半，他總想發現出一個方法，以認識活生生的社會經濟現象。他對那橫於純經濟範圍之外的其他社會生活領域的研究，一天一天注意起來了；經濟人在其他的社會關係上是怎樣行爲呢？爲其本質之另一半的「倫理人」對於他的行爲有怎樣的影響呢？這些問題，他愈益在廣泛的範圍上去研究。這種態度在拍雷圖活動的最後二十年間（卽直到他世界大戰中發表了他那爲科學研究之榮冠的偉大的社會學爲止，）可完全明瞭的看出來。自然，拍雷圖的面前，是橫着許許多多大課題的。他的國民經濟理論，時間上雖然出現於他的社會學之先，但思想上論理上，都是在它之後的。現在還待把它和後者論理的交織起來，且意識地使之完全相調和。此外，拍雷圖還想把他那社會學的研究結果，移入經濟學的其他領域，特別是財政學。利用這結果去發展它們。可是這個事體，爲他的命運所不許。一九二三年他就與世長辭了。

這樣看來，拍雷圖所創造的整個經濟學體系，決沒有完成，因此，那怕時間順序上有前後之別，我們卽令在他的體系之極簡單的觀察中也不可不從他那一般的社會學的見地出發。而且因了下述一點，這事益發顯得必要。卽他那一般的社會學之指導思想，都已明白的包含在各種舊作裏面了，就令是在尚未發展的形態上。依他，人類各種行爲中，必須分別非論理的行爲，卽不能還元爲單純的理性、而有着信仰要素和感情要素的行爲和論理的行爲，卽依着明白的順序將各種手段向一個目的排列起來的行爲。由是，拍雷圖遂把這兩種不同的行爲之內含的性質及其對於人類文化發展的影響，加以深奧的分析，把分析所得的結果綜合起來，使達到他那宏大的社會均衡論。他所謂社會均衡就是指社會生活上作用着的各種力和抵抗它們的各種妨害之平均，不僅是靜的均衡，而且是在社會的繼續發展過程中同時作爲動的均衡出現的均衡。的確的，這整個思想過程，對於史的唯物論，秋波暗送，未免有情。

柏雷圖的經濟學體系裏與這關於一般社會生活的見解相對應的，是經濟均衡論這中心觀點。有了這個經濟均衡論於是那到今日爲止國民經濟學一向在暗中摸索的或對它已感覺技窮的一切經濟現象就得到了完全的說明。這裏也是各種妨害（如他人之欲望）和各種經濟力（如欲望）相對立，在交換生活中則生產和消費，在財富分配上則勞動市場價格和生產物市場價格，都有不斷地保持均衡的傾向。這種均衡化傾向的思想，華爾拉斯爲說明各種重要的社會經濟關係起見早已經援用過，柏雷圖的功績，不過把這機械的觀念更嚴格而且更精密的加以把握，使之和單純的欲望與妨害之相互作用發生關係，因而把它的範圍擴大許多，並且還把它應用到華爾拉斯未曾加以充分數學分析的各種經濟領域中去。由這最後的觀點，首先成爲問題的就是生產理論和國際貿易及外國匯兌的理論，柏雷圖對於這些理論也想從經濟均衡的見地去發揮。

柏雷圖在其關於國民經濟學的主要著作裏（Manuale），提供了一個基於這些根本思想的完整的理論體系。但不僅材料之排列，就是若干內容的指導思想也和前十年所發表的前述講義不同。柏雷圖自己在這書的序文藝也指出了這點，並且毫無隱諱的承認那曾經被他無限制的擁護過的自由主義之唯一正當性，不能由經驗證明出來。他這部書裏面的理論的論究實際也是以邊際效用思想爲基礎的，不過他不用主觀效用這名詞，爲避免這個表現之妨害的曖昧起見，乃用「Ophelimity」這名詞以代替之。關於一定財貨和一定時點的Ophelimity在講義中是假定它爲一定之大小，但在"Manuale"中卻僅僅假定個人對於兩樣或兩樣以上的財貨那一樣能夠給他以最大的 ophelimity 一層，隨時都可判斷。拍雷圖爲了說明欲望又利用着他在挨治華斯 Edgeworth 中發現出來的無差別曲線，想主要的藉這曲線的力量去展開各個理論。他在敍述之中——像已經說過的一般——廣泛的利用着數學的記號，但對於經濟生活之眞實關係的研究，仍矢志不渝，有時也還使用其他的方法。所以若以方法論的偏見或偏頗責難拍雷圖人那不免有失公平。

拍雷圖的學說體系在法意學界雖然引起非常大的影響，但並不像德國經濟學中一個重要的體系出來的時候那樣引起大家的議論。他的追隨者比如安蘿洛梭，不消說非常服膺先生的成就，努力闡明其各個學說。而另一方面，和拍雷圖相隔甚遠的各經濟學者，例如佛爾黍拉也僅僅指出拍雷圖理論的幾個缺陷而已。法國人部斐是處理拍雷圖學說最徹底的一人。他一面指出先生的一切長處，一面對於其過度使用數學方法，又不免有些不安。斯彼利(U. Spirito)最近的批評是專對拍雷圖之社會的哲學的見解的。這幾部書之外，就是代表幾分反對的經濟理論傾向的學者，對他下批評的時候也是非常慎重的。前面講過的克洛徹便是這樣。這個現象恐怕要歸之於拍雷圖那使反對者也不得不折服的成就之壓倒的偉大吧。

巴郎 (Enrico Barone) 的簡潔而內容充實的學說體系，受了拍雷圖很大影響。在材料的排列和數學的敘述法上，都是衣鉢相承，不過在他那簡潔的綜合上仍表示了他的獨特的主張。

拍雷圖的體系裏，也着重在純理論的論究，而以事實材料爲犧牲，但巴耶更加如此。所以他說，他的書雖是作教科書寫成的，但只對於已經知道了必要的事實材料的人，纔能適用。他的中心學說——完全像拍雷圖一樣——是經濟均衡論，他想從這中心學說去確證經濟生活各部門中所能看出的法則性。他的書的第五篇和第六篇表現了非常卓越的成就，頭一篇說明生產者獨占（現代大工業的新提加時代所盛行的）之下的價格構成，次一篇分析恐慌現象。在這篇裏面他先將羅德伯托士和馬克思的當該理論加以徹底的批評，想從這批評出發用那由儲蓄之適當的投資之時間不等的可能性而生的波動，來說明週期恐慌。可惜巴耶這書形式的構成，還不及其內容的思想之豐富。他的學說體系，依其科學的成就講應該可以得到好評的，然而不然者，一部分也是因爲這點。

在同樣的範圍之內，以同一意圖，且以不劣於巴耶的效力，穆萊也發表有一部關於理論經濟學的主要問題的系統的概觀。像我們已經說過的一般，穆萊在其方法論的研究過程中，明白的承認數學方法之適用範圍是如何狹小。但在這狹小的範圍之內，他的進行就更來得確實。他多分依賴拍雷圖的均衡說，除巴耶所處理的問題外，對於信用問題和貿易上若干困難的題目，尤其有透徹的闡明，並且努力從均衡問題之統一的見地去理解它們。穆萊的體系，戰後有法文譯本發行，增訂之後，比以前龐大多了。

安蘿洛梭想發表他的大學講義，從洛桑學派的見地構成一個完整的理論體系，這是一個非常優秀的企圖。他也是數學的代表人物之一，一刻也不能亡掉從數學方法所能期待者如何，在其研究和解決上必須利用其他方法的國民經濟問題之範圍又如何。安蘿洛梭的體系中特別細心而巧妙的把時間要素和各種均衡問題關聯起來，因而給經濟均衡論以獨自的貢獻。從同一見地的他的利息分析，也由此出發。但他的價值分析、「消費者均衡」和「生產者均衡」諸理論，也同樣的有興味。其科學的重要性，就是挨治華斯這樣的權威者也承認。最近安蘿洛梭關於洛桑學派數學的經濟論若干出發點，和布羅吉(Ugo Broggi)作過一次很富於興味的討論。

微沙利(E. Caesari)的「原理」——他在這裏把他的議論非常密切的和華爾拉斯的學說結合着——其簡明的概念公式化，是出名的。他忠實的將洛桑學派的理論再現出來，同時把主要的重點放在這派尚未充分處理的各種經濟學問題上面。例如利用他的數學方法所提示的國際匯兌行情論，甚至還超過了拍雷圖的見地。但他對於財貨、效用、欲望等，以及這些範疇之特殊的經濟的現象形態，是個別的去研究，所以他的敍述中，總免不了有些重覆和不均齊，這在他的書中是唯一的一個障礙。關於未克卻(Gustavo del Vechio)最近暫用石版印行的政治經濟學講義(Lezioni di economia poiltica 1925)，——多半就要作爲決定版出版了——也要極簡單的討說。這本講義裏面也可看出洛桑學派經濟學者流之數學的圓滿的理論經濟學體系，著者想在這個體系中從唯一中心原理的觀點，即經濟均衡的觀點，解決經濟學一切問題，而且徹底的求其實現。這個企圖想把自身根本不同的靜態經濟問題和動態經濟問題互相交織起來並劃一的敍述之這一點，實在令人覺得有些不自然，有些托空。未克卻的主要着重點，在於把華爾拉斯和拍雷圖的思想和現代美國理論研究的各種結果結合起來，而始終一貫的顧慮到各種經濟生活的本質。所以他能夠使他的體系和應用經濟學諸問題調和起來。他在經濟政策上的見解，是個自由主義者。

本世紀第一季法國文獻中也並不是沒有洛桑學說的主要內容之簡潔的總括。這裏最先出現的一部書，是巴黎工業大學教授勞能(Hermann Laurent)本世紀初所發表的給我們一個特別印象的小册子，他自稱這部書所着重的不是普通文獻上的觀點，而是科學的觀點。勞能在六十頁的篇幅裏，不僅想把純經濟問題加以解決，還想說明他關於許多組織問題的見解，乃至關於發展、文明、人口、公共教育、社會主義的見解。這樣，使他不能不完全絕對的敍述各種見解，至於它們的正當性如何，是絲毫不加證明的。然而這正是有礙其體系所企圖之科學性的一個缺陷。他說，他在理論上是社會主義者、集產主義者、國家思想的反對者；在實際上卻是自由主義而且善良的愛國者。這話說得多簡單，也不講出個所以然來，我們聽了，眞是莫明其妙。但像其副標題所告知的一樣，他固執華爾拉斯和拍雷圖的思想的努力，卻也首尾一貫的表現在這小册子中。洛桑大學教授波寧色格尼(P. Boninsegni)以爲勞能不以經濟學家的資格活動而以數學家的資格活動，而又就於一種貨殖論的偏見，把國民經濟的見地完全付之等閑，是應該非難的。幾年之後，波寧色格尼自己也發表一個簡潔的學說體系，比勞能更詳細的而且以較強的國民經濟的認識說明着基於經濟均衡學說和 ophelimity 原理的理論，不過他的敍述在概念的明確一點卻不及勞能。——安都內利(E. Antonelli)發表了一個雖比較沒有獨立性但是更爲有益的體系。他復返到華爾拉斯學說，把他的思想一目瞭然的敍述出來，而且規定自己的任務爲擁護本來形態上的這些根本思想，和那些新見解相對立。所以他固執華爾拉斯主觀效用的獨立尺度這假定，但這是個基礎薄弱的假說，已經由美國理論和拍雷圖克服了的。和前此所述各數學的學說體系之多數相反，安都內利僅僅研究了狹義的純經濟問題，卽交換、生產、分配、信用以及財貨流通的問題。他的研究過程中任何時候都是以完全的自由競爭之支配爲前提。最近安都內利爲他那體系的更精巧的發展起見，用心良苦地找着一個適當的哲學的和理論的基礎。他那現實的、歷史的＝社會的說明之企圖是完全成功了。狄維西亞(F. Divisia)的體系，把費雪爾(Irving Fisher)那有名的公式一樣的貨幣量和財貨交易的方程式，加到傳統的經濟理論裏面，想如此去發展後者。其中心所在，也横着洛桑學派的經濟均衡思想。狄維西亞一面豐富的使用着數學方法，一面卻指出它的限度，超越了這限度，就不如用數學方法以外的方法還更有效。

二、抽象的演繹的學說體系

拉維爾(Bernard Lavergne)的小冊子，大膽的畫了一個理論經濟學說體系的輪廓。沒有什麼可以稱贊的。他僅從洛桑學派繼承了些形式的觀點。大體是以純粹邊際效用說爲根據，努力在經濟理論的一切問題上，首尾一貫的強調這說的根本思想。除了幾個很是獨創的理論見地外（這待後面再說），最值得注意的是他那體系之巧妙的構成。他憑藉這點，給洛桑學派體系構成上的根本思想作了完全獨特的發展。他依照各種不同的市場將經濟過程中各種現象加以分類，就是，看它們是出現於那一種市場，還是享樂財的市場呢，貨幣及信用的市場呢，像原料、勞動、可動的資本財那樣的生產財市場呢？還是出現於拉維爾用以指不動資本、土地、建築物、固定之機械等的「生產資本」市場？然後依這種分類去理解它們。最後所舉這種市場中，爲差額效用性原理或剩餘利潤吸收原理所支配，依這原理，生產上可能的一切節約，都由地租 rent 吸收了。這個學說裏面，包含着李嘉圖地租論的根本思想；但拉維爾其他著作中卻援用了最近心理學經濟研究各種結果，且想在他那學說體系之統一的思想過程中把它們和洛桑學派的見地交織起來。

工程師兼土木學校教授科爾遜(Leon Clément Colson)本世紀初頭所發表的大體系，較之上述那小小的系統的概觀，眞有雲泥之隔。他的學說體系就其外部的形態講就很顯著了。它是本世紀在法國發表的最大的國民經濟學體系。其次，科爾遜對理論經濟學的根本問題的立場和上述數學方法其餘的代表者有本質的差異。因爲他汲取着法國經濟學的自由主義派之流風，一面非常豐富的利用數學的敍述方法，而根本上卻依然是一個古典經濟理論的信仰者。原來他只把數學方法看做經濟理論的敍述方法，不像洛桑學派一樣把它看做研究方法。從而他首先藉簡單的演繹的思想達到理論的結論，然後纔爲明白的敍述這些結論起見，把它們表現爲幾何學的形式。在內容上，也比較接近古典的見解，與現代傾向的各種理論沒有深切之關係。就是說，他的價值論完全立足在亞丹斯密所創造的基礎上面。現代諸理論家中，柯爾遜是最接近馬夏爾的了。他的價值論尤其酷似馬夏爾的。固然，我們可以斷言，科爾遜寫他那部書的時候，是全不知道這位英國人也有這理論的。此外在各個理論問題的處理方法上，尤其在柯爾遜關於經濟政策的大部分學說中，還明白的顯得受有勒拉菩利厄(Leroy-Beaulieu)廣泛的影響。

他的書只有第一卷處理純粹經濟理論，其他五卷都用以處理財政學等實際的國民經濟學問題。在這幾卷中，處理了豐富的事實材料（這些材料，有一部分恐怕只有工業大學的聽衆纔會有興味。）在極詳細而且用了許多專門知識處理著運輸制度問題那最後一卷裏，尤其是如此。——柯爾遜的真的主要見地是前面曾經論及的他的自由主義，他曾在某特殊的著作裏展開了這個根本思想，但是他眼光中的自由主義，卻並不是以硬直的獨斷的形態出現的。他在關於經濟生活的各種問題的論述中很具有銳敏的精神和強烈的黨派心極力攻擊國家的干涉，不過對於其他問題，例如勞動者保護的問題，卻承認有平靜穩重的國家的規制之必要。

拍雷圖的"Manuale"之次，意大利文獻中現代經濟理論本世紀第一季所產生的第二部重要的體系的著作，便是格拉齊安那部著名的浩瀚的教科書。不消說這部書的觀點，遠不及拍雷圖的書那樣深奧和富於獨創性。格拉齊安的目的本只想提供一部教科書，這也是使他不能時時深入各理論問題之根柢的一個原因。他的書裏面甚至於顯現出某種折衷主義，雖說是在最好的意味上的。他沒有科爾遜那樣熱心的迎合數學方法。因為他原則上雖然承認數學方法的正當，但對於這方法一向給與經濟學的貢獻，及其對我們科學之更進的發展所能期望的貢獻，卻非常輕視。他是以為：就令最抽象的理論吧，大多數場合仍能用普通的話語作比較簡要的敍述，而其完全決不減於使用數學的公式。在經濟理論的根本見解上，格拉齊安乃是今日邊際效用說（孟革和龐巴衞所主張者）最著名的代表之一。但對於各個問題的解決，卻總喜歡根據古典學派的思想。他這種地方，無可否認的也是受了馬夏爾的影響。例如他在價值論裏，就有種「自然的」正常價值觀念縈迴在腦海中，把它還元為最大生產費即邊際生產者之費用。格拉齊安的書裏雖然隨在可以看到一個同樣的企圖，想把舊理論和新理論交織起來。然而他大體所着重的，卻是經濟學最新的問題，他使用着稀有的專門知識和熟練，很適當的處理了這問題。尤其在他適用邊際效用思想於其生產論和分配論的時候所表現出來的微妙的差異，更是經濟學的不可磨滅的財寶。他這部書的分類，是依古典學派的分類法，先說明經濟學的基本概念之後，即以生產論爲始，通過財貨流通現象而達到分配論，再以交易生活之技術的部分之研究殿其尾。依其經濟政策的見解看來，雖可承認他是自由主義的信仰者，但是他常常把自由主義和他對社會政策思想的某種共鳴結合着。

柯爾遜和格拉齊安的書，把我引到關於站在現代理論和古典派學說之間的各種新體系的論述裏面來了。我們倘然一面考察柯爾遜的數學的敘述方法，一面考察其各個學說之一般的傾向，就知道他的體系，確是屬於這個部類。另一方面我們在格拉齊安中，也可認出想把這兩個理論的思想方向內容的地交織起來的傾向。然而古典派理論和現代邊際效用派理論這種內容的結合，恐怕要以蘇班所提供給我們的有名的體系的「原理」中，進行得最爲有效。

他在原理一書中，想把成爲問題的一切傾向的國民經濟研究最近諸結果，提示於一個統一的系統的概觀中，因而應用了意識的折衷主義。如此，他對於經濟政策的見解，便依賴諸種社會主義的學說，對於實際的經濟學問題的解決，便利用歷史學派的研究結果，而對於理論上的各問題（他的書大部分是討論這些問題）他的態度卻是站在我們現在正討論着的古典學派和現代心理學派之間。例如他在價值論中完全是一個心理學派的追隨者，而在工資論中卻是站在古典的工資基金說的基礎之上，雖說有或種限制。他想從伴隨勞動和努力而生的痛苦感導出「最小勞力律」（lex minimi）對經濟學的效力，這個企圖是值得注意的。

這項思想成爲發揚底後蘇班的原理二年所發表之理論體系的出發點之一，雖說表現的方法各有不同。他把快樂主義原理當作「最大收益定律」(das Gesetz des "tornaconto")而把握，作爲他的生產論的基礎依他看來，生產者努力從生產吸取最大可能的效用，即努力追求最大可能的即生產者的剩餘發愣底把這理論和其他諸理論例如欲望理論經濟財理論一道，在討論各種「個人濟經」問題的第一部中論究之。這一部處理着孤立的個別經濟問題以及由國民經濟與個人之特殊關係而生的各種問題。第二部則研究價值、價格、財貨流通以及分配等，把它們作爲社會經濟的現象。蘇班很傾向於奧國學派發愣底則一般的顧慮到比較新的理論思想，從而較接近於潘他呂安和洛桑學派。例如他援用均衡論諸要素，尤其把它們利用於他的價格說明。但在蘇班的體系裏，現代的成分頗占重要，而在發愣底，則這些已爲古典學派諸觀點所隱蔽。例如他做做古典學派從生產費說明價值，就是在分配論中也不能和現代的歸與論相親。從而他對數學派，也有很多點取批評的態度。因此之故，曾經惹起許多異議，例如利闐(Umberto Ricci)便一面承認他的功績，同時非難他無視了數學的方法。

部焚最近把他的體系畫了一個輪廓，他是想把洛桑學派的學說和奧國邊際效用學派的成果，論理的地結合起來。他雖然對於拍雷圖見地的推究用過多年工夫，但並沒有變成純粹數學態度的信仰者。加之部焚有些看不大起純粹理論在和經濟學其他部分之關聯上的重要性。例如他以爲，大學裏面經濟學課程應該先教應用經濟學的理論，然後纔教純粹理論。

想折衷新舊理論的苦德維爾(Ch. Bodevelle)的企圖，沒有什麼成功。他在一個新的但完全不適當的體系構成中，極注重分配論，主張主觀的價值論，而在其經濟政策的見解上則以干涉主義者自命。

三、法國古典的自由主義派

在意大利，古典派學說只有和現代理論密切的結合着纔能夠維持。法國的情形可完全兩樣。這裏就是本世紀以來，也提示了許多值得注目的經濟學體系，一面擁護非數學的方法，同時又建築在差不多完全是由古典理論所創造的基礎上面。

這裏首先要說的是前世紀末出現的勒拉普利厄和居餓的書的新版。其中，國民經濟學之古典的自然法則，在其不變的本來形態上被說明着。此際居餓的態度較爲嚴峻，他不假借的攻擊着一切社會主義和干涉主義，而勒拉普利厄則對歷史的研究也很能理解，在某問題上甚至還承認經濟生活之國家的統制。他不願意屬於任何學派，僅僅奉亞丹斯密爲師。本世紀初莫利納里也發表有一些著作（雖沒有包括經濟學的全領域），辯護自由主義的個人主義的經濟理論原理。就是他的絕筆中也像下面這樣敍述了他兩世代以來始終辯護着的，現在再把它應用於現實問題的主義。『我今九十二歲，差不多到了人生的最大限了，在這裏把我的絕筆發表出來。那專是關於充滿着我全生涯的，即關於交易之自由與和平的東西。……』——意大利人愛恩奥底（Luigi Einaudi）在其同樣不是體系的理論的近著中，以自由主義經濟組織之同樣熱心的辯護者資格，惹起了人們的注意，不過愛恩奥底的主要貢獻，在於國家財政的方面。

過去二十五年法國諸著者所公布的，同樣站在古典的自由主義見地上面而包括經濟學全領域的、比較重要的各新體系中，可依時間的順序，先拿巴黎商業專科學校教授諾埃爾（Octave Noél）的書來說。他的整個思想，表示他是巴士底亞（Bastiat）一派的忠實的追隨者。他認爲不憚得和輕視古典學派所承認的永久的經濟法則，是今日國民經濟上一切弊害之原因。他的著作，就是努力從新來說明這些法則。雖然如此，他仍以深邃的經濟史研究爲基礎，並且處理着豐富的事實材料。他還理論地使勞動者保護的要求和在其它場合被他首尾一貫的支持着的自由主義，調和起來。

另有兩個教授，即巴黎人特盧傑（Henri Truchy）和布魯塞人安休奥克（Maurice Ansiaux）大戰前所發表的兩個學說體系，依其一般的見地講，都是屬於古典的自由主義學派。這兩個體系裏，很顧慮到邊際效用說諸要素，尤其是應用它們說明經濟價值。然而這只不過兩位著者對現代理論潮流的不得已的讓步吧了，他們馬上就向後轉，急遽的退到古典思想的鐵壁裏面去。

但特盧傑把他那著作的理論部分壓縮到最小限度，對於最重要的理論問題卻只費一二頁的篇幅，關於供給曲線和需要曲線以及價格成立之圖式的說明，更只描了一個初步的圖形；而對於實際經濟問題，他卻不惜用多數的篇幅去論究。這部分所蒐集的事實材料，實在是其學部著作的重心。當表示資本在生產上的任務，他那纖妙的筆致，及其使所得分配和價格構成關聯起來的思想過程，都是值得注目的。特農傑的自由主義決不是獨斷的，他對於其他各種見解也常與以廣泛的活動餘地，對於季德的思想尤其表示好意的態度。他的著作就在外表的分類上也屢屢令人想起後進季德的學說體系。——安休奧克則沈潛於更深的理論問題之分析。他的體系的特長，在於其詳細的方法論的基礎。他又努力從心理的、技術的、和法律的方面，並且藉若干經濟組織問題之效果的研究，給他那理論的學說體系打着堅固的基礎。安休奧克在其價格論中論究供給與需要之間的相互作用和這兩個要素的彈力性的時候，所表示的纖巧的差異，實具有永久的科學價值。他那理論的體系首尾一貫的表現出現實的傾向，成為它的一般特徵。就是說，他無論何時都從社會的方面說明他的理論，且努力使其和實際經濟生活的經驗事實相調和。

四、不要價值論的合理主義的體系

我們在進而論述現實主義特徵更為顯著而幾分排除演繹傾向的各種理論經濟學體系之前，關於那內容上雖然遠離了古典學說但因其合理主義思想之故仍未免和它有着接觸的若干特殊企圖，準備在這裏極其簡單的說說。索里(Alberto Zorli)本世紀初所發表的簡潔的體系，幾乎全沒有人加以注意，雖然它的著者在意大利學界資望很高。這書所包含的非常獨創而值得注目的一些觀點，都成了它們那異常的表現形式之犧牲。索里是研究財政學的人，忠實的守着他那為財政學所決定的一般的理論見地，想從這個領域拿出說明整個國民經濟過程的原理來。他把國家經濟看做一種具有強制性質的大規模集團企業。依他在這集團企業的經營中，正如個人企業中一樣，貸借對照表的見地是重要的。然而企業和經營，究竟是國民經濟最終的社會細胞，那怕在理論研究上，亦不能把它從國民經濟分割開來。因此，國民經濟學的任務，不是處理財貨的集團，而是處理人與財之集團，而且不可不研究這兩者之間的相互關係，卽研究借方或貸方對各個企業及爲其總體的國民經濟而發生的方法。在這個關聯上，傳來的價值論是沒有人接受了，已經由「經濟便宜」說取而代之。

索里認爲可以取價值論而代之的經濟便宜說（後面還要詳論）是哥比（Ulisse Gobbi）創造出來的。但索里在本世紀初就已經把這學說織進包括經濟學全領域的某體系裏面了，哥比自己卻到大戰之後纔公布一個以這項理論爲基礎的學說體系。

哥比這部浩瀚的著作，和法意國民經濟學中普通流行的體系大異其趣，他是想建立一個完全獨立的體系的，其根本思想和德國經濟學教科書的體系最爲接近。但哥比這時候所置重的是私經濟的和法律的問題，特別喜歡沈潛於這些問題的分析。但是他全部敍述都忽視經濟史的觀點，又未免欠當。在使用純粹抽象的理論的數學方法那第一部裏，他首先敍述他關於經濟便宜的根本原理，其次給與一個根本的方法論的敍論，把國民經濟之一般的根本概念分析了一番。隨後就是價格和分配論的說明，使各個所得部門的形成，部分的歸之於需要與供給之機構。同在第二部裏，纔始引近社會環境和實際經濟生活的觀點，先論究經濟組織問題以及經濟政策問題。因爲題材的這樣配置，免不了有些重複。同一個問題常已在第一部中從理論的見地加以研究，在第二部中卻又從實際的見地加以討論。關於社會問題的解決，哥比是贊同相互扶助論的見解。

像哥比和索里的書中一樣，法人菩丹（Charles Bodin）的學說體系中也把價值論廢了。他對價值概念這東西雖仍固執着，但認它在國民經濟學上僅有着從屬的意義。他向邊際效用說和古典的理論挑戰，叱責前者把「效用」和「適欲性」（désirabliité）兩概念混爲一談，并難後者沒有把純心理的價值概念和客觀的經濟的交換關係分別明白。他把他的學說體系建築於那從交換當事者的相互效用之均衡這假定出發的交換論上面。

在他看來，國民經濟學乃關於人間努力之作用的學問。他想從這個見地，用着難於理解的新式術語和分類法，來把國民經濟的概念加以整理。他這時際雖然走着非常抽象的路子，但他相信經濟學究其極是具有目的的實際的性質的。關於苔丹所發表的形態學的和方法論的思想之價值，要等他的著作第二卷出版之後，纔可以下判斷。那時候纔會知道他利用這關於「單純經濟」的非常難理解的觀點於現實的經濟生活之說明，即利用於他所預想的「複雜經濟」之各種錯綜的現象之說明，收到了多少成功。

五、歷史的相對主義思想之影響

站在古典的演繹的傾向與歷史的現實的傾向之間的系統的概觀中，可拿貝諾(Camille Perreau)和那加洛 Bertrand Nogaro) 的體系來說說。

貝諾非常依賴古典學說，承認古典學說的經濟法則之大部分效力。不過他的體系裏面，只在認爲這些法則有裨益於實際經濟生活現象之說明的範圍以內採用之。在其他點，他的見解是非常現實主義的。從而也常從其歷史的和實際的社會的方面去研究各種經濟問題。貝諾對於自由主義，原則上是承認的，但在各個的場合，他也適用歸納的見地，例如，他確實的指摘出那使農工業上的保護主義正當化的各種自然的和社會的關係。貝諾不以提供獨立的新理論自任，只把他的著作看做一部教科書吧了。——那加洛比較接近於國民經濟學之現實主義的見解。他給他的學說體系築起廣泛的社會的基礎，對於抽象的定理，僅極簡單的加以處理而已，像供給曲線和需要曲線之敍述那樣地關於價值問題，爲了他的現實主義的社會的見地，惹起興昧的只有交換價值的問題，他有在客觀意味上去解決這問題的傾向。他的整個體系的中心，就是他那有名的站在勞務主義上的貨幣數量說。他努力把這個學說和經濟學其餘各種問題結合起來。他對於國民經濟的組織問題尤其特別注意；這個問題就把他引到具有確實根據的一個恐慌論。這恐慌論建築在生產常有均衡之必要這思想之上。

最近法國經濟學在里昂大學教授布老兒赫特(Charles Brouilhet)那浩瀚的「綱要」中，有着一個和一切抽象理論隔絕的學說體系。他先前曾發表過一部書，規定只給經濟學上的論爭提供一個儘量客觀的報告的說明。但弦外之音，卻無非是向一切站在抽象的理論的見地的學說和一切假說下攻擊。布老兒赫特的見地，其根本思想是接近德國經濟學中斯坦姆拉——狄爾的傾向。其指導觀點，也是不絕的高調一切經濟現象之社會的尤其是法律的條件。不過在德國，人們是努力把這見解和經濟學之支配的理論結合起來，而布老兒赫特卻歸依於完全的相對主義，在此影響之下大有承認價值法則價格法則以及其他一切經濟理論，僅具有受時間和空間限制的完全「暫定的」效力之勢。

他以爲由經濟關係之理解而看，價值現象之分析是毫無用處的。他把價格及分配過程之成立，歸之於社會的勢力關係，卽歸之於一方買手和賣手，與另一方參加生產的人們或階級之間的鬥爭。布老兒赫特否認國民經濟學中普通的分類法，而以一種全新的特殊分類法代之，這分類法是各別在獨立的部門上處理實際經濟生活各主要領域。他想從一種非革命的工團主義，卽統一支配的大利益聯合中的雇傭者與被傭者之提攜來解決各種社會問題；但不想信完全取消媒介的商業活動，生產和消費一起集中起來的可能。

六、站在連帶主義見地的社會的思想

傑爾德也基於社會生活一般和各種最重大的社會關係之研究而接近了國民經濟學。在他所企圖的經濟學體系中可看到顯著的不均勻。我們一方面看見泰爾德的視野驚人的廣泛，既包含着優良的哲學的賦性，也包含着一切個別科學諸要素但另一方面卻又發見他對於經濟生活之真意味以及理論經濟學最近諸成就，非常不懂。由於這內含的不調和，便有一種「經濟心理學」產生出來，一面包含着零零散散的許多獨創的觀點，同時又包含着具有屢與經濟現象之特殊性相矛盾的構造的、非現實的不自然的體系。蓋泰爾德的思想體系，乃是一般的形而上學的體系，是和存在之一切現象形態都適合的，把它作為他那「心間心理學的」社會學之範圍是完全適當的。但他想把經濟學體系也強制的嵌進矯揉造作的形式的企圖，卻正因這個緣故更不得不歸於失敗。

依泰爾德的學說，適應、返復、及對立性這三個範疇，在一切有機和無機世界都占支配。且使精神生活和社會生活亦從屬於這三個最高的範疇。他在這範圍之內以其社會學為基礎的思想過程，有些令人想起史盤那個出發點。因為泰爾德也是從存於各個人間的精神紐帶出發的。不過他稱這紐帶為「心間心理的，」而史盤則稱為「全體主義的。」依泰爾德，這根紐帶之內，有個一般的傾向，某個人的行為和行動都要為其餘的人所模倣。況且外部諸關係的發展強制人類變化其行為，俾能適應新環境。若致此之道，是以發明的形態出現的，那末這種發明就要為他們所模倣，那就是反復。所以適應和反復的範疇，在社會生活上是作為發明和模倣而出現。倘然在社會生活上遭過了從發明和模倣成立的種種調和的統一體，則它們或者能夠相互補足，或者它們只在鬬爭中纔有分離的可能，而且只有在鬬爭中它們纔能在較高度的調和上互相結合起來。社會生活上起了這種鬬爭的地方，隨在都可看見第三個普遍的範疇卽對立性的範疇。

泰爾德像建立其他一切社會科學一樣，想把國民經濟學也照這三個根本範疇的形式建立起來。但他先不先就冒險的證明從來一切經濟學用了錯誤的概念構成，從而其整個構造都失之謬誤。他尤其想表示價值概念並不專是國民經濟的概念，甯是更一般的概念，在一切社會科學中都可看到這概念的種種形態。在他看來，從來的經濟學，就是對於生產、消費、流通和分配等，也是努力從完全錯誤的觀點去說明的。而且，泰爾德既把舊的建築物摧毀了，爲要在它的廢墟上造起一幢新的滿意的建築物，乃從上述三個根本範疇，將一切國民經濟現象加以分類，而想把理論國民經濟學體系建築在這個基礎之上。如此，他便使欲望和勞動、貨幣和資本歸屬了反復範疇。因爲前者刺戟人們使不斷從事生產，後三者則在這生產上演了非常重要的作用。依泰爾德屬於對立性範疇的，是那由經濟鬬爭而生的一切現象，卽價格構成、競爭、恐慌和經濟的波動，或景氣變動等現象，各種律動。最後，屬於國民經濟的適應範疇的，便是各種發明、所有權、交換以及各種組合。這些論究中，對於他的經濟政策上的見解，亦有說及，其旨趣不外希冀在經濟生活之徹底組合化這形態上，求眞正的連帶主義思想之實現。

由於泰爾德體系這個簡單的概觀，也就可以明瞭他的體系裏面，那開着廣闊的展望的許多效果的思想，是和實際的謬誤和不自然的煩瑣哲學混淆着的。從而這位重要的社會學者在經濟理論上的各種努力，一方面得到大大的讚賞，例如馬亨(Ernest Mahaim)丟邦 (August Dupont) 和羅含與古士(Maurice Roche-Agussol) 便如此，但另一方面又有若干理論經濟學領域內的主要的專門家卻非難他是外行。

像我已觀察的一樣，泰爾德的經濟思想，是以謳歌連帶主義爲中心，講到他的著作，不妨附帶地把現今法國連帶主義即組合運動的學問的指導者之學說體系，極簡單的說幾句。季德的經濟學體系是前世紀發表的，爾來重版了多次，並且有許多種文字的翻譯。不過在大戰以前，除了舊綱要的幾次新版外，他又寫了一部大兩倍的新著，把他的學說體系更明瞭的闡發出來。這部書給與我們一個機會，使我們在現在的考察範圍內，季德的經濟學也可拿來討論。

季德是由歷史學派出身。自然，他的師宗卻是孔德和法國其他社會學者。他在德國歷史學派中，比較接近於舊派。他曾經短時的聽過羅射爾的講義的，但並不無條件的歸依於他。他雖然依從他那一般的見地，常儘先由歷史的和社會的側面去研究各種經濟問題，卻仍承認經濟法則的效力，雖說不是在絕對的形態上；並且還舉了許多正當的理由替它們辯護。他極想把他在歷史觀點與理論觀點之間所達到的和協，再在他的理論研究上實現於古典學說和現代學說之間。他這時所取的道路，和英人馬夏爾所指示的非常相像。在他的價格論中尤其如此，他也平等地援用客觀的和主觀的兩個說明方法而想把它們調和起來。季德那部較大的體系的著作，也這樣公平地顧慮着經濟理論研究的一切主要傾向，而且概念至爲明晰，文字的優美又可稱完璧，因此竟是洛陽紙貴。原來他的議論，凡是講到那觸及着他那連帶主義的經濟政策態度時，他總要作一種自己批判，從而他的陳述一點不覺得有門戶的或者宣傳的色彩。不消說，其他許多著作，又當別論。他在那些著作中，用非常完全的辯證法辯護着連帶主義思想，而只從將來合作運動之高度發展史，期待工資制度和其他一切免不了倫理的非難的制度之廢除。

發拉（Georges Valois）戰後發表一個關於經濟學全領域的小概觀，也主張相扶相助的社會改革。（不是協同主義的，而是非革命的，職團主義的。）這部小著自然不可和季德的書同日而語。因爲季德給我們提供了豐富的學者生活之優良的收穫，反是發拉對於經濟理論之專門文獻，卻並非行家，只不過受了戰後勝利意識的感激，遂企圖一個大膽的學說體系吧了。它雖然也包含着不少很有興味的見地，但同時更包含有許多明顯的缺陷和矛盾。

他首先反對馬克思主義的社會主義，想拿出一個關於人類文化發展的完全理想主義的見解，和成爲這個傾向之根本思想的史的唯物論相對立。但他對自由主義，也同樣攻擊不遺餘力，以爲這個自由主義以及十九世紀其他一切大大的社會弊害都可歸之於主觀價值論之根本弊害。依他看來，與主觀價值論連結着而從需要和供給去說明價格之成立，也同樣是不合理的。因爲那常能僅僅達到生產費之高的唯一正當的正當價格觀念，被這個理論給它隱蔽了。他在建設在這些基礎上面的經濟理論的上層建築物中，（其一部分是關於政治上實際的時事問題）處於劃一的見地之下把握着各種異質的要素和要因，對於經濟學上最困難的許多問題，卻非常簡單的便帶過了。所以他的整個思想過程，卒致歸着於國家主義的＝職團主義的預言，有時喊起來很是響亮。但發拉是法國法西斯蒂的指導人物，以他的政治地位，不難把他的經濟思想相當的廣布起來。他的雜誌新經濟學（L'Economie Nouvelle）也是利用來作這種宣傳的。

這個體系的理論上的亂七八糟，不僅受到許多專門學者的反對。例如康納（René Gonnard）的論文便是。且還有人非難他，說他那理想主義就是在基督教的社會傾向的文獻中也不過是一種虛僞的理想主義，而且他又把經濟學的「科學的」見地從一般的世界觀問題分離起來，以致陷於和他所攻擊的各種思想傾向完全同樣的唯物論。對於最後這個弗離發拉的熱心的追隨者阿利日斯(Nel Ariga)寫過一部詳細的書極力爲發拉辯護。

拿坡利坦(Gaetano Napolitano)的學說體系，和發拉那個有許多酷似之點。所以這裏把它說說是最好不過的。他對於最近經濟研究的最重要的成果，多非常輕蔑，並且強烈的反對供求法則，自由競爭之觀念，以及其他各種自由主義的經濟學原理。另一方面他又攻擊社會主義，謂階級鬬爭說荒唐無稽。他的新體系的基礎，像發拉一樣，不是職團主義的思想，而是法西主義的思想（特別如表現在意大利新勞動法三十條裏面的，）即受國家規制的雇傭者和被傭者之協同組合。拿坡利坦不是盡量在我們科學的最近發展底光照之下來說明法西主義的經濟現象，而是取着正相反的道路，想根據法西主義的經濟的要求，而廢棄一切的經濟理論。他的許多企圖是完全無益的，那怕他的積極的建設，仍不得已保留了許多傳統理論尤其是古典理論的要素。

七、宗教的和倫理的傾向

講到本世紀第一季諾曼諸國由站在宗教的見地的科學所提示出來的經濟學體系，首先出現的便是比利時人布蘭茲(Victor Brants)的佳作。這部書裏認爲國民經濟學的最高原理，是認識並且尊重關於社會生活的神的法則。依他，整個國民經濟也是服從宗教的道德的法則的。國民經濟學必須努力研究，在這些法則支配之下，社會經濟生活怎樣可以達到最完全的調和。

布蘭茲在方法論上雖傾向於歸納法，但無條件的排斥過度之歷史的相對主義，承認國民經濟領域內演繹的研究是正當的。他的分配論攻擊着各種社會主義的提案，另一方面卻承認用得其宜的增價稅之公正。他以爲自由競爭足以助長唯物的精神，因而是有害的，許多週期的經濟恐慌，都不外是這有害的制度之破壞的結果。在其他點，也表示反對自由主義的意見，以為要保護社會上經濟上被壓迫的階級的利益，國家干涉是必要的。他從向內的宗教的生活理想之尊重之一般的復歸，期待各種社會問題的解決，依他看來，與這同時，必須抑制浪費，改善勞動者狀態，並講求其他改良之法。他這些指導的思想，都是從多馬斯阿奎那的著述裏面取來的。——和這部出色的著作同時在比利時出版的得諾(F. Denoel)的問答式的小經濟哲學，想完全從教皇的傳單“Rerum novarum”的見地來解決各種最重要的國民經濟問題，並不自以為是科學的東西。法人若利卡斯泰(F. Jollivet-Castelot)的體系，包含着基督教的和唯心的共產主義的宣傳，更加不是科學的。他不僅攻擊唯物論的和無神論的社會主義，並且也攻擊加特力教會之社會的和宗教的教義。

在意大利，托尼阿魯(Giuseppe Toniolo)曾計劃公布一個大規模的基督教的社會的經濟學體系，但只出了最初二卷。他給他的體系以非常廣大的哲學的和社會學的基礎，而歸着於一個經濟學定義：經濟學的指導觀點，是人類在天國的目的，即人類對最高的神的法則之服從。

這樣一來，國民經濟學上過去數十年孜孜地努力得來的經濟學之一切獨立性，便盡遭他意識的地供了犧牲，托尼阿魯在各處不斷的努力適應現代經濟理論諸業績。例如他那站在邊際效用說上面的價值論，或是他從需要供給之間和賣手的生產費買手的邊際效用之間的兩種均衡關係所推衍出來的價格論，就是這樣。在第二卷中，說明着他的生產論。

阿勒西安(Guilio Alessio)那大規模的體系的計劃（其最初諸部分只作為石印的講義本子發行，）雖然和基督教的社會的基礎無關，但其構造樣式與其哲學的、倫理的、社會的構成，恐怕是和托尼阿魯那未完的著作最相像的吧。

阿勒西安在四十年以前，主要是以學說史的著作惹起經濟學界的興味，他想在其積極的部分裏面，使主觀價值論和客觀價值論，在建立於都閣（Turgot）勞，黑爾曼(Hermann)拍恩哈底(Bernhardi)那曼(Neumann)舍夫萊和克尼士等那思想上面的折衷的「社會的使用價值」中，互相調和起來。在至今為止已公布的理論體系中，可看出阿勒西安的指導見地，是從一般的社會的觀點去理解諸國民之富的本質。因此，他對於價格構成、分配、流通、國際貿易等所表現的國民經濟的機構所依存的各種倫理的、社會的、和文化的根本條件，研究得很是詳細。關於阿勒西安的最後論定，自然要等它的決定的形態出現時纔有可能。還有一個未完成的體系，便是奧莢福爾(M. Houques-Fourcade)的體系，也是以社會倫理為基礎。他非難古典的和現代的經濟理論客觀的和主觀的經濟理論，都沒有考慮到正義和道德。而拿出一條以現存社會秩序之存續為標準的正當價格原理，和它們對立起來。我們在這兒看見和本世紀初頭布關茲所做的一樣，意識的地否定了科學的「客觀性」。奧莢福爾把他的體系確立在同一基礎之上，不過其主要特徵，是社會的見地之現實主義的尊重，和經濟政策問題之遠大的考察。現在已出版的兩卷，還沒有討論到分配論。

八、社會主義的學說體系

法意兩國諸經濟學概觀中，體系的地該括全領域而置重於社會改革思想者，首推羅利亞的學說體系。他把他那有名的土地改革見解，即他的確信（一切社會問題只有解放土地，廢除私有土地制，纔能得到解決）巧妙的織進這體系之中。前已述及的他那史的唯物論，也完全是出自這項思想。他不把人類整個文化發展歸於經濟關係一般，而特別歸於土地私有的經濟秩序。羅利亞把他的思想體系建立於深奧的經濟現象之形態學上，其生產論裏面對於經濟過程各種技術的關係，討論得特別詳盡。歷史的觀點和關於一切經濟問題的活潑的社會的見解，像一根紅線一樣貫穿着他整部著作。其中所處理的廣泛的事實材料，也是值得注意的。

羅利亞的諸義由其學生懸諾(Giulio Fenoglio)輯成爲書，戰後發行的第二版裏除生產、分配、流通、人口以及關於作爲經濟要素的國家之原有諸章外，後增益數章研究都市地租、所得問題和保險制度。羅利亞的體系所以與衆不同，在於它構造勻稱，而對於經濟理論的最近成就能够等量無遺的考慮到，不拘他的歷史的和社會政策的見地，仍未把這些成就付之等閒。

本世紀法語文獻中與羅利亞體系最接近者要推蘭德利(Adolphe Landry)的學說體系了。蘭德利是安德勒(Charles Andler)的學生，安氏對於法國國家社會主義的普及很出了力。他又是德國社會主義者挨脫爾茲(Otto Effertz)的一個熱心追隨者，挨脫爾茲的學說在法意的影響比在他母國還來得大。

挨脫爾茲企圖完全科學的，公允的處理社會改革的問題，而聰明的討論着一種假定的社會發展的可能性，在這社會中社會各成員的經濟福利和經濟義務都絕對的平等。他把生存手段和文化手段分別開來，而結論是：在社會主義社會，止有在其成員對足够必要文化手段之生產的勞動量而消受必要的生活手段時，纔能以防止文化的沒落。但是社會主義社會那怕就把生產活動這兩個主要方向强制的結合起來，仍舊不能免除由人口問題而發出的困難。挨脫爾茲最後所提議的「勞動＝自然主義的」(ponophysiokratisch)經濟組織是一種工業社會主義和農業社會主義的中間物。

本世紀初頭，蘭德利發表一部著作，主要目的在批評生產財之私有，他在其中努力更明瞭而統一的發揮了挨脫爾茲的學說。這兒所要述及的把那主要著作中，也常常和他所崇拜的德國社會主義者的思想互相貫通着。他這書開首一篇緒論，是一般的討論着經濟學之心理學的和社會學的基礎。隨後就是一些非常有趣的學說史的記述，他承認德國科學，以前的確占着優勢，至少在它注重事實和各個關係的研究這一點上；不過他告訴我們，最近的將來國際的經濟學之指導權，很顯明的會有變動，法國經濟學尤其會有一個大飛躍的到來。他認數學方法爲一般的演繹法的一個部門，不能當作研究方法；但他自己爲了敍述既知的各種關係，仍舊使用了這方法。他尤其喜歡使用統計方法，他的書裏面處理着豐富的統計材料。蘭德利對於現代理論很是注意，常參考最新的外國書籍，議論着它們的思想，例如邊際效用說之類。至於他自身的理論，有些是很值得注目的，留待後面再說。他似乎總想努力把抽象的＝理論的觀察方法的見地和實際經濟生活上各種經驗的事實調和起來。例如他有些地方，把實際樣相的經濟人和純理論的「經濟人」對立起來，就是具有永久價值的。

意大利雷翁(Enrico Leone)雖然是工團主義（syndicalism）的一個信仰者，在他那原理（此書受到各方面的稱許）之中，卻儘量抑制着他的社會主義見解，而企圖提供一個客觀的純科學的體系。自然，他對於這點並沒有完全的做到，尤其是該書第二部裏，仍不時洩露了他的社會主義者的本色。

其書頭一部分包含着一個純粹科學的經濟學理論，大體是依照洛桑學派所作的結構。不過雷翁爲着許多困難問題的解決，用了一種有意識的折衷主義，很小心的採用着古典學說和奧國理論諸要素。其書頭一部分中的優秀的純理論的見地，不受一切實際政策的觀點所防礙，這由他在這裏對經濟的個人主義之價值也作着充分的評價一層，很可以證明。加之，他甚至還想用數學的證明說明一種經濟狀態，在那狀態之下，自由競爭能夠對一切生產者保證最大之利益。不消說，這個命題是只適用於純經濟理論的，在這種場合，一切倫理的顧慮都要別開。雷翁的書的第二部分處理生產、財富流通以及分配之研究，其中也別開了它們的倫理的顧慮和政治的法律的見地，而想把生產、財富流通及分配上所發生各種問題，當作純數量的均衡問題處理，而加以解決。前面已經說過，其書的第二部分沒有收到頭部分那樣大的成功。其書第一版裏面，關於動態的國民經濟問題只有簡約的討論，第二版卻作了比較詳細的研究。他處理恐慌和經濟現象一般的時候，不僅僅分析着關於這題目的主要理論而已，並還理論的把握者一些關於最近社會經濟發展的實際問題。

還有一個意大利社會主義者名拉布利阿的，也和雷翁一樣熱心；但他戰後所發表的一個經濟學體系，卻有着完全兩樣的構成。因為雷翁那個綱要裏，是惟恐其不客觀，反是，拉布利阿則極度強調他的馬克思主義的見解。他非難現代經濟理論，坐於其主觀的價值論之故，已經墮入心理主義而輕視了經濟學之特殊的「社會的」性質。在他看來，價值這東西正如馬克思所教示的，一般通通能夠還元為人類勞動的，這種勞動，是我們賴以滿足物質欲望的唯一手段。不過在後來的思想過程裏，拉布利阿已沒有再追隨馬克思所走的理論路徑了。他已復歸於完全相對主義的而且現實主義的路徑，他拿可與過去和將來迥不相同的現代社會生活的經濟方面的研究，作為國民經濟學的課題；從而止在資本主義之工業的、農業的、商業的、和財政的關係上，研究着現代資本主義。不錯，他承認社會生活還有一種不受歷史變化所影響的法則性的，不過這種法則性與國民經濟了無關係。所以在他的書裏，只需用三十頁的篇幅，在「經濟的理論學」這總括的題目之下加以說明就足夠了。拉布利阿在其體系末尾，從國家與個人之關係上，將從來的經濟理論加以吟味，想藉以更加充分的說明其相對的妥當性。依他看來，在這國家資本主義時代，國家對於價格構成，常有很大的影響，而且紙幣經濟盛行，工資一般的決定於倫理的政策的基礎；在這個時候，從來一切以自由競爭、內在的貨幣價值和雇傭者與被傭者之自由協約的假定為基礎的價格論，貨幣論和工資論，已完全時代落後了。這就現代國民經濟學其他諸理論言，也完全是一樣。拉布利阿學說體

系的整個思想過程上，這種極端的相對主義，恐怕是最好的特徵吧

九、教科書

前述各個經濟學說體系，都是作爲多少獨立的科學的研究結果而出現的，除此以外，諸曼語文獻中也和德語文獻中一樣，還有一些著作，可以舉出來的，它們雖提供着關於經濟學全領域的系統的概觀，但僅僅是爲教授上的目的而寫的。這些著作，無論就新理論言，抑就題材之獨特的排列言，都無獨創之見地。它們大部分本身也不要求人家承認他有獨立的科學的價值。

從數學傾向諸概觀說起，首先便要舉出巴爾俾(Giuliani Balbi)的書，他在這部書裏，專努力把數學的經濟理論研究諸結果作一明晰的敍述。但止不過將庫爾諾和拍雷圖的學說加以複製而已，對於這個傾向的其他主要研究者，例如華爾拉斯和哲封斯(Jevons)，差不多完全忽視了。和彼利湯內(Alfonso di Pietri-Tonelli)戰後發表的幾乎千頁的大教科書，是非常值得賞讚的成就。他企圖在其中建立一個整然的經濟學體系，惟其理論基礎一以拍雷圖諸見解爲依歸。他舉了精巧的例子去說明它們，甚至想更廣泛的利用統計，把它們發揮起來。巴俄雷(Lamberto Paoletti)的綱要是建築在洛桑學派的見地上的，把生產問題看做均衡之問題，如此遂擴張了經濟均衡論，這是它的特㸃。

個人主義＝自由主義見解的熱心代表者福林(H.L. Follin)發表有一部通俗大學講義。這是一本小册子，站在巴士底亞的經濟學之基礎上，且步趨着居俄的傾向。這個學說體系所賴以組織的指導的觀點，是交換、分工、供求律以及競爭。他嚴密地自由主義地看重經濟要素對其餘人類文化生活諸領域的重要性，在這一層上，福林甚至已接近了唯物論的見地，像我們可常在馬克思主義者中發見出的一樣，雖然這是屬於另外一個範圍。岐阿(Paul Ghio)的簡潔的論究，名曰國民經濟學綱要，他在其中努力爲道德的、政治的，尤其是經濟自由主義之哲學的和自然法

的基礎作辯護。因爲他已在自由原理裏面，找出了整個理論經濟學的核心，它和實經濟問題的論究，本來是毫無關係的。很遺憾的是，岐阿把自由主義和教會之社會的教義對立起來，因而遂陷於牽強附會毫無益處的爭論。

開羅大學教授布蘭沙(Georges Blanchard)在其大規模的教科書中，出之以折衷的態度。在他的理論的論究裏面，主要立脚點，是李德和考娃的舊體系的著作以及科爾遜的新體系的著作。他從學說史的見地首先把各種理論問題加以根本吟味，並且儘詳細的研究着國際文獻中對這些問題所提出的一切解決，而後極自然明瞭的表出他自己的態度。即就這態度的決定講，他也並不想從自己獨特的見地來解決它的問題，止不過承認某學派的見解而已。例如關於價值問題，他把成爲問題的一切理論一個個敍述出來之後，就發表他贊同客觀見解的意見。雖然如此，該書所處理的多量經濟史的和統計的材料，是值得注目的。對於根本的經濟現象之說明，他雖然保持着邊際效用說的某見地，不過一般的說，他是忠於古典經濟學的傳統的。他的著作最好的部分，是處理應用經濟學諸問題的部分，我們在這兒看見這種最難的問題得到了易瞭的解決。安曼梯(Agatino Amantia)對理論問題更爲注意。在他的書裏面，馬夏爾和李德的影響歷然可見，但這並無傷於他那社會學家的基礎和他那一般的社會的態度。

專家如爾內(Maurice Journé)在其浩瀚的著作裏，想大衆做對象，用通俗的語調將國民經濟的各種關係教給他們。他的論究範圍，非常廣泛，各種社會科學的問題都觸及着，他在這廣泛的範圍裏最着重現實的國民經濟事件，主張那種不以戰後焦眉的問題爲中心的理論，總而言之都是時代落後的。由於這樣的處理方法，他使得經濟學本來的理論的內容日就衰頹，僅僅提示着一系列有多少聯絡的一種現實經濟現象的考察。

二十世紀第一季出版的經濟學教科書尚有不知若干(其中包含中學校用書)，這裏不及備述，僅僅拿估凡尼尼(Alberto Carlo Giovannini)那部非常明瞭而美善的通俗大學講義說說。不消說，這部書裏面並沒有處理到理論經濟學的一切問題。估凡尼尼是馬志尼(Mazzini)的熱心追隨者，但是馬志尼和他自己，都並不是社會主義者裏面的人，他對於地方自治社會主義，取着好意的態度，並且還承認國家在經濟生活之規制上的倫理的作用。——但是他說他原則上是贊同自由主義。

第三章　價值

一、洛桑學派與價值論

像我們前面所確證的一般，二十世紀諾曼諸國經濟學是數學的地把我們的理論發展着，因而成就了非常偉大的功業。所以當我們來研究這幾國的價值論的時候，首先也從這點出發，考察洛桑學派最近二十五年間對於價值問題究竟取的何等態度。——現代數學的理論裏面，自從華爾拉斯以來便克服了價值概念，脫離價值概念而獨立，大家都努力迴避以這問題爲中心點的一切理論上的議論。洛桑學派從交換的見地說明一切經濟過程，想把生產、消費和財富分配，同樣的分解爲僅只以財易財的一系列的交換行爲。依這學派，交換方面所成爲問題的，只是種種不同的財與財羣之間的客觀的交換關係，從而那爲主觀現象的價值，是很容易排除的。不過加塞爾的理論也同樣是站在客觀見地上，像我們講他的時候所曾指摘的一般。他們這種見解，對於價值這表現和某特殊的價值理論，誠哉可以避免掉，但是他們所謂「價值評價」「交換關係」等概念，可已經包含着價值理論的意味在裏面啦。

這麼着，關於種種財貨間之交換關係所賴以成立的效用性的問題，即現代主觀價值論的根本問題，就使得拍雷圖非常惱火。在他的講義裏，仍然徘徊於要素的 Ophelimity 概念之中，他這概念是指財貨消費過程中所發生的享樂單位，且把它看做成爲問題的一切補助財之函數這個時際，他用如炬的目光洞察出：這個補助性的範圍不僅是極其寬大，而且嚴格言之，一切財貨無一不是包含在它裏面。因爲，比方一杯咖啡所給與某人的享樂——拍雷圖說——不僅依存於咖啡與砂糖的混合而已，那人所用的杯子，他所在的房子，乃至房子裏的溫度，他週遭的人，他的僕役等所給與的快適也多少有些關係的，這個範圍之可以再行擴大，乃是日常生活經驗的事實。Ophelimity 是這裏成爲問題的一切財之已經消費了的量和能夠處分的量之函數，而成爲各種交換關係的基礎。Ophelimity 這個表現是否正確，爾來引起了許多論爭。許多人以爲，就名詞而言，不如用「Ophelimie」一字似較正確，另有些人則一般的固執「主觀效用」或「享樂」這傳統的名稱。拍雷圖使用這個表現大體說沒有收到多大成功，因爲除了幾個熱心的門生外，誰也沒有採用他這新造的術語。

拍雷圖到了綱要一書中，已經不以這個思想爲滿足，他更進一步，構成一種單純的欲望與妨害之對立，而達到他所謂無差別的曲線，關於這些，當我們講到他那個體系之一般的基礎時，已經指出了。他對這欲望和妨害的分析，極其微妙之致。他說欲望，無論它所要求的享樂是否是可測算的，是否可用數學的精確相互比較得來都行。在他看來，只要知道個人滿足其欲望時，對於消費財之一切可能的組合，選擇如何的順序，實言之即知道它們的指數（因爲各個組合都有着指數）的順序如何便够了。因爲這點知道了，他就可安心行動起來。卽令把他的人格捨像去，我們仍可考量他的經濟行爲，他的交換行爲，乃至他整個的經濟行動，並且可用數學的精確演繹出來。至於妨害，拍雷圖分它爲第一順位的妨害和第二順位的妨害。第一順位的妨害——他說——包括吾人經濟的接觸着的人們的欲望，吾人支配之下的財或生產過程中被犧牲的財之分量的限制卽空間的和時間的狀態，以及基於社會生活構造的各種限制。第二順位的妨害，爲在交換直前或交換的時際惹起價格變動的各種事情。這個分析若更深進一層加以研究，最後就達到一個這樣的認識，卽對於個人除了他的欲望是唯一的例外外，其餘一切的一切都意味着妨害。

拍雷圖用了許多這類富有趣味的思想把欲望和妨害之交互作用所形成的總機構，全體的展開出來，可惜我們這裏不能給它作更深入的討論。不過由上述簡單的指示，也就可以明瞭：拍雷圖不拘百般努力想給他的經濟理論維持客觀的出發點，他的根本思想實在和現代主觀價值論本質上沒有分別。而且在拍雷圖的微妙的分析中，還包含有使基於邊際效用說的價值論發展起來的重要的基石呢。

拍雷圖的二三追隨者對於這方面也有很值得注意的貢獻。這裏第一應該舉出的就是利西，他在許多點上，首尾一貫的發揮着他先生的思想。

他從拍雷圖和馬夏爾一些零碎的記述歸納爲一條效用性遞增律，卽 Ophelimity 遞增律以與效用遞減律相對立；他這定律是意味着：

在特定的例外的場合，那相應着用以滿足欲望的更多的財貨量的享樂，不會減少，卻會相反的，益發增加。他證明享樂這東西是可以理論地精密測算出來的，並且能夠採用「能感覺的最小限」(minimum sensibile)做它的理論的尺度。但是他從實際的見地出發，卻又不得不承認次一事實：即實際成爲問題者，只是拍雷圖所主張的二個或二個以上的享樂之比較。何以故？因爲我們決不能做照寒暑表的辦法作出一種「享樂表」來。反是，俄桑利亞(Antonio Osorio)則復歸於華爾拉斯證明華爾拉斯效用有種一般的尺度之說，是顛仆不破的。普丹相信拍雷圖的 Ophelimity 的指數不能與欲望之滿足發生分量的關係。他想放棄拍雷圖的經濟人概念，而代以一個比較不抽象的假定，即從某預定的傾向(偏愛)而行爲的主體之假定，把他的交換均衡理論建設於這一假定之上。胡爾蘭(V. Furlan)企圖把 Ophelimity 概念更由純理論移入社會經濟的理論中去，另一方面，吉尼(Corrado Gini)則努力客觀的把握這概念。稷萊認爲吉尼這理論是一個錯誤，同時證明這種努力是絕對得不到滿足的結果的。

二、諾曼諸國純粹邊際價值論之貧弱的成果

本世紀第一季法意經濟學諸研究關於主觀價值論所獲得的成果，遠遜於兩國數學的傾向諸學者（而且像我們剛剛看見的一般完全是無意識的地）藉這理論使之豐富起來的諸成果，這是很可注意的一個現象。這個矛盾的原由也許可歸因於次一事實，即現代數學的經濟理論，是洛桑學派所倡導的，這個學派一半是法蘭西的，一半是意大利的，因之這個理論，根本就是一個流行的確定了的土著的學說。但是反之，純心理學的研究的現代主觀價值論，本是由外國即德語經濟學輸進來的，要在諾曼經濟學界占一個地位，卻非經過激烈的鬭爭不可。所以直到今日爲止，尚未能達到一個獨立的不依存於外國的地位。

論到站在純心理學的見地而非機械的數學的欲望理論，本世紀劈頭就有特利維洛（Camillo Trivero）的研究。他在那研究裏證明欲望理論不僅爲理論經濟學之基礎，且應該視爲其他一切社會科學的堅固的基礎。他着重論理的、倫理的、和美的欲望，故而避免了史的唯物論的態度。他認爲吾人滿足欲望的順序，是自然所給與的「正常的」東西。波丹寫了一個明瞭的綱要，討論欲望的強度。現成的和必需的財量與已經得到的享樂之間的各種關係，但並無具有新內容的意見。他把這個做了基礎，在最近所發表的他的體系的著作裏，達到一個價值論，和後述美國的「反效用說」(theory of disutility) 尤其是達文坡所修正的反效用說非常接近。

反之格拉齊亞(Antonio Graziadei)在本世紀初頭，公布了不滿五十頁的小册子，關於慾望滿足過程及由此過程所產生的享樂大小的研究（這種研究在很遠的智利國已經有了，）倒是極爲重要。他以其聰的論證說明如次：現代快樂論的理論之享樂遞增曲線一觀念，只說明了楯的半面，因爲在實際上，跟着欲望滿足的增加，享樂的強度最初是用遞增的曲線望上漲，及至達到一定的階段纔始下降。不過對於各種實際經濟生活的現象，關係重要者，就只是該曲線的最初一部分，即享樂遞增的部分。蓋吾人實際上，欲望滿足所給與我們的比例的享樂超過其最高度的時際，就不會再求滿足了。享樂遞減法則既然只是無用於實際生活的一種現象，那末快樂論的理論，就完全是一座空中樓閣，邊際效用說自不得不崩潰。

格拉齊亞更想進而證明次一事實：即或效用遞減律，實際有着人家所賦與它的那種重要性，邊際效用說仍不能成爲有效的。因爲這效用遞減律，僅僅通過論理的謬誤，纔能和邊際效用思想結合起來。——格拉齊亞的批評在邊際效用說的信奉者間引起很大的物議，許多人想反駁他的論證。這許多辯護者裏面，以格拉齊安最爲重要。他在前述他的制度(Istituzioni)一書中，着力的反駁着格拉齊亞的命題。固然他自己也認爲，僅僅用邊際效用原理是不足以說明價值的。

龐巴衛的價值論，找到了一個熱心的信仰者，這人叫佛爾塔（Riccardo dalla Volta）不過佛爾塔也和諸曼諾國的奧國派理論其他多數信仰者一樣，止是把這項理論加以複製而已，對於他的發展並沒有重要貢獻。——羅舍奧古士從事於一個很困難的工作，想指摘出現代主觀價值論（英美及奧國人所主張者）的統一的核心，並且把麥爾德、涂爾幹及其他哲學家的和價值論有關係的種種思想，也織入他那綜合中去。他把私利放在一邊，主觀的欲望放在另一邊，而在其中間發現出一個思想的反極，客觀價值論和主觀價值論的一切差異，都是由此而生。

意大利邊際效用價值論的信奉者最愛精妙的抽象，而法國經濟學家則只想儘可能的把這項理論簡單化起來。阿甫他利安（Albert Aftalion）特別拿美國邊際生產力說的見地使之豐富起來，且想闡明它對於價格構成和貨幣價值之說明的意義。我們在查爾·圖熱安和查爾·亨利圖熱安（Charles et Charles-Henry Turgeon）幾種該括的著作裏，發現他們那把邊際效用說簡單化而繼續舊法蘭西價值論之折衷的貢獻的企圖，是和一種否認的批判結合着的。他們兩父子，是想把價值論當作一切經濟理論的起點，將新舊諸學說加以徹底的分析，詳細的說明着整個價值問題。

他們承認邊際效用說的價值論之一般的思想過程是正當的。不過他們指出這點：即關於價值說明的兩個根本要素——效用性和稀少性，是法國經濟學者一向所注意的，奧國人的「發現」並沒有何等大意義。據他們看來，奧國人的廣泛的抽象和非常纖細的，論理上毫無不到處的演繹法，確然可說是進步的了，但因爲它那種常常不自然的直線的構成之故，仍不免陷於與現實經濟生活上各種錯雜的現象相矛盾之危險。因此之故，圖熱安父子對於各種價值現象的說明，雖然站在主觀的基礎上面，卻儘量避免着邊際效用說各種困難之點。他們還應着在說明一切經濟事實的時候，便利用幾分客觀的價值要素，作爲現實的基礎。——彼老（Gaëtan Pirou）認爲圖熱安只顧跨張法蘭西價值論之主觀的貢獻，遂致忽視了這問題的客觀的側面，那怕他們的態度是折衷的。

三、調和客觀傾向和主觀傾向的努力

本世紀初頭，科內利生（Christian Cornélissen）對邊際價值論作有一個批評，比圖熱安父子更深刻許多。他同時又把我們引導到法國經濟學的許多理論家方面來了，這些理論家想把主觀價值論和客觀價值論調停起來，而結合為一個理論。

科內利生也首先非難邊際效用說之極端的且遠離了現實的抽象，而後更想證明邊際效用說犯了一些論理上的錯誤，他下面這個異議，是特別值得注意的，卽邊際效用論者所主張的代替效用，其實是根據價格而作的評價。因此可知當作價格構成之基礎的價值之說明中，已經必須有關於價格的知識為其前提。科內利生雖然如此否定了邊際效用論，但他仍想構成一種使用價值，這使用價值乃應於各財貨基於其數量、性質、及其他屬性而提示於個人的利益，定其大小。而後又倡出一種客觀的生產價值，卽由現行的經濟組織中社會的必要生產和流通之費用和平均利潤所成的客觀的生產價值，以與這主觀的使用價值對立。但他認為要給價值作一完全的說明的話，就必須同時採用使用價值和生產價值，不可畸重畸輕。蓋前者由財貨與消費之關係而生，後者由財貨與生產者之關係而生，價值論不可不同時顧慮經濟過程的這兩個半分。

除科內利生這有時與人以行步為艱的印象的價值論外，就要說及季德的價值論了，他巧妙的把主觀的價值說明和客觀的價值說明結合着，收到了不可凌彌的成功。季德原是勞動價值論的追隨者，但後來漸漸受維也納和洛桑學派價值論影響，致在他的講義裏達到了和馬夏爾非常接近的見解。在他看來，僅僅片面的從財貨所能給予我們的享樂之觀點，或從伴着財貨生產而來的犧牲之觀點，從而從費用之觀點去決定價值，同樣都是謬誤的。因爲正如一切愛中最強烈的母性愛是由兩個要素成立的一樣，經濟財的評價也包含着它們的佔有所提供的享樂之評價，和爲取得此財必須擔負的犧牲之評價。好像球在兩個 racquets 之間飛來飛去一般，價值也在這兩極之間飛來飛去。

在意大利文獻中，格拉齊安的價值論與季德的見解相匹敵。不過季德是在全部範圍內平行的採用着客觀的和主觀的價值說明，只把它們排它的性質除外了。反是，格拉齊安卻止從兩學說中選擇幾個要素，而用前面已經說過的方法，織成一個統一的理論。格拉齊安所提供於我們的，是建立在邊際效用原理上面的費用價值論。

納多(Fabrizio Natoli) 主張另一種的妥協。依他的見解，價值之源泉，完全是主觀性質的，何則，蓋這種源泉乃在於財貨所提示於吾人的效用性之中。反是，價值之大小則僅由生產費決定之。納多一方面想把生產費還元爲勞動，這樣勞動乃人類在生產上不可不給與的唯一直接的犧牲。而另一方面他又不得不承認爲標準的，不是所出的勞動量，卻是勞動與資本、土地結合起來從事於生產的方式。最近卡利(Filippo Carli)把價值之基礎和價值大小之測算嚴格分開，同時從社會的視角（像現代許多美國學者一樣）處理整個價值問題。他對於第一個問題的解決，採用社會的效用一概念，以與個人的效用概念相對立，而用費用這社會的要素回答第二個問題時，卻強調再生產費的重要性。貝拉底就和這一切調停的企圖相反，曾於本世紀初頭指出了問題的裏面，明白指出主觀價值論和客觀價值論的許多矛盾，使二者各自分離。依他，這些矛盾，——像普通所認爲的一樣——不僅與價值之大小，卽價值之分量的決定問題相關，認識的問題和關於價值現象之源泉的問題也包含在裏頭。在這三點上面，我們或從主觀的方面把握價值問題，或從客觀的方面去把握它，所得結論必定根本不同。貝拉底這部書裏雖然沒有談到積極的價值論，但對於費用價值論取着多少好意的態度而否認邊際效用說，其初期批評的著作就已經如此。

四、關於再生產費的論爭

貝拉底也參加了本世紀初頭意大利經濟學界關於斐拉拉（Francesco Ferrara）所代表的再生產說而起的激烈的議論。小小的前哨戰是在坦閣爾和開比亞底(Ottilio Cabiati)之間爆發起來的。前者在某個深刻的批判的研究裏，指摘出斐拉拉非常重視其再生產說而強調現代主觀價值論之認識價值。反之，開比亞底卻擁護斐拉拉理論的整體。巴郎也強調斐拉拉理論的重要性。固然另一方面他又不得不確認斐氏的理論只闡明了關於經濟均衡的許多問題中之一個而已。但上述的議論，直到羅利亞的小論文出來纔激烈化了。他在這小論文裏給再生產費以非常銳利的批判，認爲其內的構造不合論理，並且此說完全不能用以說明價值。他的理由是：我們在交換上，絕對不受假定的生產費的影響。這個批判的尖銳的調子，大大惹起了斐拉拉許多追隨者的抗議，他們發覺他們所敬服的先生的各種科學的貢獻，受了這項批評的輕視。這些抗議之中，也有打着極其激烈的調子的。尤其是馬泰爾(Tullio Martello)，他簡直給羅利亞以辛辣的人身攻擊。貝拉底爲了擁護斐拉拉起見，也作了一番根本的研究，把再生產費說的思想當作正當的東西提示出來。

五、費用價值論最近的發展

那怕現代理論作了一切的反對的努力，我們現在仍處於努力客觀的說明價值之許多企圖當中。但無論法國文獻中或意大利文獻中，都沒有出現新的見地。僅只使舊理論復了活，使它和現代的理論研究調和起來吧了。

最近幾種該括的研究中，馬約拉拉（Salvatore Majorana）的研究對實用價值論也取着一種特殊的態度，特別值得注意。大概的說，他是強調次一事實：卽邊際效用只說明了需要一方面，而生產費在價值之增進上又僅說明着供給一方面，至如再生產費則對於兩方面都同等重要。

最好的研究恐怕要算利西的研究了，他指摘出先尼俄價值制欲說的正當的核心，並且從前述他那數學的經濟觀察的見解去說明它。另一方面，拉布利阿在前述他的教科書裏，以馬克思派勞動價值論的執拗的辯護者資格出現，對現代各派見解毫不讓步。格拉齊亞最近繼續這對價值論的修正的批判，有相當成功。他那深刻的分析，曾經使邊際效用學派非常惱火的。在這部近著裏又提示了，他又指摘馬克思自身在「資本論」第三卷中所以使他的剩餘價值論稀薄化，亦有其論理上的理由。據剩餘價值論，剩餘價值只該看作一個階級的現象，它只和全體社會生產物的價值和全部販賣銀額之差發生關係，並不直接與個別的勞動者相關。格拉齊亞說就是這個社會的剩餘價值概念，也無從精密的與以測算實際遺憾。這樣看來，可知對邊際效用說的傳統的攻擊，對馬克思的價值論也是同樣看待。

路納齊的有興味的研究也關聯着客觀的價值論。他在這研究裏，把生產當做一個獨立的經濟範疇，而研究它們的社會性質和可測性，主張現代企業組織乃爲生產費之基礎。他認生產之集中、增大（強化）和促進，爲使生產費減少的三個方法。

費用價值論在法國古典的＝自由主義的經濟學之信奉者中找到有力的擁護者，是當然的。但是最近以來，這些國民經濟學家也就不像以前那樣固執偏見了，已經向主觀價值論作着幾分重要的讓步。例如他們的指導者居俄自身，也曾於逝世前幾年給價值下了個定義，說它是某人所有的效用（utilité）和另一個人的欲望和購買力之間的關係。不過他仍認生產費爲價值之客觀的要素，客觀的基礎。

費拉在前述他的新經濟學派，反對主觀的價值論，說他是現代一切社會弊害的泉源。一面把價值還元爲生產費，認爲這還元是理論上的一個新發現，其實這只不過是他沒有精通於經濟學文獻的結果而已。這種還元絲毫沒有科學的價值。

六、站在泰爾德文化哲學基礎上面的價值論

和發拉的學說一樣，泰爾德的經濟心理學（Psychologie economique）一書所述的特殊的價值論，對於前此諸發現也未能充分利用；但因爲它的文化的和哲學的基礎之故，這仍舊是一部很有興味的書。泰爾德首先區分費用價值，和使用價值，前者基於應提供的犧牲之評價，後者則由效用而發生。他相信爲着發明，爲着文化進步的原故，財貨的效用即使用價值是不斷增加的。而財貨之費用價值卻因生產上各種技術改良的結果，日見減少。不過費用價值這東西，包含着犧牲即爲精神的鬪爭的要素，所以是屬於對立性的範疇，反是使用價值則屬於適應的範疇。這兩個價值現象形態的重要性，隨着文化的發展，不斷的推移着，最後乃歸着於普遍的調和，這個調和就是泰爾德社會學的基礎。

最近泰戲多郎（S. Theodotou）發表一種新穎的價值論，把價值當作可評價的對象之善的性質和惡的性質之關係，利益和不利益之關係而把握。但他這個學說，未必能引起多大的贊同。

七、「經濟便宜」說

二十世紀第一季法意經濟學的價值論已如前述，現在把哥比在本世紀轉換期發表的「經濟便宜」理論，也附帶說說。因爲這項理論一方面是要用以代替價值論的，但是這個思想過程，屢屢已經包含在價值概念之中了，和一切成爲價值論之基礎的思想過程自然有着接觸。哥比在他學說的最初形態上，是從次一事實出發。即個

人在其經濟行爲上，每每要利用他所有的有限之事物和精力。況且一個人企圖作一定行爲時，必定要有一番便宜的判斷的：把可獲得的財貨之重要性和必得犧牲的精力加以比較而權其得失。爲這個比較之基礎的重要性，常作爲某種物質的分量之機能而出現。哥比相信藉這個經濟便宜的思想，能夠給價值論和分配論提供一個基礎，比那由多少抽象的價值論所提供者現實得多，堅固得多。

他的革新受着一般的歡迎，如克洛徹和蒙泰馬底尼(Montemartini)便是，另一方面波寧色格尼卻非難他。說構成哥比學說之基石的各種概念，如人的精力、重要性、和物質的分量等概念都不是用數學的明確決定的，這種明確在經濟學這樣的科學裏，不可以不顧慮到。哥比在一篇非常有興味的論文中，很賣力的擁護自己的思想，反抗波寧色格尼的攻擊，但大戰後他公布的教科書的理論裏面，卻似乎已把反對者的議論廣泛的加入考慮了。

第四章　價格

一、數學派的價格論

價格問題乃現代數學的經濟理論之樞軸。這派理論的信仰者們忽視價值現象，而完全集其注意於價格的分析這是什麼原故呢？原來他們在價格裏頭發現了一種能够分量地把握的要素，有了這種要素，整個經濟機構就可以用數學的公式來說明了。他們看來，價格是把各種交換關係具體化了；這種種交換關係，是生產分配、消費所賴以構成的，通過它們的眼鏡纔能把理論經濟學的一切問題當作均衡問題來處理。——採用數學方法的經濟學既是把價格問題做中心，所以諾曼諸國對於價格問題的研究興趣益發大，那是自明的事。自然，興趣最濃的尤其是意大利，以拍雷圖開始的洛桑學派的新飛躍，對於價格論的發展，有很值得注目的貢獻。

先拿這派的首領拍雷圖講，他利用其大綱(Manuale)中的視界的擴大，又把價格論深化了。拍雷圖那個業績，可以約略如次。華爾拉斯假定交換者常常接近於一定之點，即達到安定的經濟均衡之點。不錯，馬夏爾和受他影響的潘他呂安都曾研究過安定的均衡問題和不安定的均衡問題，但是他們常止於各個均衡問題的研究。反是，拍雷圖卻用廣泛的抽象達到一個思想體系，把安定的和不安定的均衡問題總括於一個統一的理論。換言之，卽發展爲一個理論，使兩個均衡的各種現象通同從屬於它。在他的直接的先輩們看來，交換現象本身就是一個問題。但拍雷圖卻在它上面建設起一般的經濟均衡理論，其中只有欲望與妨害相互對立着。縱或在交換之際，價格發生了變動，仍不難把交換問題排列於這個理論當中。一般的均衡法則（特別是對於拍雷圖），結合着經濟理論的兩個主要領域，卽交換論和生產論，結合着各有另一羣未知數的兩個方程式組織。拍雷圖在交換論裏頭用他的數學方程式所研究的特殊問題，在自由競爭的場合便爲固定的和變動的價格上的交換諸條件，在有獨占存在着的場合則爲固定的價格上的交換諸條件。隨後他在這第二個交換現象羣內部，再依照獨占者之存在爲一人抑多數人，獨占商品之存在爲一種抑多數種，分別爲各種個別的場合。不消說得拍雷圖是認爲只有在自由競爭之下所起的交換當中纔可發現社會的 Ophelimity 的最大限，在講義裏，是非常獨斷的說明着這項見解，但到了大綱（Manuale）一書，態度卻改愼重了，把他的主張加上了顯著的限制。

拍雷圖這種態度的變化，一部分恐怕要歸功於斯科爾（Gaetano Scorza）對講義的態度所加的聰明的批評吧，斯科爾在這批評裏高調洛桑學派諸經濟學家對於經濟學的偉大的功績，同時卻又證明他們所賴以把他們數學的交換理論和自由競爭的準則結合起來的思想是犯了論理的錯誤。——拍雷圖的直接追隨者中，並且發展了他的價格論的，第一要推利西，他很纖細的指出馬夏爾學派和洛桑學派的學說的差異，和他的 Ophelimity 遞增理論對於需要曲線之形成的種種結果，最近他對於價格構成的兩個要素卽需要和供給的彈力性作了個值得注目的研究。波學色格尼明瞭而簡潔的把基於拍雷圖均衡論而生的價格法則方式化了，很惹起人們的注意。

邊際效用說的明敏的批評家格拉齊亞，戰後發表一部大著，其思想過程亦如出一轍。他在這部書裏，對洛桑學派維持着一種特殊的地位。大體說來，他只從洛桑學派承受了經濟均衡的原理。關於他的價格論的基礎，格拉齊亞是回到效用性問題的分析，這麼便達到需要和供給的研究，特別關於它們的彈力性，和它們在自由競爭的場合及獨占的場合的不同的形態。他在這個抽象的數學的研究過程中常留心與實際經濟生活諸現象保持着聯絡。因此，他想把他各種結果同時在某種實際的工業部門加以具體的說明。

站在數學見地的意大利經濟學家們本世紀第一季關於價格論的其他貢獻中，最足稱述者爲偉大的潘他呂安關於「政治的價格」之本質和社會經濟諸效果的極有興趣的諸研究。他認政治的價格與「經濟的價格」相反，乃是關於同一商品的種種價格，依購買者或販賣者之政治的、社會的、倫理的、宗教的、國民的、生理的地位或狀態而不同，從而是被雇者或貧民所許諾的較好的價格，被視爲排貨手段的特別價格等。

安蕤洛梭把庫爾諾的學說加以發展，想以學的圖式的去敍述獨佔價格諸法則。方諾(Marco Fanno)提供了一個貴重的研究，即以許多前提做基礎，考察那在生產上必然相互結合着的各種商品之供給形成，這種商品的生產，同時又扶助某另一種商品的生產。他最近從另外一方面考察這項問題，產生了一個「代替財」的理論，所謂代替財，即在同一或不同的欲望滿足上互相代換的財貨。吉尼和布累沙尼都耶尼(Constantino Bresciani-Turroni)的書本質上是統計的，研究各種商品之消費反應於其價格變動的方法，和由預定計算所期待的價格與將來實際價格構成之間的差異。最近吉尼關於一方的生產費和另一方的價格構成以及 rent 之間的各種關係，又作着同樣澈底的分析。未克邵在他最近那短短的研究裏，也研究着價格之運動，尤其是漸次的緩慢的價格降落是否可能的問題。另一方面斯克拉(Pietro Scraffa)則對於生產費、價格水準、和生產擴張之間的相互關係，作了更詳細的研究。他在這研究裏，主要是借助於馬夏爾·拔茲華斯和柏雷圖的各種研究結果。宋克卻對斯克拉持反對態度，尤其反對其沒有充分將靜態從動態的發展區別開來。關於這個動態，巴彼(G. M. Papi)曾經把現代商業循環研究的工具適用於價格變動過程，因將貨幣費用概念加以現實的考察，很擴大了我們的知識。挨姆坡利(Attilio da Empoli)發表有一個抽象的概觀，對於生產費說頗有所發揮。他想論駁那傳統的理論，即正當交換價值為與邊際效用一致之邊際生產費所決定那理論。他相信有種附加的價格構成要素即「超邊際費用」和「超邊際效用」因生產技術之性質而生，由於它們相互作用的關係，在某條件之下能夠產生特殊的生產者剩餘或消費者剩餘。俄索利亞(Antonio Osorio)提供了一個關於洛桑學派學說的、以交換論和價格論為中心的組織的說明。他這時際所依據的，殆是華爾拉斯的理論，對柏雷圖擁護他的命題，但並不曾提示獨特之見地。另一方面勒那爾(Marcel Lenoir)卻是站在劍橋學派各種研究上面。他為了分析需要，援用了有名的挨茲華斯的無差別曲線，又拿各種各樣的抽象的價格問題作他的課題，想用數學的公式來解決它們。摩勒(J. Moret)關於供給需要和價格之機構的研究，是很優秀的，他把它們的相互作用弄明瞭了。他的著作大體上雖只是想實際的去說明數學的方法，但對於各種內容很有價值的思想，也有着提示。他的理論的研究結局是歸着於自由主義的信條。雷仲(Gaston Leduc)最近發表一部關於獨佔的博學的著作，裏面將價格構成之間的絕對的和相對的獨占諸結果作了一個考察，並且從靜的動的兩方面闡明着他的問題。

最近法國文獻中關於價格論的數學的研究，殊不多觀。像得雷夫斯基(J. Delevsky)的研究（他在其中從現代數學的經濟理論的見地辯護金氏(Gregory King)定律，一條關於收穫額與穀價之關係的很有名的定律）那樣有興味的研究，是少有的。因此之故，拉維爾在其前述體系裏所提供給我們的建設在邊際效用原理上面的純心理的價格論之明瞭的展開，竟是很值得注意的。他的邊際需要理論裏頭所表示的微細的心理的差異，消費者剩餘之明確的把握，以及他關於以生產費之大小為其確實的數量基礎的供給之分析，對於愛好理論經濟研究的人們最合口味。拉維爾所賴以依照各種市場，把他那整個經濟理論體系加以分類的交換思想之中心見地係從洛桑學派繼承而來。關於阿甫他利安的交換論研究的重要，我們前面已經說及。他想依賴關聯着邊際思想的心理分析，吟味價格構成和動的價格發展上那些不能用靜的方法處理的要素。他稱它們為質的要素，使之和那用靜態論亦能處理的量的要素相對立。拉維爾和阿甫他利安兩人仍多少是以傳統的邊際效用說為基礎的。但是部納底安(Mentor Bounatian)卻將價格構成之心理的假定，作為一種想像的研究對象，而期待達到改革的結果。他從前世紀季德所倡「效用」與「適欲性」之區別出發，而相信許多財貨的場合，當財量以算術比例而增加的時候，適欲性就會以幾何比例而減少。把這些關係一般化起來，最後他便得到這麼個結論：在價格、供給和需要之間，幾何的變化屢屢對應着算術的變化。例如需要僅僅算術的增加時，價格每每幾何的增加。這一個發現若是更加以事實上的材料以證明之，使之比部納底安的說法更加具體真切，那末金氏定律和貨幣數量說以及數學的經濟學諸結果也許大多數都將被它排除了吧。

二、對古典的供求律之鬪爭

科內利生像在他的價值論中一樣，他的價格論也是想把由現代主觀主義的見地和舊的客觀主義的見地所得到的各種要素互相結合起來。依他的見解，決定價格的交換價值乃是使用價值與生產價值之合作的結果。

（科內利生這兩種價值的意味如何，我們前已經論及。）這種合作是用許多種的方法實行的，生產價值依照那種方法，或接近於生產價值，或接近於使用價值。大體的講，凡是能够任意再生產的財貨，生產價值是決定的；至如不能再生產的財貨，則其交換價值不直接的接近於使用價值便完全與他一致。因爲前之場合，伴着財貨之生產的人的犧牲——勞動比較顯著，後之場合，則財貨之消費目的即效用性更其令人注意。科內利生雖則以爲供求律是毫無意味的東西，但他爲了價格水準的說明，仍部分的援用了這條定律的根本思想。——科爾遜的價格論也是想把古典的見解和現代的見解結合起來，但是與科內利生完全有別。因爲科爾遜原則上是固執供求律，想站在這個堅定的立脚點上來利用現代價格論若干思想。

這對於他那關於需要供給的分析，尤其妥當；他這個分析裏面，能够部分的顧慮到最近研究的成就。這樣便使他造成了消費者剩餘理論，這個理論，的確是他那該括的學說體系中最有價值的一部分。科爾遜價格論的重要性，因着前述的事情，不免減色三分。什麼事情呢？就是它和很久以前已發表了的馬夏爾的理論（就說只是偶然的）極相類似。我們看看法國人大多數概說中如安都內利．畢包等的概說對於價格問題的解決，就知道大家都有這種傾向。在這個關聯上，我們可以拿俄人斯特魯夫作爲法語的摘譯發表出來的價格論思想來歸譯。他說他這種思想，主要是基於都閣先謀爾、拍雷圖和匈牙利學者哥摩利（Oliver Gömöry）等人的研究的。他把價格當着一個完全獨立的經濟範疇把握，把它看成一個事實，即看成能够交換的財貨之間的現實關係之表現，和那僅僅爲能交換的財貨之間的觀念關係之規範和表現的價值相對立。不過斯特魯夫也固執供求律。

意大利文獻中，格拉齊安的價格論，尤其把古典的和現代的諸研究結果綜合起來了。原來他的價格分析中雖然豐富的利用着邊際效用思想，卻抱有如次見解：卽價格論之基礎，仍須求之於古典的供求律。一切新見地，在他看來，都不過是把這個基本的學說加以完成吧了。

最近法國自由主義學派裏面，也有着一般的趨勢，日益顧慮到現代價格論的若干觀點。像我們剛說過的一樣，科爾遜就是最初的好例。安休奥克在其前述教科書最近出版的第二卷裏，努力把新研究諸要素採入他那深奧而廣大的價格論中去。他那關於供求之彈力性的明瞭的分析，尤其是値得注意的。關於需要，他承認次一事實。卽，在許多商品中，特別是最重要的商品中，那怕價格大漲特漲，需要總不會有大大的收縮，或則一般的不收縮。但依他看來，供給的彈力性一般較大，不消說，縱或後者也有其一定的絕對限界，例如，供給不能超越一定之點而擴大。甚至居俄也一樣，在前面曾經引用過的他一九二四年的講義裏，對於現代價格論就沒有像過去那樣一概抹殺了。不過他仍堅持着供求律。雷斯寇（Jean Lescure）在一個出色的經濟史的研究中，企圖說明這條定律的整個意義。斯庫兒美斯脫（Herman Schoolmeesters）最近對於供求律作了個有益的貢獻。他以生產費與收益之內的關係之研究出發，考究對於供給之形成必然發生的各種結果，最後考究價格構成對於需要之變化的關係。

三、從社會勢力關係說明價格

供求律就是在素來抱社會主義態度的諸經濟理論家的價格論中，也演着指導的任務。但它的背後，常有社會倫理的或社會改革的考量存在着。蘭德爾利用他那數學的方法先從各方面吟味供給，再同樣詳細的把需要之本質加以分析。他這個研究的完成，是依照挨說爾兹的意德沃羅基先假定"Monoonum"的場合卽購買者獨占的場合，再假定販賣者獨占的場合，然後聰明的考量着它們對價格構成所生的一切結果。到最後纔假定，雙方的自由競爭。在蘭德爾看來，均衡價格乃是在其水準上需要供給一致着的價格。這個價格受了抑制的時候，需要和供給之均衡便發生障礙，整個經濟生活必都受其妨害。就是說，在那種場合，一般的經濟恐慌將伴隨着它那一切破壞的社會經濟的結果而到來。——塞拉在某出色的研究中，想當着種種利益集團之間的社會鬭爭之結果來說明價格。但他原則上還是承認古典價格論的根本思想之正當性，而努力證明那種妥當性就是在社會鬭爭的後面也能夠明白認識出來。反是，拉布利阿則囿於他的相對主義，連理論的供求律他都否認，而只想從現代資本家的經濟秩序所給與的相互的社會經濟的勢力關係去說明價格現象。沙可(Raymond Sachot)最近在價格論上偏重獨占，想用庫爾諾和丟彪等舊派——法國經濟學家之主觀的數學的學說來解明它。

四、「正當」價格

泰爾德在其「經濟心理學」一書中所企圖的價格論，是從純社會學的思想過程產生的。依他看來，價格是關於國民經濟的對立範疇。爲什麽呢？因爲價格源泉乃是內部和外部的鬭爭，這種鬭爭，一部分發生於個人精神之中一部發生於買手與賣手之間但在買手和賣手的鬬爭上，賣手總常是強者賣手的獨占，成了整個國民經濟發展的傾向，不斷的日益增大着。從而決定價格之高低者就只有賣手而已。不過對於賣手的考量，決定的東西，不僅只是考慮着現存的商品量尙能滿足的最弱的欲望之強度，像邊際效用學派近視地相信着的。就是這最後的欲望主體所能處分的購買力以及成爲問題的欲望一般之大小範圍，也有決定的作用。然泰爾德除這個純貨殖論的、數學的要素外，還承認另有一個要因，在實際價格決定上演了極重要的作用，本質上是倫理性質的。這要因是什麼？就是正當價格觀念，是一種心間心理現象的觀念，這觀念係根據我們根深的不能消滅的道德的確信而來。我們確信：一個交易所生的利益必須用一種方法平等的分配於契約者之間。賣手決定價格的時候，實際上不可不用某形態顧慮這觀念的。就令他把這觀念完全抑壓下來，他的心中總不免要意識到自己作了不正的行爲。

阿爾夫雷泰爾德(Alfred de Tarde)也許是泰爾德的本家吧，他在巴黎大學的一篇大論文裏，以上述富有興趣的思想過程做基礎，想把整個經濟過程中各種問題，通通總括於正當價格的理論中去。在他看來，正當價格非僅是倫理的準則而已，寧是一個實際的事實。一方面可以看做是經濟價值判斷一般的重要要素，一方面可以看做是各個特殊商品價格上面的重要要因。因爲他在他的書的第一部裏面作着一個大膽的企圖，證明自中世紀的寺法學者以至最新學說的一切價值論中，都有着正當價格觀念的存在。但是他所以能夠解決了這個課題，卻全仗他有時能夠弄着非常狡滑的詭辯的原故。他這時際是受次述這思想的指導。卽財貨的價值評估常只有基於正當價格的觀念，然後纔在個人的意識中成立起來。因爲模倣的關係，這又從這個人的價值發生出社會的或一般的價值，再又成爲實際的價格之基礎。這樣之後，阿爾夫雷泰爾德在他那書的第二部裏面便研究正當價格觀念對於工資、資本利息等的高低，有何實際的影響。如此他就造出來「正當工資」「正當利息」等概念，而賦與它們一種似與實際經濟生活的事實幾乎不能適應的意義。

歐戰後物價大漲，大衆欲望必然要受制限，而少數的人卻享受着過大的投機所得，在這一種不調和的狀態之下，正當價格的思想必然會走上前面來。但希望把其中所含倫理的要求從經濟理論方面也附以基礎的呼聲，卻以法國文獻中特別叫得響亮。

其中準備在這裏說一說的，爲前面屢經講到的發拉的新經濟學。這書主張供求律乃是過去理論國民經濟學一般所提示的「最壞的愚蠢」(la plus creuse sottise)。因爲這條定律，且莫說它包含着一種謬誤，它科學的地是認某一階級向另一階級的榨取，這已經是有意欺詐和瞞騙了。反是，正當價格這東西，能夠還元爲生產費，這生產費的總額，只要生產者或商人的通常利潤稍微增加就隨而增加，同時就是代表實際的價格。奧斐爾爾的正當價格論前已述及，專是以社會的倫理的考察做基礎。依他看來，各生產物的價格應該這樣決定，卽使得相應的生計之物質基礎能夠提供於各人。——查爾圖熱安在某把那種文獻廣泛的顧慮到的深奧的研究裏，反對上述見解以及其他諸學者同樣激烈的態度。他用確實的論據，說明現今社會經濟的各種弊害，其責任不可歸之於那在經濟學本身上是正當的傳來諸命題，而應該歸之於一般墮落的道德精神。因此他是訴之於良心之聲。他說，良心之聲，在經濟生活上是最須注重的。雖然如此，在良心之聲依然沒有被人顧慮到的場合，國家就應該用嚴格的法律制裁，加以干涉。在最近的研究裏，圖熱安雖則擁護供求律，但他證明這條定律，非是一條嚴格機械的作用着的自然法則，只不過是一條社會的規則，是從屬於較高尙的各種道德的見地的，必要的時候，還得給這些見地讓步。

第五章　分配

一、以經濟均衡說爲基礎的意大利分配論

我們講價値論和價格論的時候曾經說過，洛桑學派的追隨者們本世紀以來，仍在這些理論上發表着重要而且有效的新見地；然而在分配論方面事情卻完全兩樣。這是什麽原故呢？因爲整個經濟均衡論雖則在這分配論中達到了極峯，但是這派的創始者華爾拉斯本身就完成了一部卓越的著作，這個理論的一般，已經被他論盡了。華爾拉斯分配論的本質的基礎，實際今日仍還被人固執着。就在最近將來，這個問題範圍內，大約也不會有什麽重要的變更。關於生產物和生產要因兩個市場（其第三市場爲資本形成之市場）的學說，至今仍爲洛桑理論之脊柱。依此學說，在生產要因市場，土地資本和勞動由企業者之手獲得屬於它們的生產物的份額，這個份額的大小爲一般的價格構成法則所決定，它的總額必須與企業者所販賣的生產物之總價格保持均衡。而企業者利潤則由這均衡之動搖所要生的摩擦和不均齊得到說明。

拍雷圖所給與這項思想的比較僅少的貢獻，其本質已包含在他前世紀發表的講義中了。至於大綱（Mannale）裏面，並沒有增加半個較新的重要見地。因此關於他的貢獻，這裏只須簡單說說便了。拍雷圖更明白的將邊際生產力原理裝進華爾拉斯的分配論裏面去，而在這個關聯上指摘出生產係數一部分是不變，一部分是有種種變化的。例如用於生產的資本量倘或變化，結果必要的勞動量也必然要發生一種變化。但在生產上成爲問題的一切要素之量卻有一個一般的傾向，就是有依照相等的邊際效用的高低平均起來的傾向。各種生產要素的邊際生產力和那相等的邊際效用相應着，財富之分配就是在這基礎上面進行着的。——巴郎用數學的分析和圖式的敍述，條分縷析的把這項思想展開出來，使人讀了一目瞭然。他前述教科書中的這部分，不待說是和馬夏爾的學說極其接近的。

站在數學見地的意大利諸經濟學者間，拍雷圖的所得曲線是一般所稱讚的。雖然如此，有些學者卻以爲它許多地方，都有改善的必要。

例如布累沙尼想說明次一事實，除了根據意大利的統計材料外，還特別找了英國和德國的統計材料。即先生的所得曲線不免太生硬了一點，沒有充分考慮到隨空間和時間而不同的所得形成之各種社會經濟的條件。本尼丟士(Alberto Beneduce)和胡爾倫(Furlan)也表示同樣的見解。摩爾塔(Giorgio Mortara)在反駁吉尼的論文裏也是以拍雷圖做出發點開始他的議論，利用統計的研究對於大小不一的各所得之分配的整個外部形像，即這些所得之平均集中和密度等發表着非常有興味的見地。但在這方面給我們最重要的貢獻的卻還是利四。他除把靜的社會和動的或（依他的表現）進步的社會的所得之本質及其各種形態，加以徹底研究外，更想吟味拍雷圖所得曲線的正當性。他最後根據有着充分根據的數學的考慮也達到這樣一個結論。即他的先生對於實際經濟現象的多樣性，沒有加以適當注意，因爲不僅在各樣的國度裏所得分配的性質各不相同，卽同一國家內，因爲人口數目及其社會層，財政立法或一般的價格水準發生種種變化，所得分配亦將因之而改變其姿態。

二、法國現代的和古代的分配論

有些法國學者，就例如里士，大體上雖是遵從洛桑學派的分配論，但過去二十五年中，獨立的把這學說加以發展而收到成功的，在他們當中簡直找不出一個。

阿甫他利安那爲完成歸與論（奧國學派的分配論）而作的企圖，倒很值得注意。他首先分別三種不同的生產力，卽總生產力、特殊物理的生產力、和經濟的生產力。所謂總生產力(productivite globale)乃指某一定期間所能獲得的總生產物和參加生產的一切要素之總量（這場合各要素是依其獨特的單位測定的）之關係。所謂某生產要素之特殊物理的生產力，乃指某一定期間所能獲得的物質的生產物中，能够歸與這要素之單位的份額。但這個份額是依存於邊際收益的，所以某生產要素之經濟的生產力本就等於某一定期間由該生產要素的最終單位之使用所能獲得的純收益。其次，阿甫他利安從這第三種生產力便導出各個所得部門，而應用着威塞和龐巴衞所樹立的歸與學說的原則。他認爲支配的分配論中，所以如此不統一而混亂，實因大家都把上述三種生產力混爲一談所致。因此，在他那部書的第二部裏，就規定他的課題，專誠指出這三個生產力間之時間的和空間的一致，以及其種種的差異。這些非常微妙的論究，對於歸與論的貢獻，實在大到不可形容於文字。阿甫他利安最近的一篇論文企圖說明鑑於現今關於貨幣本質的經驗，威塞的歸與論已有加以某種修正的必要。

拉維爾（關於他那部出色的著作已經加述及）在他的分配論裏，對於邊際生產力說有獨創的解釋，貝暧在其對李夫曼分配論的批評中，提出報酬（rémunération）理論的問題，想用這項理論來代替分配論，不過其中仍舊利用着殘餘原理。

但是法國經濟學者，卻大多數至今尚傾向於古典學派的分配論。本世紀初，這個理論是用它那正統的形態為大家所主張，例如勞克塞爾的書便是這樣，但到最近，尤其是歐戰以還，自由主義派的人也漸能顧到現代的理論思潮，而想把它織進這固有的分配論裏面去。

特盧傑也是想從價格構成（比古典學派更直接些）說明整個分配過程的一人，他的教科書中明白的承認曾受客觀主義的數學的文獻之影響。安休奧克的分配論所賴以托足的生產力原理，除了古典的觀點之外，隱隱還包含着現代的觀點。——不待說，最近法國文獻裏面排斥古典主義的批判也不是沒有。例如卡亨（Paul Cahen）在本世紀轉換期所發表的著作中，就反駁過巴士底亞分配論之樂觀的根本思想，這思想是說，資本利息和勞動工資的關係，在經濟的發展過程中，是漸次向有利於後者的方面推移。又例如里士他也以為這項理論或那為社會主義者所發展了的李嘉圖的悲觀主義的見解，都不能由實際的經濟生活上各種事實得到積極的證明。

三、分配論中的勢力思想和社會倫理的見地

諾曼諸國比較新的幾個學者，都把勢力思想當第一原理，做了分配論的中心；他們當中，羅利亞的確應該首

屈一指。他那部名著已經翻譯了好幾國的外國文，把他積年關於社會學的和經濟學的研究結果，統一的在這部書裏綜合起來。他這部書，是想從史的唯物論的見地和前面所述他關於土地改革之提案的見地，來說明分配過程。依他看來，總生產收益，分爲二個不同的部分。第一部分是用孤立的勞動亦能獲得之收益。反是，第二部分卻是作爲勞動組織之結果，附加的發生的。這第二部分的收益，在現在支配的經濟形態下，僅只一部分是歸於勞動，其大部分都被分配爲地租，利息和獨占利潤了。羅利亞其次在一個深奧的經濟史的和社會學的論究中，企圖說明這獨占利潤自來在財富分配上所演過之重要任務，依他看來，獨占利潤的唯一泉源，就是永續的存在獨占者手中的社會經濟的勢力，只要土地私有權一天沒有廢止，這個勢力便到頭是分配之支配的原理。

阿利亞斯正確的指出，上述這命題使得羅利亞思想體系的基礎薄弱不堪了，那怕他這體系在細目方面怎樣的好。最近拉布利阿也傾向勢力說，而似乎漸漸從他以前曾經主張過的見地，即分配必與在生產上所任任務之相對重要性比例而行的見地愈隔愈遠了。納多也想主要的從資本家與勞動者之間的社會鬬爭，來說明所得的分配，不過他關於這個問題的範圍，未曾得到一個充分明瞭的概念。關德利在本世紀轉換期出版的前述社會的效用(L'utilité sociale)中，着重財富分配上成爲問題的社會倫理的見地。泰爾德的經濟學體系裏，也包含有一些有興味的這類思想，他把財富分配視爲一種適應現象，但遺憾的是，並沒有把分配理論充分的展開出來。

四、收益定律之統一化

現在輪到各種關於所得的理論，第一是 rent 理論的發展。我們在這裏，首先要確證次一事實，即過去二十五年中意大利經濟學裏面也是一樣，對古典的土地收益漸減律所加的批評乃是導發 rent 理論上的新見地、創造的見地的槓杆。法國亦復如是，大家都注意收益定律，只是沒有注意從收益定律給 rent 理論引出各種結論吧了。

例如安都內利就只提示了土地收益漸減律之純技術的農業的方面從其各種經濟的結果分離的限界。奧布利（Pierre Aubry）根據外國各種科學研究的結果，認收益漸減律，不僅爲農業所專有，在工業方面超過了一定的界限時也要發生，不過他單只利用這個認識來攻擊社會主義，而擁護他那自由主義的理想。

意大利人對於這項問題，推究得還爲深刻。陽納康在前述他那關於生產論的書裏，就把收益定律各種生產技術的原因作了深奧的分析，比休勒和亞夫雷韋伯（Alfred Weber）都早幾年。像我們先所說的一樣，他纖細的說明了那能以減少生產費的三個手段卽集中、擴大和迅速之間的種種關係和相互作用，而指出這些相互作用之不調和，乃一切生產部門之收益所以會比例的減少之眞正原因。阿維納庇（P. Avenati）戰後出版的關於私經濟學的書，也包含着一些同一傾向的重要思想。但在意大利文獻中，使收益定律促起一般的注意者，卻還是發楞庇那值得注目的研究。他嘗在一八九〇年借助李彼（Liebig）的研究，沈潛於關於農業生產的各種農學問題，而後在前述他的教科書裏，把各種研究所得又應用於國民經濟之理論方面。他首先樹立一條一定比例定律，（legge delle proporzioni definite）卽各生產要素要獲得一定的好的生產收益，就非相互保持一定量的和質的比例不行。農業和工業在這一點上面的差異，在於次一事實，卽在工業方面，上述的比例只要稍有乖離，生產物就得發生顯著的減少，而農業方面則餘地較大，這比例上縱有些少變化亦無甚關係。但是，我們倘能精確的明白農業之技術的法則，則農業上又何嘗不可和工業一樣，生產用漸增的收益更加擴張起來？不消說，絕對的飽和之一定界限，是一般的存在着的，超過了它，生產就得以漸減的收益很少擴張。然這個絕對的界限是非常遠的，就在農業上也非常的遠；因爲技術知識日新月異，莫說現在，就是將來也會是一天進步一天。從而我們今日，正不必爲了土地收益漸減律而戚戚。發楞庇要求一切的注意都向一定比例定律集中起來，他以爲倘是精確的懂得了這條定律，那來就可以說生產力只有一般的漸增。格拉齊安在他的教科書的新版中，反對發楞底上述選說以及開比亞底（Cablati）和弗基利埃（Virgilii）的同樣的見解，而努力證明發楞底自己亦所承認的絕對飽和之限界，在實際的農業上就在不遠比這位學者理論地認定的要近得多。

五、rent 理論之擴張

上述各種關於生產的研究，都是證明工業和農業，在某意味上有着同一收益定律的存在，而同時又給 rent 概念之擴張準備了地基。但是這塊地基，前世紀已經由數學派奠定了，就是拍雷圖的講義中，也不過是把一般的 rent 理論加以更統一更明白的把握吧了，並沒有拿本質新的見地使它更豐富。在他看來，rent 完全是動的經濟現象，即由某靜的均衡狀態向另一靜的均衡狀態過渡之時期的現象。因爲，在靜的經濟均衡裏面，——拍雷圖說——生產費已把全部價格汲盡了，從而價格只有在發展之流上，纔能包含另外的要素。我們要把現存的貯蓄變形爲必要的資本形態，總不免有些困難的。因爲這種原故，所以那能夠隨時自由處分的資本，就享有所謂一時的獨占地位。這在土地方面更其重要，因爲要把貯蓄變形爲土地資本形態，困難更大。資本因着這種獨佔地位的原故，所以對於其在生產上的協力，能夠得到比本來的生產費更大的價格。這當中的差額，就是一般的 rent 所由發生的泉源。

松西尼(Guido Sensini) 大體上也僅把拍雷圖的 rent 理論更加以詳細的發揮而已，不過同時對於李嘉圖和加利(Carey)的舊學說，甚至於羅利亞那基於私有土地獨占思想的 rent 理論，卻加以過度銳利而無假借的批評。最近松西尼自身也把舊 rent 概念擴張爲一般的生產者 rent 概念，把生產者能够超過生產費之額數而獲得的一切價格剩餘通通看作 rent，於是他便也直接的接近了 rent 獨占論。他在某特殊研究裏面認爲 rent 與獨占所得之僅少的差異，很有着重的必要，因爲在他的思想中，這種差異還是存在着的。——洛桑學派另一個追隨者俄人薩姆松諾夫(Basile Samsonoff) 以前發表的一部小書，和松西尼如出一轍。他也是先研究 rent 概念之學說史的發展，不過對於黑爾曼曼哥爾德(Mangoldt) 舍夫萊奧本海母等德國理論家，研究的更爲詳細。他的積極理論，是以李嘉圖爲本。他努力直接從私有財產之國民經濟的機能中去捕捉 rent 現象的泉源，這一點是很值得注目的。

法人甫勒曹爾(Paul Frézouls)的書，比上述二書更爲重要。他的學說批判，不僅嚴厲否認了從來各派理論，並努力發生的說明了 rent 理論是如何從李嘉圖的狹隘的意味擴張到今日一般的形態來的。甫勒曹爾自身所謂 rent，乃指在分配論上不能還元於生產費的一切派生的所得。他區別「固有」rent 和「準 rent」，前者卽在理想的經濟均衡狀態中也有着存在，後者則僅在這均衡受了某妨害之後至再行回復爲止時纔存在着。因着這一種思想過程，他便部分的遠離了嚴密的洛桑學說，而和盎格魯薩克遜當該理論的見解顯著的接近了。甫勒曹爾尤其是把基於特出的個人能力的 rent 概念和消費者 rent 概念弄明確了。——拉維爾也在同樣廣泛的意味上把握 rent 概念，並且強調消費者 rent 概念的重要。其他法國學者們，都不大喜歡把 rent 像上述那樣在現代意味上加以擴張。例如蘭德利就非難這種擴張，同時又否認特殊的消費者 rent 思想，反而沈潛於傳統意味上的 rent，卽沈潛於地租的分析。

想把 rent 思想一般化的努力，在卡爾德朗尼(Mario Calderoni)所企圖的大膽的（但沒有喚起一點反響）工作上已達到極峯。他想以 rent 理論爲基礎，建立一門特殊的新科學 Proeretiks 卽交換學。依他，卽在倫理界，也有着一種無差別定律，就是，我們對於個人道德的行爲，可以不顧那行爲使不使個人的內心怎樣，而只依照劃一的一般尺度來評估它。從這兒便發生了道德的 rent。由於心的衝動而行善的第一人，對那用艱苦的心的鬪爭纔被強制達到同一行爲的第二人，便要獲得這種道德的 rent。卡爾德朗尼認爲由這些廣泛的展望和用各色各樣形態表現的 rent 現象之一般的存在所產生的社會不調和是非常重要的，足夠成爲一門特殊科學的對象。

六、消費者 rent

我們前面關於一部分在價格問題的分析過程上，一部分由於 rent 概念之一般化，而達到消費者 rent 理論的那些學者，已屢屢論及。這個理論在過去二十五年法意經濟文獻中非常重要，並且由極多獨創的觀點使之豐富了。哥比之值得注目的研究，吟味着消費者 rent 的種種形態，而樹立下面這命題：一切消費者 rent 都可在與消費總量的關聯上化而爲零，因爲由消費者 rent 所得到的儲蓄，已經分做幾次用於其他財貨之購買了。格拉齊安在其教科書中對這項理論頗持異議，謂這項理論實出於一種謬誤，就是想客觀的把消費者 rent

當着所支付的貨幣額與願支付的貨幣額之間的差異而把握。按之實際，消費者 rent 不過是個純粹主觀的分量吧了，即犧牲了的效用和所得到的效用之間的差異。安蘇洛梭想數學的去處理各種消費者 rent 之間的相互關聯，及其分量的限界。利西想證明經濟的均衡因消費財價格變動結果致發生某種變化的時候，這個財的使用者使得到積極的或消極的消費者 rent。這種 rent 常依存於經濟均衡在某條件之下的變化。我們要記着，利西是把自然的消費者 rent 和精神的消費者 rent 分開處理的。

匈牙利人安布洛左維克(Bela Ambrozovics)通過鐵路運費率和關稅率的問題而論到消費者 rent 的研究。在他那數學的分析過程中，表示了許多確有興味的見地，不過這些見地並不能歸功於著者自身，不能說它有劃期的科學的意義。蓄軌塔(Gino Borgatta)的研究卻有用得多，他這研究是從洛桑學派的見地推究消費者 rent 理論，而後指出能使這種 rent 成爲課稅目的物之方法。

關於所得與消費之關係的，米克卻那值得注目的研究也講到消費者 rent 的問題。他關聯着有名的恩格爾定律，想用數學的計算說明在各種大小的所得上，對生活手段的支出對於總消費的貨幣額有怎樣的比例。——如果容許我們這裏更論論關於消費論的若干比較優秀的研究，那末在意大利文獻中就有斯盧兹基(Eugenio Slutzky)的論文，即關於假定的消費者剩餘之均衡的(由洛桑學說出發的)微妙的數學的分析，和該賓諾(Giovanni de Francisci Gerbino)的論文。後者僅把所得概念從消費者概念論理的峻別開來。法人斯特拉特(Z. George Strat)對於消費者在各時代的國民經濟中的重要性和保護，作了一個優秀的歷史的概觀，關於現代他是讚美消費合作思想。

七、洛桑學派對利息問題的態度和貯蓄論

過去二十五年間法意經濟學裏面關於利息理論分爲兩個主要傾向。第一個是受洛桑學派影響的，第二個

更創造的主要傾向卻是從龐巴衛的學說出發，或根據之，或批評之，而達到多少獨立的獨特之利息論。——現在先講洛桑學派的那個，這派對於利息問題本來只有一些還可以說說的意見吧了。洛桑學派以爲利息正如其他各種所得一樣，也是對生產過程中的協力之一種反對給付，它的大小乃依經濟的均衡法則，爲資本之需要和供給所決定。利息問題所以具有其特殊地位而與一般的價格問題有別，只在於下面這一點。卽利息問題若照華爾拉斯的思想，乃爲某種特殊市場卽資本形成市場所決定，在這市場裏面，其非消費上直接必要的所得部分，是依照預想的利息率貯蓄起來，或作爲資本用於生產事業，或留待將來用於消費方面。不消說，這個市場也有一種均衡支配着的，這種均衡爲利息率的變化所維持。若生產上需要較多的資本，利息率就騰貴，這便刺戟資本形成，從而刺戟貯蓄。在資本過剩的場合，利息率自然下落，這便妨礙了貯蓄，從而使得更以上的過剩資本形成，減退起來。

關於資本利息之眞正來源的說明，就是拍雷圖自己也似乎覺得惱火。自然，他並不以單純的生產性思想爲滿足，因此他想用折衷的方法，更求助於其他各種說明原理，如龐巴衛的貼水說之根本思想等。在他看來，利息乃是由這種種要素之協力的結果發生出來的。但拍雷圖對於這利息起源問題，僅僅附帶的加以處理，引起他的興味的，只是利息額之變化這問題。故經濟理論這一部分，也是適用均衡見地的。

洛桑學派的利息論有了這種性質，所以它的追隨者的注意，必然的不得不由本來的利息問題向資本形成和貯蓄的問題漸次移動。因爲他們在這些問題之中，發見了爲了適用均衡思想的適當的出發點。

畢霄拉斯以爲資本形成過程中貯蓄是趨向怎樣的生產部門，那只由能從它期待的純所得額而定。在理論上，拍雷圖也是贊同這命題的。不過在其應用經濟學中卻強調次一事實，卽貯蓄之各種可能的用途在某種場合可以和種種品質的商品互相站在同樣的關係上。因此之故，決定的東西，不只是能夠獲得的純所得額。從而在這種場合關於一切純所得之平均的均等化的畢霄拉斯命題也就沒有效了。云奇(Felica Vinci)便從這點在一個簡單而頗有興味的研究中指摘下面這點：在貯蓄之使用上，個人的嗜好(Gusti)常演有非常重要之作用。從而新生的資本向各生產部門的流入，不僅是受利息額所指導。因此說資本所得有平均的一般均等化之傾向，是更加不可靠的話。

關於於貯蓄問題，一般對數學傾向懷有好意的李士提供了深奧的研究。他首先區別備爲消費之用的貯財和對個人爲所得源泉而對社會則可用以增加社會財富的生產的貯財。隨後便分析這生產的貯蓄對其餘生產要素之關係，藉以吟味其成立之方法，其構成，以及其在國民經濟機構中所演任務之一般的重要性。李士在某篇研究中，本着這個貯蓄論，攻擊資本僅由勞動而成立的見解。——在這個關聯上，波丹最近的研究，也有一說的價值。他在這研究裏，從獨創的，卽對於利息論亦有興味的各種觀點，論究着資本和所得概念之內的關係。毛爾(Mourre)曾用數學方法研究利息變動的各種原因，不過只達到了非常貧弱的結論。最近他再回到資本形成問題，想用數學方法，去發現貯蓄之供給依存於消費者經濟中的均衡之一切要素的種種關係。依他看來，貯蓄之總供給和總需要合致着的均衡，(在洛桑學派一般的理論的意味上)乃是利息率之決定者。

但二十世紀第一季法意經濟學中提供了最好的資本理論者，無疑是利西。他的概觀，把生產和消費的一般理論也包括在內，給現代這方面的一切見解加以正當的批評。部樊在某巧妙的批判中，確信那以均衡爲基礎且用心理學的手段發展了的理論，就使能夠說明假定的靜態經濟的利息，也不夠說明動態經濟中的實際的社會的利息現象。安慕洛梭不以資本概念的分析爲滿足，對現代各種利息論的正當性也加以研究。這時際，他的批判的標準就是拍雷圖對利息問題所取的折衷態度。他的積極論究和加塞爾的利息論最相接近。

末克卻也從支配的利息論之根本的批判出發，他的積極的結論，卻比安慕洛梭更富於獨立性。大體說來，他的態度也是非常折衷的。不過他很會把得自他人學說的各種要素，和他那獨特的新理論好好的接合起來，他把利息現象之非經濟的、社會的、和心理的各種關係，表示得尤其巧妙之至。他想證明只有不斷顧慮到這些觀點，這個問題纔可望得到圓滿的解決。未克卻認為在貯財之成立上，因而資本之形成上，利息額之決定上，扮演那決定的重要角色者，就是習慣；習慣這東西在理論經濟學上的重要性，屢屢太被人輕忽了。而且，他在他那利息說明上，還援用了勤態論和貼水說的思想。

八、龐氏貼水說在諾曼諸國的影響

未克卻的觀念以及部葵和安慕洛梭的觀點的一部分，又把我們引導到了最近意大利文獻中第二個主要的利息論羣裏面來了，這一羣是以龐巴衛的理論做他們的出發點。在諾桑學派那多少折衷的利息說明中，龐巴衛的理論只不過部分的被顧慮到或被援用着吧了，但在這一羣裏面他的理論卻完全表現在頂前面。在與龐巴衛有着密切關聯的諸經濟學者中，首先第一個是格拉齊安。他踏着李加薩勒（Ricca Salerno）的舊轍，採用了貼水說的本質的根本思想，僅只在形式方面略略變更了些。龐巴衛認為現在財與將來財之間有一個絕對的價值差異，格拉齊安把這種差異歸因於一方資本家和他方企業家之各異的價值評估，想藉此把它緩和而成為相對的差異為什麼呢？因為一方面充分持有現在財的資本家，想在將來財上得到一種剩餘，而對於將來財的評估，較那缺乏生產的現在財的企業家所評估的更來得高。況且格拉齊安及其直接追隨者，原是用這個相對的差異（由兩個價值評估而生）來理解資本利息。——坦閣爾本世紀初所發表的利息論本質上也樹立在時間要素上面，但是他所依據的思想寧是斐拉拉多於龐巴衞。坦閣爾主要的努力於倫理的和社會經濟的「利息辯護」但是好像並沒有發生多大的效果。

龐巴衞利息論對於二十世紀第一季法國經濟學，也有非常大的影響。蘭德利（他在法國經濟學中，對於這方面無疑是成就最大的）為要擺脫龐巴衞的思想，不得不掙一把勁。但是他對這位奧國學者的理論所下的批評中，亦不過主要的非難龐氏固執於從唯一利息泉源推出利息這一點。蘭德利思想的內容，強半是根據古典學派的生產力說，因為法國多數經濟學者，至今還完全維持此說。不過他在形式上，卻總想把利息問題當作一個純價格問題來處理。這麼着，他首先乃沈潛於資本之需要和供給的分析。他以為資本的需要，除了資本之生產力外，主要是由於使現在財得到比將來財更高的評估的心理的原因。他這心理的原因，大部分是取自龐巴衞思想的寶庫。資本供給的要因，一方面是想由其結果的相應的享受去償抵資本形成之際所作之犧牲的努力，一方面是怕財產價值到了將來會要跌落的恐怖。資本需要和資本供給的這幾個要因，有許多錯綜的相互的關係，由這些相互關係的合成力便發生二條曲線，其交點便表示利率的實際水準。更精細的加以規定時，依蘭德利的意思，這個交點乃存在於從資本之生產的使用所期待的邊際剩餘價值與資本貸之邊際犧牲一致着的地方。

九、利息論之部分的淺薄化

關德利之微妙而非常錯綜的利息論，就是在法國也沒有得到厚遇。那努力儘量簡單的說明利息的諸學者，反而在法國博得較多的聽衆。這一系列的學者中，只舉安休奧克做個例便可以了。他在所著的教科書裏，對龐巴衛的學說作着銳利的批評，非難它太錯綜而不切現實。他關於利息的積極的論究，把古典生產力說展開出來，但是他時際，想使整個利息問題在價值問題裏面解消起來，這卻不得不受起淺薄化的非難來了。——拉維爾給他自己的完全特殊的利息論，罩上一件光彩奪目的外衣，這外衣後面包藏着一個本質上更爲初步的資本所得的說明。依他，貨幣資本雖然沒有直接的生產力，但是企業家欲調度直接的生產手段，終有貨幣資本之必要。況且這貨幣資本由他人之手委於企業者之使用的場合，有着所謂國民經濟對個人生產的同意存乎其間。企業家對這同意必須要支付價格，即支付利息。拉維爾在這兒，畢竟只說明着放款利息的現象吧了，從而只能在初步的形態上說明了利息論，這是無待更深的分析就明若觀火了的。

一〇、意大利社會倫理的工資論

洛桑學派直到今日爲止，對於工資理論，還不若對本來的利息問題那麼注意。因爲工資問題，從純理論的見地所能夠講的，都被拍雷圖及其追隨者們在其一般的分配論中講盡了，然而工資問題上成爲問題的特殊的社會倫理的見地，最初就是和數學的見地不相融的。從而本世紀第一季意大利經濟學關於這個問題的業績，實在非常缺乏。因爲站在洛桑學派之外的對於工資問題處理得比較詳細的意大利經濟學者們（除了僅少的例外）都是特別強調工資問題之社會倫理的關係，而對其經濟理論的方面，多少是付之等閒。

雖然如此，想把握古典的工資基金說之眞正核心的蘇班的企圖，卻是值得注目的一個理論的企圖。他尤其是想從國民經濟之動的觀察方法的見地發展這個學說，從而不僅從工資基金說推出工資，並還研究着工資基金說本身在經濟發展過程上專從勞動生產物發生出來而又相互補足、相互增大的種種關係。自然，蘇班隨後仍復返於社會倫理的方向，深嘆現在勞動組織的結果，使得生產與消費之間失了調和，一種社會改良的思想滲進了他的工資論。——李加薩勒也於本世紀轉換期發表一部關於工資論的大著。這部書的主要價值，就是它裏面蒐集了非常廣泛的統計的和歷史的事實材料。他的理論的論究，是想把工資論直接和價值論接合起來。他對工資基金說表示好意，同時對生產力思想也很注意。李加薩勒以爲現成的財與將來的生產物之間的價值關係，乃是決定工資高低的基礎。不過貫穿着他全部著作的指導思想，卻是對社會被壓迫階級的同情，和對勞動者經濟狀況之改善的社會倫理的要求。他的學生格拉齊安也是採用李加薩勒這說，只稍許修正一些。他在他的教科書裏，特別攻擊社會主義者的工資鐵則和工資論中的邊際生產力原理。

羅利亞的工資論中，非常着重社會倫理的觀點。他在這方面的出發點，也不出他那有名的土地改革論的根本思想。依他，土地私有的結果，勞動者的經濟的獨立被奪去了，資本家便能把工資降低至最低生產費爲止。但這只是句老生常談，社會主義理論家們對於工資問題，向來是這種說法的。——我們這裏要指摘出格拉齊安最近關聯着他對剩餘價值論的批評，又將馬克斯的工資論作了根本的吟味。大概的結論是：確實的繼續的工資騰貴，只有基於適當的生產增加纔有可能。另一方面，徹沙（Frederico Chessa）則提供了一個關於勞動組合對工資水準的形成之影響的研究。

二、雷發生爾科內利生西米安的現實的工資的說明

在本世紀第一季，工資論是法國人比意大利人貢獻較多的理論經濟學的僅少的領域之一。這完全是個自明的事實。因爲意大利經濟學在工資論上因着洛桑學派的不注意，已喪失了它的最好的力量了，而對於法國經濟學者，工資論卻成爲使他們那常傾向於經濟的和社會的鬬爭的眼光，不得不注意去研究的一羣問題。在法國文獻裏面也僅只那避免着數學方法的學者處理了這個問題。雷發生爾（Emile Levasseur）科內利生和西米安三人關於工資論的重要著作，是差不多同一個時期內發表的，雖然互相不免細微的差異，卻都決定的代表着社會的現實的傾向。

他們之中，雷發生爾關於工資論的著作，是最後發表的。不過他在長期的很有效果的學問的經歷上，已經不止一次，而且用的同一方法研究了工資問題。他的書最好拿上述李加薩勒的書作比較。他這部書裏所包含的領域，也較本來的工資問題廣泛得多，差不多所有社會政策問題都觸及到，且他也表示有顯著的社會倫理的特性。固然他對一切空想的社會改良是取反抗態度。他當工資是從六個不同的要素協力產生出來的。我們要探求工資的泉源，就得把勞動之生產力，其國一般的富裕，勞動者之生活費，勞動者相互的競爭，國家的政策以及習慣，都加以考慮。但我們根據供求律能够把這些要素通分爲同分母，以俾從一個統一的見地來解決工資問題。——科

內利生也同樣當工資是從多種泉源發生的，不過他特別的着重社會環境之重要性。他原則上是想用純粹歸納的方法，常只根據各個場合的正確的研究，來解決理論的工資問題。雖然如此，他又有與這明相矛盾的地方，他想適用前述他的價格論和價值論思想，對工資現象也招供一個一般的統一的說明，依照這個說明，爲勞動之價格的工資，乃由勞動之生產費和效用價值之間的協力而生，應着各個場合的特殊事情，或接近前者的邊際，或接近後者的邊際。講到勞動生產費的高低，我們又得考慮到企業者現在還雇用着的生活程度最低的那個勞動者部門底平日的生活費。科內利生雖然着重這等邊際要素，但並沒有提示項新的說法。實際的工資額成立於勞動之效用價值和費用價值之間，這項思想是很久以前德國各學者就發表了的。不過科內利生的書中所處理着的廣泛的事實材料，總歸是值得注目的。

西米安關於工資論的研究，限於一個非常狹小的範圍之中，不過比上述諸研究更具有獨立性。他這研究，是想表示涂爾幹實證方法的具體的適用。其研究對象是法國炭坑勞動者工資額之變動。西米安利用包括五十年的龐大的統計材料，表示工資變動有一種規則性，把這些規則性歸於由個人或利益團體之一定傾向所指導的行爲。在他看來，雇傭者與被傭者之行爲的樞軸，是圍着利潤和勞苦轉動的。兩者的旁邊，最先出現的就是維持這兩個要素的既成額的努力。第二纔出現想增加利潤減少勞苦的傾向。再其次纔從這幾個不同的而且相互對立的努力之鬭爭，發生出一方面生產物之價格變動和他方面工資額之間的各種關係。而這些關係又使工資的本資更加明白起來。這樣，西米安的聰明的研究大體說來，已歸結到成爲勞動生產力和企業者與勞動者之鬪爭的說明原理的工資論。

二、法國工資論中邊際原理和社會倫理的見地

蘭德利和拉維爾把他們的工資論建設於邊際原理之上。在拉維爾看來，有了這個原理，對於工資的說明已完全充分了。因爲他認爲勞動是沒有生產費用價格的。蓋勞動這東西不能夠任意增加，次代勞動者要達到勞動年齡，最少是二十年乃至二十五年的事。所以當代的勞動者常常是獨占的。另一方面，依蘭德利看來，勞動邊際生產力說，僅只闡明了工資問題的一面，即需要之面罷了。然而其他一面，即供給方面，（這又成爲純人口問題）在勞動市場中也同等重要。蘭德利在某特殊研究中，把他大綱一書中所述這工資論的根本思想，歸之於凱迪龍(Cantillon)和挨說爾茲。

過去二十五年間法國文獻中也有許多著作，從社會倫理的方面研究它的對象的。例如本世紀初波利挨爾(Léon Polier)的書就是這樣，他在這部書裏，對於基督教的和社會主義的「正當工資」說，常加以炯眼的批評，而努力把它還元爲社會倫理的平等思想之感情的基理，與科學絕無關係。累那德（Barthélemy Raynaud）的著作，以廣泛的事實材料爲基礎，提議普遍的採用國定最低工資額，努力證明它的必要和理由。另一方面，拉薩德(Max Lazard)也努力從社會倫理的見地說明一切演繹的工資論之缺點。他常以批評的態度，根據美人葛克拉的思想，把勞動問題與工資問題種種個別的關係顯露出來，最後對於現行分配制度的甚不公平，表示不滿。季德在最近的著作中，指摘出對於工資勞動之

實際的許多困難。

一三、企業者利潤的獨占說和折衷的說明

本世紀第一季的法意經濟學，像在工資論一樣，在利潤論方面也沒有出現本質新的而且創造的思想。其原因亦不外由於下面這個事情，即洛桑學派對於這個問題一直沒有加以特別的注意，雖說他們那不適於工資論的方法，比較尚適於這個問題。至於其他諸著者，有些是主張企業者利潤獨佔說。羅利尼(Etocle Lorini)想給他的理論立一個非常廣泛的基礎，但最後的結果卻事與願違。他通過經濟主義、收益遞減律和馬爾薩斯人口律而達到企業者體的問題，認爲現在社會問題的核心，正在這個問題之中。依他看來，大企業家濫用他在現代社會經濟組織中的優勢地位，且又貪圖過大的利潤，以致資本家們亦受其榨取。所以依羅利尼不僅自由主義者，就是社會主義者也錯誤了。因爲社會的根本弊端，不應該求於資本主義之中，而應該求於現代大企業者體之中。——羅利亞的理論，看來好像更確實得多，而且也包含着獨創的思想在裏面。依他的見解，原來用孤立的勞動從事生產的人類，自被若干勢力者把生產手段特別是土地奪去之後，纔開始在物質的強制之下爲結合生產而結合起來。因此之故，從這結合的勞動所生產的剩餘價值中來的作爲利潤歸於企業者的部分，在它的起源上，就可以看做是藉勢強奪的獨占利潤。

蘭德利也大體的講過企業者利潤獨占說，不過他以爲企業者獨佔的基礎，不僅在社會的勢力關係中，在資本與組織能力結合於一人那樣非常稀有的事實中也有着它的基礎。在許多場合，現代企業者既沒有自己的資本，也沒有特別的能力，但蘭德利認爲這許多場合只是例外，沒有什麼重要，就是忽視也無關係。科薩也認利潤的源泉，在於企業者的知的能力和特別才能之中，不過同時又依賴摩擦理論的根本思想。科內利生最近也提供一個比較折衷的企業者利潤獨占說，但他專着重在社會的勢力思想。依他看來，企業者能夠自由支配自然的、法律的、或物質的獨占，這些獨占對他保證着利潤。其次成爲問題的是人間勞動的搾取，這是個社會的勢力要素。經營之效果的組織和指導，即企業者的人的活動也演着重要的作用。最後，危險要素和競爭關係之投機的操縱，也應該看做企業者利潤的泉源。在科內利生看來，利潤乃殘餘所得，所以他當利潤水準是決於其他所得部門的狀態。——科內利生的理論本是以歸納法爲基礎，沒有多多的考慮那類的文獻，但年青的法人培瑙克斯(Francois Perroux)卻是從關於以前所有利潤論的極深刻的吟味出發。他所提出的積極的問題解決，也達到一個折衷的結論，即危險、人的活動和經濟力，爲利潤最重要的三個原因。

松西尼相信培瑙克斯的課題，若是用數學的方法，必可以得到更正確而明瞭的解決。——數學方法大家未克卻於企業者利潤之動的實外，特別着重它的危險要素依照着它種種的現象形態。——徽沙把危險要素在經濟生活中一般的重要性，闡明了出來。

一四、差額利潤

本世紀初，俄托楞(Costantino Ottolenghi)發表一種利潤論，與前述的利潤論不同。他固然也援用所謂企業者之「才能」要素，但是，他以為這種要素在本質上與前述的具有相異的意義。因為，據他的研究，絕對利潤那東西是不存在的，祇有差額利潤——略與李嘉圖的差額地租相彷彿——即以任何企業者之所得與同一生產部門內邊際企業者之所得為基本的差額利潤，纔是存在。固然，為得要超過生產費之補償而獲得利潤，某種「才能」是必需的；但是這種利潤在某一場合中，由於企業者較有利的一般外部狀況，也可以發生。然而據俄托楞的意見，利潤常有一個絕對的最高限界；而此最高限界，是依從於「一定比例定律」的。這個關於生產上必要諸要素之最有利的組合的假定，是根據前述發楞底的生產論。俄托楞的學說，建立在由各國所採來的廣泛的統計材料上面，那些材料，正賦與他的學說以特殊價值。——拉維爾也以為企業者利潤的確具有這樣的差額性質，而想完全同一般地租那樣的去把握它。一切企業者，不問其有能力沒能力，都可以用同一價格自由使用生產手段，絕對沒有彼此之分。因此，企業家利用這些手段之結果，能否得到利潤？若是得到利潤，又是多是少？那就完全要看各個企業者的營業才能及其它營業上之地位如何以為斷。拉維爾稱此對企業者保證利潤的特殊的人力為「生產之意念」(L'idée de production)——不消說，這種差額利潤論，本質上也並非新學說，其根本思想，已在德國舊學者曼哥爾德(Mangoldt)及舍夫萊所著書內，表現得非常明白。

第四篇　英美經濟學的發展

第一章　方法

一、數學方法

英美兩國雖然語言相同，但本世紀兩國經濟學的發展條件，卻根本異道，正如本世紀轉換期德奧理論經濟學之間的差異一般顯明。這時期英國，是哲封斯奠下基礎的「理論研究」之全盛期，質言之，卽數學方法在這時期內產生了非常重要的科學成果，其勢力已廣布全國，直到本世紀還不失爲這島國經濟理論發展的支柱。然而，美國經濟學卻恰巧在本世紀轉換期達到一種決定的改革狀態：開利、華爾客（Walker）和佐治（George）的學說，殆已湮沒無聞，許多美國經濟學家，在德國各大學受着羅射爾、克尼斯、黑爾特（Held）什摩勒、華格納、（Wagner）康吾克納普（Knapp）康拉德諸人的教益，已用青年潑剌的朝氣代之而起了。這從德國輸入的科學程序，不用說是歷史學派的東西。不過到一八八〇年代末，留德歸來的青年研究者中又出現一種新傾向，愈加注意於奧國學派的學說。這樣一來，於是演繹法也登上臺了，把英國和意大利各種數學的理論有效的發揮起來。到一八九九年，這個運動終於達到一個最有價值的成就，那便是葛拉克關於分配論的大著的出現。從此演繹法在現代美國經濟研究中便獲了不可爭的市民權。但其後數年又來了一個有力的反動。美國人實利的商業心漸次回到了現實主義，所以戰後少年學者們，似乎又已斷然和抽象的演繹法遠離了。

這樣子，本世紀第一季美國經濟學中方法問題是波瀾起伏着。英國經濟學界卻全沒有這會事。那爲偉大的馬夏爾所創立、數十年來一向占着指導地位的劍橋學派，直到本世紀還幾乎具有絕對的權威。這派所使用的適度的數學方法，在今日英國經濟學中仍保持其固有之地位。入本世紀以來，理論發展的指導權已從傾全力於實際經濟問題之學問的解決馬夏爾之手，漸漸移到無論何時都喜歡從事方法論研究的挨玆華斯(Francis Ysidro Edgeworth)之手了。挨治華斯現在也已入鬼錄，不過他關於方法論的遺著在其國度裏似乎已占取了穩固的地位。

馬夏爾和挨治華斯關於方法論的見解，雖然類似，其利用數學方法之方式卻很有分別。原來馬夏爾對於數學的分析是非常持重而有度。他常注意到經濟生活的各種實際現象，他的立場是要從現實的見地看來各方面都有確乎之基礎時纔始使用數學方法。縱令此時，他也不會儘量的升入數學領域，他對於實際經濟問題是一刻不離的，只要可能，馬上便復歸於實際問題。馬夏爾嘗對使用數學方法的人，作着非常可注意的忠告，他說：我們首先應該當作簡約的表現，而不當作研究手段，去利用數學公式；所豫定的結果一經達到，就要把它譯爲普通的語言，並隨卽將公式燬掉。——但挨治華斯的態度可完全兩樣，他對於數學的思想過程，是毫不拘束的。他率性愛好最廣泛的抽象，縱其純粹數學的嗜好，爲抽象而展開抽象；不只把它看做一種更便於認識實際經濟關係的單純手段而已。他有時候，的確未免離開實際經濟現象太遠了。不過另一方面，他倒提供了非常豐富的思想，那些思想，若不是因這樣的數學研究，是無法得到的。例如他把或然性算出法(reckoning of probability)應用於各種經濟理論問題，就產生了重要的結果。馬夏爾之使用數學研究是出於不得已的，不情願的；只把它當着一種補助，反是在挨治華斯看來，數學的研究，倘是經濟學的目的本身。

但以爲挨治華斯熱中於數學方法，而一味過大的讚美着它，那卻錯了。剛剛相反，他決沒有忽略這方法的能力之限度。其關於方法論的著作中，常鄭重的說，對這個方法的適用，期待過大的結果是不行的。他發表有許多重要論文，專門發揮這個見解，後來都收在全集的第二卷中。

最近英國經濟學界其他許多數學經濟理論的信仰者，都是折衷於馬夏爾和挨治華斯所代表的兩極之間。而以皮古和基內士(J. M. Keynes)二人成功最大。

本世紀初，孔儀罕(H. Cunynghame)有一個有趣味的企圖，他想用幾何學的圖形去表現最重要的經濟理論。另一方面，包利近來則用明瞭而靈動的筆調寫了一個大綱，把現代數學的經濟學之主要內容闡發出來。最近美國又有一本特殊的教科書出版，誘導學生去親近數學方法，別具一種風致。

美國方面純粹形態上的數學方法，本來只有少數的追隨者。雖然如此，這裏可也產生了不少關於這方法的重要的文獻。其重要的兩個實際代表者就是費西爾和摩爾(Henry L. Moore)。他們也常常參加方法論的議論。摩爾對於統計的研究同演繹的數學的理論之關聯作了優秀的說明。卡佛(Thomas Nixon Carver)作過一個有趣味的企圖，想完完全全數據的去把握各種經濟現象。本頓(Willard C. Brinton)則步趨孔銀罕在非常廣泛的基礎上面使用着數學用語，圖式的去敘述經濟學說。布魯(Frederick Kellog Blue)那篇出色的論文——他想在其中用數學的外被掩住其經濟理論之心理學的出發點——也有在這裏提及一下的價值。

二、論理的企圖

英美經濟學界最和數學方法的追隨者接近的，是那些想藉論理學來改良我們科學的學者。不待說，成為他們出發點的具體觀點是依人而異的。

先是有些人復歸於古典的思想，而企圖從自然科學的觀點達到經濟學中的論理的統一。塔特爾(Charles A. Tuttle)攻究人類因一面依存於物質的欲望一面依存於自然的環境而發生的各種關係，想以此為基礎建立一個理論經濟學體系。故布生(Arthur H. Gibson)(他也曾企圖一個大規模的經濟學體系，本世初把第一部發表了，但後來並沒有繼續）也是以抽象的思辨為出發，着重生產和消費之物理的律則。最近大衛孫(Julius Davidson)及薩特恩(L. Southern)對於收益定律問題和利息制欲說達到了幾乎同樣的見解。薩特恩象徵的拿獨立的經濟實體這概念研究，想從這見地給若干理論經濟學問題以統一的解決。這些無力的企圖差不多少有人注意。比這些更重要一點的是英人卡來爾(W. W. Carlile)和波納(James Bonar)的著作。他們主張經濟理論必須具有簡潔無疵的論理的構成，對那普及的經濟學說中也常可看出來的論理的一貫性之闕如乃至論理的矛盾，下着嚴厲的批評。波納的論文尤其深邃，而且確具哲學的基礎。英人來翁（Leverett S. Lyon）想依德國科學的先例，當作機能的關係去研究各種經濟關係。英人霍布生（John A. Hobson）在某一研究中用全新的批判哲學，反對古典的和新古典的態度。把經濟人的行爲加以分析之後，他得結論如次：美學的興味在經濟事象中所演的作用，比自來所想像者更爲重大。故在理論的研究上，不可不考慮及之。

三、關於心理學原理之論爭

霍布生的企圖把我們引導到美國文獻中最近的運動，這運動是想從心理學的觀點來修正經濟學原理。這個運動的代表者們的根據，就是「新美國心理學」。這新美國心理學乃十九世紀末由聯想心理學、斯賓塞進化論和德國實驗心理學結合而成，排斥歷來快樂主義的功利主義的經濟學之抽象的演繹的體系。這個運動中最熱心的份子便是巴克（Charles H. Parker）巴利（Carl E. Parry）和部克（O. Fred Boucke）。此三人者，都認爲由於心理學最新諸發現的結果，基於邊際分析的演繹的經濟學，是早已宣告無用了。所以要求再回到人類欲望之心理的發生原因。明白了這種原因，則經濟行爲與社會經濟環境之間的實際關係，就容易認識了。夫朗克（L. K. Frank）和斯諾（A. J. Snow）更爲簡約的提示了同樣的思想。後者攻擊着狄金生的學說。

卡佛已很明瞭的證明過了，狄金生復又加以證明，即舊的快樂論的學說，不管心理學的新發展如何，仍能合乎我們的需要，因爲它只從那自經濟學家的觀點看來可能的方面，考察着各種精神生活的現象。他從這確信出發，把那爲生產和消費的整個機構之樞軸的經濟行爲之心理動濃，加以精密的分析。在關於節約、資本和利息的概念上，在對於主觀價值論的固執上，他是步趨於費西爾惠脫（F. A. Fetter）也攻擊制度主義者之心理學的議論，並說明快樂論的假定，決不是現代經濟理論之基礎。只因爲英國人穿鑿的原故，快樂論的假定纔被包括於邊際效用說之中。留學美國的英人佛羅稜斯(P. S. Florence)的態度，很和惠脫的態度相近。他認爲經濟理論必須離開心理學領域的一切意見之紛歧而獨立。否則從來的經濟學固屬錯誤，制度主義在把它的命運同美國心理學的命運連結起來時，也就陷於同一錯誤了。佛羅稜斯對於新的統計的和現實的研究方法，卻抱着很大的期望。

狄金生和惠脫的努力，或那想藉欲望概念的分析及其對經濟生活之基本客體的透澈的分析來變更或鞏固其學說體系之心理學基礎的正統派幾個前輩指導者的企圖，要想抗拒那些少壯的反對者之猛襲，恐怕憂憂乎難吧。

四、美國一般的現實主義思潮

制度學派——前已提及——之積極改革計劃，乃從經濟制度之本質、生成、及其對於人間經濟行動之相互關係的周密的研究出發。細心的敍述，和豐富的歷史的統計的材料，是這派的方法論之特色。其一般研究，徹頭徹尾的保持着「貨幣的面紗」，尤其是特徵的。最近十五年來商業循環研究之盛行，一部分實種因於這種種的努力。本世紀第一季同時又有一個趨向現實主義的運動。近來大多數美國經濟學者（內中並有許多不是從心理學的考量出發的，）像英國對於其數學方法之一線相承的發展一般，都異口同聲主張經濟理論應該取社會的現實的態度。不過即在美國，也並沒有像德國那樣方法論上的尖銳的對立，因爲，英國人常意識着他們所推獎的那數學方法能力有限；而美國人除制度學派的左翼外，最近現實主義的努力對於抽象研究的正當性，原則上是承認的；所以他們也只提議經濟理論，應該現實的傾向與抽象的研究同時並重。立於較抽象的見地的理論研究和立於較現實的見地的理論研究之分工，是一切英語經濟學界都無異議的。不過在英國，經濟學家至今仍多注意於抽象的方法，而美國經濟學者方法論上的見解卻日益有現實主義的傾向。

擁護古典傳統的人，仍舊有許多，這裏只要舉出一個便够了。在楊格(Allyn A. Young)中，可看出這兩方面的均勢。對於他，採用演繹法還是採用歸納法的問題，全是不相干的。文內爾(Jacob Viner)在其初期論文中，想表示兩法並用之論理的必然性。拿這兩個人和制度主義的指導者例如埃狄(Lionel D. Edie)比較比較看。埃狄把那些在方法論上有雲泥之差的各種經濟研究傾向，很巧妙的調和着。他想暴露制度主義幾個主要的積極觀點，都已存在於現代抽象理論若干指導者的著作當中。荷曼(Paul T. Homan)對美國經濟學的將來，大體上是取懷疑態度，但其最近的學說史研究，卻表明方法論已出現了調和的徵候。

五、美國經濟學會中的方法論爭執

上述的發展過程，只要拿美國經濟學會每年的會議報告一看，就可了然。美國經濟學者這個指導的同盟，是一八八〇年代中頃，以其創立者在德國學來的歷史主義相標榜而創設的。但學會內部不久之後，就起了一個向現代抽象理論見解的急劇的轉變。直到本世紀轉換期，這傾向的追隨者人數雖未增多，在思想上卻已占了優勢。

入了本世紀，纔漸次的發生反動，而開始部分的復歸於本來的綱領。

美國經濟學和財政學的一個指導人物、並且有過許多有價值的理論上的貢獻的塞利格曼就是這個運動的例證。本世紀初他在該學會所作的報告中，主張不僅實際的經濟研究，即理論的研究亦然，要免除錯誤，便須不斷注意到實際經濟生活上的、顯著的社會、政治、和倫理的觀點。在其他許多論文中，也強調這項思想，特別喜歡研究社會生活和經濟現象的關係。這樣，他便達到一種中庸的並且也容納其他見地的史的唯物論之辯護。

塞利格曼之後二年，衛爾德(Jacob H. Hollander)亦在學會討論中以銳利之眼光指明向來各種分配論的實際關係，主張吾人應由純粹理論的「形而上學的思辯」再回來研究實際的經濟世界。從而，他對於分配論的發展是推獎較為現實主義的傾向。衛爾德的報告就像一根導火線一樣，引起大大的議論，羅塞瓦特(Victor Rosewater)和金里(David Kinley)都贊成其說，葛拉克和西革(H. R. Seager)（後者最近實在有社會的傾向）力稱一切經濟理論之目的，結局都無非是要解明實際的現實世界，那怕是怎樣抽象的。惠脫則反對此種中庸的辦法，抗拒衛爾德所加於他的攻擊，而努力用有力的論據為抽象的理論辯護。不過最近以來，惠脫本身也已回到經濟理論研究之現實主義見解了，因為他熱心提倡「厚生的理想」，並以之代價格問題而為理論經濟學之樞軸。關於這，後面還要更詳細的講到。

在自這不久之後的報告中，巴充發表一主張，說更簡單的言詞和更明瞭的敘述方法，是於經濟理論很有裨益的。依他看來，只要我們不走極抽象的路子，而與實際經濟生活各種現象保持密切的關係，這點就很容易做到了。並且這樣的事，不見得就於我們理論研究之科學性有何損害。幾年之前，巴充在該學會關於麥克法蘭 (Charles W. Mac-Farlane) 加於葛拉克分配論的批判的討論中，已經對過於抽象的經濟研究表示了同樣的反對態度。他的意思是，我們用數學方法來從事經濟理論的研究，是得不到任何新結果的。當一九一二年十二月該學會第二十五次會議開於波士頓，他在關於分配論的議論中，又主張了同樣的思想。那時巴充在本來專討論方法論的小著中，也反對那時代落後的舊演繹學說，而要求把經濟理論在現實主義的歸納的統計的基礎上重新建設起來。

杜威(Davis R. Dewey)在該學會所提出的論文中，用比較溫和的調子辯護着，謂經濟理論只可建築在細心證實了的實地觀察的結果上。但他並不完全否認演繹法之作用，世界大戰時，荷蘭德又發表一種見解，他在一個與方法論有關的論究中說，國民經濟學因抽象理論蔓延之結果，遂致在過去三十年間，毫沒有眞正的進步。依他，抽象的思辯，要以適度的事實研究相輔而行，纔能擧實際的效果。這個議論，就是賈西爾也感覺得對荷蘭德的根本思想原則的贊同，而只嫌過的指出非理論的積累極的半面，而不把事實加以消化，卻也有許多危險。——荷蘭德對最近的經濟科學作着非常悲觀的判斷，那位我們已屢次提及的行爲主義的指導者、也許爲最近美國經濟學界最深遠的思想家的毅布侖，對於經濟學的將來也同樣作着陰鬱的預言。他在一九二四年十二月關於支加谷的該會第三十七屆會議上所提出的報告中，指出現代經濟學的內部構造有許多缺陷，而作如次預言：特殊化了的事實研究，最近將來定會要沉溺於私經濟的觀點，沉溺於一切貪欲的商業心之中。而本來的經濟理論卻會殭死於煩瑣哲學的傳統裏。對於這頗失望的未來觀，少葛拉克(John Maurice Clark)和拜(Raymond Taylor Bye)首先很正當的指出過去數年間各種獨創的深邃的研究，尤其是那些自毅布侖的研究裏面出來的。認爲這些舊同事的顧慮對固然是對的，不過我們科學裏面現有的生活力，足可保證它的更進的發展。該學會最近又發生過兩次方法論的爭執，（一九二六年十二月在聖路易士，一九二七年十二月在華盛頓）各派的意見都一反從前；這個事實對於美國經濟學界向現實主義的轉回很有關係。我們已經知道，本世紀初以來，就爲了比較現實的態度而向流行的抽象的理論傾向開始了攻擊。但到了現在，現實主義者既經成爲指導者，所以他們態度轉而安於保守了。例如以前常常反對演繹法之誇張的荷蘭德，現在看見現實主義這樣汎濫起來，倒覺得要爲演繹法辨護了。陶西格(F. W. Taussig)和布勒克(John D. Black)乃特(F. H. Knight)和亞當斯(T. S. Adams)的見地也是一樣。這些人都是折衷其中，最後二人謂統計方法使用得一個不小心，也不免危險。敢公然替演繹法辨護的，卻只有支加谷大學教授文內爾和舒爾子(Henry Schultz)二人。文內爾說，沒有演繹法，那就做夢也不能想到把統計有效的適用於經濟學的發展。舒爾子則援用庫爾諾、華爾拉斯、奧斯彼茲(Auspitz)和利本(Lieben)的著作，證明數學的經濟理論之必要。可是他們的發言並沒有引起多大注意。因爲這兩次論爭中的指導者都是密徹爾(Wesley Clair Mitchell)，他卻是一個制度主義的擁護者。待後我們就要回到他的見解的考察。他辨護統計的經濟學，頗得了密爾斯(Frederic C. Mills)塞克利士特(Horace Secrist)先督生(Kemper Simpson)和斯奈德(Carl Snyder)諸學者的支持。科布(John Candler Cobb)在關於這題目的一篇論文中，給統計在經濟問題之解決上的用途，指出了幾個細微的區別。這時他是步趨馬夏爾，並且着重在那能以把數量分析的結果理論地發展起來的手段。

由過去幾十年美國經濟學會內部所發生的這一切論爭，就可明瞭它是有一種始終一貫的精神的。就是要再把經濟理論復歸於比較接近實際世界的、比較現實的路徑，從而想恢復戰前就已失去了的演繹的思辨和歸納的研究之間的均勢。制度主義者所企望的改良也就是以這個思想為基礎。他們的要求太反動了時，純粹理論的信仰者就要持異議了。不過他們膽子一天一天的怯弱，只管向新興的現實主義傾向讓步。

六、「少年美國」

抽象方法的日就衰落，在陶格威爾 (Rexford Guy Tugwell) 最近主編的經濟學之趨向 (The Trend of Economics) 中表現得最為明顯。其中「少年美國經濟學家」一篇，不啻是他們對於方法論的見解的一篇共同宣言。其中的見解固然有種種的差別，自自然科學的見地以至純粹的相對主義，差不多應有盡有。不過它們所生的合成力，即這部書的主旨總歸可說是極端抽象的純粹理論研究之清算。

極端抽象的純粹理論研究已在沉沒着，而願去打救這隻破船的卻止有拜一人。他竭力擁護純粹理論，認為那是科學的自己目的。他想拿最近價值論和分配論諸結果說明我們科學藉了這種純粹理論，就是對於社會福利之促進，也終歸會有最確實的貢獻。乃特的議論比較溫和些。他基於論理學的和心理學的深刻的穿鑿的研究而得結論如次：因了交換機關和價格構成之法則性的原故，必有某種有限的領域存為那兒各種經濟關係用演繹法也能夠去從事研究。他對於各種現實主義的改良計劃，並不一概抹殺，不過以為理論上的各種學說，多是經過辛苦的知識勞勤得來的，在拋棄之先，不可不把它們的正當性加一番根本的考慮。乃特又是美國學者中特別注重經濟學中的倫理見地的一個。他首先當價值學去把握倫理學和經濟學這兩門科學，而後將它們之間各種關係加以澈底的心理學的分析。他那關於實際經濟生活中的、尤其是經濟競爭的各種原因各種連帶現象之中的倫理見地之作用同重要性的研究，也是有興味的。乃特對那立腳於新心理學的學派，採取否定的態度。一九二〇年十二月美國經濟學會的論爭中，他曾以這種見地反對巴利和少葛拉克，在其近著中，甚且對急進的革新者們實行着銳厲的抨擊。不消說，這些革新者是不會不應酬的。尤其是最近科普蘭德(Morris Albert Copeland)，更想系統地給乃特的議論加以駁斥。

武爾夫在陶格威爾所編書中，表示着很強的現實主義的調子，他的主張，同拜所擁護者剛剛相反。在他看來，作爲自己目的的純粹經濟理論，是無意義的。因爲，我們的知識，惟因其與吾人利害攸關，纔始成其爲知識。不錯，眞正的科學毫無疑義是站在因果見地上面的。但是奈何在科學對象所由決定的那基礎上，已經有種目的論的見地了。是以經濟研究不向着實際的倫理的重大問題進行，便要從既定的倫理見地出發。這樣一來，便發生一個唯一正確的思想體系，武爾夫名曰「機能經濟學」(functional economics) 卽令在理論上也帶着倫理的和現實的色彩。——

少葛拉克也以折衷爲主，以更現實主義的程序發展了他有名的父親的著作。一九一八年十二月美國經濟學會第三十一屆年會開於里聡蒙特，他提出一個報告，向經濟學中兩個極端的傾向下着警戒。對於將來，他是推薦那站在現實主義見地的理論。但依他看來，這徹頭徹底要是一個理論，決對不能是單純的事實之集積。那年，他又發表有一個深邃的研究，主張經濟理論必要從新心理學的各種結果出發；二年後該學會在大西洋城開會時，他復對斐布侖的學說表示同意。他這種精神，在發表於陶格威爾所編書中那篇確具理論基礎的論文中（他在其中展開着一個關於經濟學之發展的、很有價值的辯證法的理論）也可感覺到。他近來關於靜態見地和動態見地之關係的研究，達到了一個融和的結論。卽後者之比較歸納的特長，若輔以前者之演繹的說明，便可把經濟生活過程之完全的姿態表現出來。

經濟學之趨向的發行者陶格威爾和斯力西脫(Sumner Huber Slichter)，卻斷乎反對抽象的經濟理論。前者對經濟的自然法則觀，尤攻擊不遺餘力，他一般的證明說：我們科學中一切執拗的獨斷主義，沒有一種不包含着論理的矛盾。所以，我們的急務，是要努力去實際的觀察，用實驗的方法——儘人力之所及的——去認識各種實際經濟關係。陶格威爾在許多非常有價值的論著中，也曾以此論據，一面的反對那立腳於快樂主義見地的經濟學，但對於制度主義派中二三子的過激誇張，卻也不表贊同。斯力西脫對於一切輕率的演繹的一般化也非常反對，並且想指出一些流行很廣的、建築在不牢固的歸納基礎上面的學說之謬誤。密爾斯在他的論文中證明經濟研究採用統計方法，是具體的可能的。他遵從馬夏爾把經濟法則看作一種單純的傾向，且從統計的觀點，視之爲平均的關係之表現。像這種地方，以及他那把他的主要思想詳細說明着的大部頭統計書，凡經濟學研究者，都值得加以注意。韋爾德(William Ernest Weld)的研究亦復如是，他統計的地研究着一般福利之基礎。他在該書裏面的一篇論文，這裏暫且不提，單就居於指導地位的密徹爾的主張說說。他的幾種舊著，對現存的經濟理論體系曾有過重要貢獻，在其最近一篇論文中，把統計所指導的現實研究和馬夏爾的態度之相對的價値，作了一個比較。但是，他正在這個當兒抓住了現代全部經濟理論的根本原理。他如今正繼續着以前在其他研究中所表現的思想過程，以變布侖之徹底的追隨者資格而出現。對於主要的快樂主義的功利主義的經濟學，毫不容情的加以攻擊，他的反對論據也達到了非難的頂點。他說，這類經濟學的基本原理，已完全爲新心理學所不容了。所以我們今日視爲可驗的一切價値論和分配論，都是屬於這一類的廢銅爛鐵。新的理論，必須顧慮到心理學的最近成就，而建基於關於經濟制度之發展的「科學的」理論研究之上，再不可止是「歷史的」或宣傳的而已。像英國韋布(Webb)，德國宗巴特，美國變布侖的研究，便是實例。這樣以實際經濟制度爲根據的研究方法，密徹爾稱爲「制度的」方法(institutional method)。

如上述，我們可以知道，美國經濟學大有復歸於十九世紀德國歷史學派的方法論綱領之傾向。不錯，陶格威爾所主編的書，並不能說是少年學者們關於方法論的宣言。實際上公然服膺制度主義的究只是少數。但是把美國戰後經濟學上各種結果簡括的看來，也就可以明瞭，這個新傾向的影響是多麼偉大，它的許多成果和抽象的演繹的方法之成果比較起來，愈顯得非常重要。加之，紐約的國立經濟研究所(National Bureau of Economics Research)，華盛頓的經濟學院(Institute of Economics)支加谷的土地經濟與公用研究院(Institute for

Research in Land Economics and Public Utilities)，和美國其他多數科學研究之可注意的事業，實在都要歸功於制度主義者。這些學者常否認他們和歷史學派尤其是舊歷史學派有什麼瓜葛，想用一件光彩奪目的外衣和新奇特別的名稱，將他們方法論見解飾成為堂乎皇之的「現代的成就。」但是這個運動的本質，在我們旁人看來，卻只是一種並不希奇的古董。

七、法律的、歷史的、和社會倫理的見地

在康門斯(John R. Commons)的思想中，我們可以最明瞭的看出那向現實主義觀點的復歸。他對他自己三十年前所發表的分配論說：我當時意想把不能混淆的東西「混淆」起來。現在他已成了新行為主義的忠實的支持者，不過並不和前述那些追隨者一樣，沒頭沒腦的專門從事方法論爭。他所選擇的事是積極研究的路子，因而採取了法律的和歷史的態度。他專心致志在與各種社會經濟問題之關聯上，歷史的地研究着英美的訴訟手續，想從這些研究中引出各種比那基於抽象的演繹法的傳統理論更能夠正確的說明現代經濟的概念。即令歷史學派的公然的追隨者，在本世紀英美文獻中也常發表他們關於方法論的見解。

阿什利(W. J. Ashley)恐怕是英國歷史傾向的學者中最有貢獻的一個代表吧。他在關於經濟學之最近發展的某研究裏，承認現代理論的研究是有益的，不過同時主張，經濟研究總要更復歸於經濟史的和實際的見地纔好。阿什利在強調私經濟的重要性（主張把它深化、擴大、

以完成一種新科學卽經營經濟學 Business Economics）一點，自然是受最近德國經濟思潮的影響。韓內（Lewis H. Haney）是美國有名的一個學說史家，他的方法論研究很值得說說。他基於一部分從有機的社會學一部分從個人主義的社會學而來的各種要素之折衷的交織承認社會的見地，乃判斷經濟現象的唯一正當見地，想由此以證明次一事實，卽無論經濟價值的概念或市場現象和分配現象，本質上統統是社會的範疇，這些研究都只有站在社會的見地上纔能夠得到滿足的結果。

最近英語文獻中關於倫理的方法論之研究，比較不多。

除了或者前已提及或者後面還要講到的豪特萊（Hawtrey）及其他幾人的研究外，就只有戰前發表的麥多克（John G. Murdeck）的書和最近出版的馬利阿特（J. A. R. Marriot）的書，還有說一說的價值。前者是以馬克思主義的史的唯物論爲基礎，證明每個時期主要的倫理見解，都是依存於經濟的前提；隨後又援用人類學的生物學的心理學的和社會學的見地，對資本主義的利潤經濟作着嚴厲的批評。而馬利阿特卻努力於暴露古典學派經濟學說同基督教世界觀的倫理原理之關係和矛盾。其結論是：這兩個思想傾向，是沒有調和的餘地的。同時發了許多饒有興味的感想，但對於方法論，毫無新貢獻。

八、價値判斷的問題

經濟學領域內科學的價値判斷是否可能這方法論的問題，沒有麻煩英美經濟學者的腦筋。我們已經知道，德國文獻中對於這個問題，是有過激烈之論爭的，英美學者中若干人對於那次論爭，只偶然而然的感到一些興味。馬夏爾及其直接追隨者是贊同價値判斷的，尼科爾生（Shield Nicholson）等則取反對的態度。但到本世紀轉換期，美國經濟學會對這個也引起了有興味的議論，而具有獨立的方法論上的意義。可是在這裏，仍舊只拿社會經濟的論據討論着問題，決沒有認識論的深入問題的奧底。

哈德利(Arthur T. Hadley)在該會的報告書中這樣主張：經濟研究之真正目的，不外促進全民之福利。故經濟學家常時常超越一切黨派的利害，而在社會和經濟鬬爭之紛擾中成爲特立不動之燈光。關於這個討論塞利格曼和美俄斯密(Mayo-Smith)都大體贊同哈德利的主張。但那位卓越的社會政策家康門斯卻猶持異議，而謂經濟學家同學問見解之一切差異，畢竟要歸因於黨派和階級的對立。因爲我們人類，一般都只能黨派政策地去思考社會的事物。真正的理想的經濟學家，實在是站在社會生活鬬爭之渦心的「結合的經濟學家」(associated economist)，遠離這鬬爭而孤立的在瞑想的思辨中對生活的「個人的經濟學家」(individual economist)是不存在的。即令黨派政策家，也止是致力於全民之福利。並且實際上這個福利，畢竟是要作爲一種合成力，由種種黨派政策的見解之間的議論，纔能產生的。

不待說這次討論中，不僅止康門斯是站在價值判斷的基礎上面，就是他的反對者亦然。因爲，後者也是擁護一般的福利的。但這次論爭使得經濟學家們各自對這問題所取的態度和見解，愈益明白了。自此以後，關於科學的價值判斷之可能性的德國方法論爭的結果，遂次第到了美國。美國少年經濟學家們沒有費多大的心血到這類認識論的問題上去，不過多少有些傾向於韋伯的態度吧了。一九二一年十二月美國經濟學會庇資堡會議中，關於經濟理論同倫理學之關係的議論，很明白的表現着這種傾向。

會長乃特和（至某程度）黑耶士(H. G. Hayes)以及威廉金(W. J. King)，要求經濟學中應該把事實的確定和價值判斷的表現嚴格分開。對於這種區別，有少數人武爾夫和（至某程度）文內爾——懷疑其可能性。

九、「經營經濟學」「管理學」及戰爭經濟學

像法意經濟學一樣，二十世紀第一季英語經濟學中對於經濟科學的組織化，也沒有大大的變革。從而關於這個問題，沒有引起過有足稱述的議論。相當於德國私經濟學的經營經濟學（Business Economics）的文獻，最近幾年內頗有增加。這個新科學部門的獨立性如何，誰也沒反對過。

這領域內比較新穎而優秀的成就，推英人斯迪芬生(J. Stephenson)和美人凡德布魯(H. B. Vanderblue)的著作。兩人都以深邃的專門知識為基礎，與其說是從批評的見地，無寧說是從實際的記述的見地說明着和經濟學和國民經濟學的種種關係。凡德布魯對於景氣問題和恐慌問題之私經濟的關係，尤有值得注意之敍述。

泰羅（Frederick Winslow Taylor）所創倡的經營學之一部分——管理學(Science of Management)，也不斷的發展着，在今日美國已成了一個成熟的獨立科學，在它支配之下的著作，是夠形成一個不小的圖書館了。這門新學科的聖典，是一九一一年出版的泰羅自己的名著，他在那書裏用驚人巧妙的筆調，把他那基於幾種淺明的定律和原則的、適用於一切人間活動的一般經營學諸原理，簡括的說明了。自此而後，這門新科學的程序就是在大陸也被大成功的採用着；其根本要點，在於增進營業上一般的工作效率，尤其是技術工業上的生產能力。泰羅的經營學在這個擴大的形態上，大有把一切私經濟學兼含並蓄之勢。

關於特殊的戰爭經濟學是否可能和必要，英美經濟學界也沒有引起過議論。

大戰剛勃發的時候，主要是英國，關於戰爭經濟，有許多理論的探究。這裏只舉出其中希爾斯特(F. W. Hirst)的著作和雷恩爾德(R. A. Lehfeldt)的比較小的著作。像塞利格曼、挨奇華斯、基內士(Keynes)皮古和楊格等重要經濟學家，對於大戰與和平條約的經濟問題亦不厭其詳的研究著。不過這一切學者以及研究着同一方面的其他許多學者，都只指摘出一般經濟現象因大戰中及大戰結果而起的各種暫時影響吧了，比如皮古的書，卽在基礎的包括的各種研究中，也決不自命要建立一種叫做戰爭經濟學的獨立科學。所以戰爭經濟學的出現，不能不說是德語文獻中獨有之現象。

第二章　建立體系之企圖

一、英國劍橋學派及其他抽象的理論的體系

本世紀第一季，英國經濟學的一線相承的發展，爲任何他國之所無。德國經濟學是在動蕩狀態中，意大利、諾桑派諸理論經過堅苦奮鬬之後，纔得以擡起頭來。法國則發生了各種現代理論的重要轉向，卽令美國——後面還要詳述——也有一種復返現實主義見解的趨勢。但是英國自亞丹斯密、李加圖、穆勒、哲封斯以至於馬夏爾，卻始終是墨守成法。這種地方，可明瞭的看出那在英國文化一切領域中都非常重要的腳踏實地的漸進主義和對於急激的變革所招致的一切飛躍的發展之嫌厭，對於傳習之根深蒂固的崇拜。

在舊經濟理論向新經濟理論推移的當兒，雖曾出現一些歷史學派的趨勢，但這在英國經濟學的發展上，要不外瞬間的浮光掠影吧了。加之英國少數歷史學派的追隨着他們並不是躭於過度的相對主義，古典學派各種成就，仍儘可能地被他們保存着的。阿什利就是這樣，他一九〇九年還替約翰穆勒的經濟學原理發行了新版。唯其如此，所以對於理論研究之暫時的反動，比較上容易肅淸。實際上，哲封斯那堅強的個性，直到本世紀還對英國

經濟學有着直接影響。

他的兒子少哲封斯(Herbert Stanley Javons)於一九一一年把父親的主要經濟著作發行第四版。他在某附錄中供給了些有興趣的史實擁護父親的利息論，反駁馬夏爾的批評。早六年前，當那久經待望的包括着整個經濟學體系的他父親的斷片由希格斯(Henry Higgs)編輯發行時，少哲封斯曾發表一部方法論的著作，頗得一般人的歡迎。他在那書裏心理學的地把父親所使用的方法加以深化，隨後並想將它適用到關於生產、市場機構，和財富分配等現象的研究上去。

最近英國文獻中最有名最有價值的經濟學體系，可見於馬夏爾的原理一書，此書第一版發行於一八九〇年。在思想之成熟，並論理地論及理論經濟學全領域之點，只有穆勒的原理可和這部書相比。它繼承着後者的科學地位而把它傳播到英國以外去了。哲封斯的成就因馬夏爾之書出而失其光輝。英國文獻中最初表示現代經濟理論的根本思想者，無疑是哲封斯，即就獨自性而言，也是他占優勢。不過，馬夏爾眼界更寬，頭腦更有系統。他乃是把現代經濟理論同古典經濟理論綜合起來的最初一人，爲後來許多人所效法。他在這綜合上，也並沒有忽視了歷史學派各見地。馬夏爾這原理，將這種種傾向的結果總括起來，而又包含着極重要極新穎的理論的解決，所以可說是科學著作中一個偉大成功。這個成就，也許可由該書之多次重版以及多數國文字之翻譯證明出來吧。

馬夏爾的大著最初問世之時，是屬於前世紀，爲本書研究範圍所限，不能作更加詳細的研究。這裏所要簡單的論及的，止是其在我們規定時期內發行的第五版。這一版中有幾個很重要的修正，一部分是關於題材之形式的排列，一部分卻是關於若干重要學說的內容的構成，例如價值現象說明中的邊際費用說。但特別值得注意的是，馬夏爾在這版中聰明而有效地表示了時間要素在分配論中的作用。如此，他一方面把地租和準地租這種困難的概念弄得非常明瞭，一方面對基於物質的生產手段的各種所得之統一說明，又提供一個值得注目的貢獻。與時間要素有密切關係的國民分配這概念，在以前各版中都極不明瞭，第五版裏面也把它明白的展開了。這版中所謂國民分配，是指每年能够處分的經濟財和生產的勞役之總量而言。他從這概念對於一切國民經濟的重大意義，得出了經濟政策和社會政策的重要結論。即，國民所得的增大，首先依存於生產之完全化（Perfection）。這種完全化，是由於各種技術的發明，而這類發明，又常只由於私人的創意力；由於共同團體所誘致之活動者，實屬罕見。馬夏爾認爲我們考慮平等的社會改良之利弊，考慮爲一切私人創意力之泉源的私有財產的廢止之得失時，切不可忽略了這點。

原理這書，即其最新版亦然，初不過一個總括的學說體系之第一部分——理論的部分吧了。馬夏爾對於他的著作的繼續所作精神上的奮鬬，也許可和哥德對於他的浮士德（Faust）第二部的奮鬬並比吧。馬夏爾時刻不忘他那部著作的完成，但是其他的著作和教職及其經濟政策上的實際活動，終歸把時光占住了。他對那續編之形式的構想，也幾經變更，費時三十年以上，方纔發表一部分。而此時馬夏爾年已八十，所以最近出版的兩册大著，越加帶着老態。他自己也覺得精力一天不如一天，所以在上述兩部書裏，止是把以前發表過的（有一部分是半世紀以前）處理實際經濟問題的一些論文，總括起來而加以統一的複製吧了。所有的罅隙都只以記述的事實材料彌縫着那使得原理顯出活氣來的理論的情勢，在這裏已僅殘留着些兒微弱的影子。雖然如此，這位上了年紀的學者總算把他關於經濟生活之組織問題的大部分見解，他的貨幣論，尤其是他的對外貿易論在一個完整的體系中發表了。馬夏爾一點不感疲乏地和一天逼緊一天的衰老奮鬬着，臨死之前，還在從事另一部著作，準備用進步：其經濟的條件(Progress: its Economic Conditions)的書名發表呢。但一九二四年夏他終於遽然長逝，那部書也就沒有完工。

二十世紀第一季英國理論經濟學第二個（與馬夏爾並肩）指導者挨治華斯，經過一生努力，仍未克把他的經濟學說用一個完整的體系公布出來。他的活動力多半消耗在特殊研究，方法論上的研究，和那可驚的成功的批評家之活動上面了。收集他各種論文而成的前述三卷的集子（此爲這位老學者逝世前不久，由英國皇家經濟學會所刊行）包含着許多新的經濟理論思想，這些思想是挨治華斯常常不走理論研究的正道，而研究那一見似乎無關宏旨的特殊問題得來的。然而要把它們來構成一個系統整然的學說體系，還是不可能的。

這個時代其他的英國經濟學家中最近逝世的尼科爾生在一八九〇年初就開始發表了他那總括的學說體系，其最後一卷到本世紀纔公布出來。尼科爾生在理論的論究上常和馬夏爾的見解相接觸，尤其是在消費者剩餘這概念的展開上特別顯著。至於他的準地租論，就是他自己也承認與馬夏爾那個內容全同。雖然如此，對於古典學派各種理論，尼科爾生卻比馬夏爾更爲重視。他同時又使用着廣泛的歷史的材料，而且對於歷史學派的見地很能理解。他利用了所有機會反對拿理論的獨斷主義把我們的科學弄成殭化。他不大喜歡用數學方法，有時甚至還攻擊它。尼科爾生的大著是十足的折衷的。那是以約翰穆勒的原理爲範本，即其題材之外表的分類也是模倣後者，他這時際是考慮到歷史的見解的，但同時對於現代各種理論思潮的影響也無法避免。他雖則把各種不同的見解結合在一個多少統一的學說體系中了，但並沒有收到各方所期望的著作上的成功。尼科爾生雖從他的大著中選拔一部分作爲一本教科書，儘量用更簡單更明瞭的敍述，對於題材的組織的配置也大大加以修正。他想在這當中先講分配論後講交換論，未見得十分妥當，並且這部書連教授上的目的，似乎也沒有做到。

夫祿克斯（A. W. Flux）在其簡潔的體系中用了許多數學方法。他的著作的副標題叫做一個概論的研究（An Introductory Study），和內容很不一致，因爲他的思想極難理解，且預想許多專門的知識，所以他那部書只可供於經濟學有高深研究的人讀。夫祿克斯的著書是有精緻的構思的，其體系的出發點和時常着眼的中心思想就是價值問題。他想依邊際效用原理來解決它。至於其他各種經濟問題，都是因爲與價值直接相關，纔惹起他的興趣。所以他對於價格論、分配論、國際貿易論、財政學等少數問題，都是從價值問題的觀點來處理，並且一切都拿邊際原理來說明。這時際，他爲了把邊際效用說統一化而加以擴張，很提供了些有益的思想。夫祿克斯未曾和其他著作者討論過，他只考察着理論研究上最近各種發現，因而受了馬夏爾強烈的影響。他的著作戰後發行第二版，其中經過他修正並且發展的一章，是關於貨幣論和國際貿易的。夫祿克斯特別注意於一般價格水準的各種變化，及其原因和結果，把他的貨幣論直接和這些結合着，並且放棄了以前所使用的「數量說」這個名詞。

雖然有了尼科爾生和夫祿克斯的著書，以及負着盛名的、馬夏爾的學說體系，本世紀的轉換期，英國人竟有再回頭去研究穆勒的原理之趨勢。他們對於外國文獻也很注意，像皮爾生（N. G. Pierson）那有名的"Leerboek der Staathuishoudkunde"也有翻譯了，使這部書能以同國際的讀書界接近。該書各卷是一八八四年乃至一九〇二年間用荷蘭本國語陸續發表的。出於沃爾澤爾（A.A. Wolzel）之手的兩卷優秀的英譯，因出版的幾經災難，直延至十年之後纔始發行。這部書最初出版的年月日也是屬於前世紀，所以這裏只準備簡單的敍述一二。——我們已經說過，尼科爾生的思想比馬夏爾更爲接近古典學派的學說，這在皮爾生尤爲然。他的大著的基礎，完全是從古典經濟學說脫胎而來，邊際效用學說各種思想不過作爲第二等的附加要素點綴其中吧了。

皮爾生之獨自的理論的問題解決，具有非常卓越的重要性，這裏只從這一系列的問題解決中，指摘出下面幾個，卽分配論與價格構成過程之密切的結合，和企業者利潤之透闢的分析，把企業者利潤分爲企業者對危險的報酬，企業家企業活動的工資，和常常存在的具有租錢性質的剩餘所得。像我們後面還要說及的一樣，這些思想，就是最成功的多數少壯理論家之出發點。皮爾生之書的特別魅力，就是它常常和活潑潑的現實經濟世界保持着密切的關係，這是因爲著者對於實際經濟生活，經驗豐富，能够極精微的洞察着它。皮爾生對社會主義理論家諸學說，作着非常銳利的批判。自命乍拉薩爾(Lassalle)的思想裏面發見了「可驚的論理的謬誤」，而否認馬克斯的科學的思想家之資格。他熱心的辯護自由貿易主義，反對保護關稅，這一點尤其可見他如何同情於古典學派。

威克斯狄德(Philip H. Wickstead)卻和一面承認邊際效用說的根本思想，一面仍舊服膺古典理論的尼科爾生同皮爾生完全相反，他和夫祿克斯一樣，完全信奉現代理論。他首先致力於邊際效用說的論理的深究，同時去掉一些不明瞭的地方，免得把它的根本思想弄成曖昧。但是他對於那瀰漫於經濟理論中的其他不明瞭的概念和論理的矛盾，也絲毫不肯放鬆，只有其論據對於明晰的理性直接明瞭的原理纔被他承認是眞正的原理。他準備用來展開這個程序的那部書，雖然沒有提示一個完整的經濟學體系，但它的各個問題，卻已在種種地方論究到了。所以我們這裏似乎不妨拿它來說說。威克斯狄德努力在日常生活的基本現象上來說明邊際效用說的中心思想，他這些出色的文章，邊際效用說的信奉者是最歡喜談的。把「邊際效用價值之均衡」一理論那樣完全抽象的理論，用極其簡單的形態，當作婦孺皆知的眞理說明出來，這不是威克斯狄德的天才，恐怕誰也不能做到吧。他關於邊際效用，特別強調次一點，卽邊際效用並非最後單位的特殊性質，而只是一種的差別概念，表示最後單位對於同種總存貨具有如何意義的一種關係概念。爲了要免掉因關於這點的概念上的錯誤而生的許多謬誤起見，他提議用「部分效用」這詞，代替邊際效用這曖昧的名稱。威克斯狄德的大著，除了關於現代經濟理論之出發點的這微妙的分析外，對於被他視爲純粹價值問題的分配論，對於貨幣論，以及他反對自由貿易理想的經濟政策的論究中，也提示了許多有興趣的而且很有效果的見地。

尼科爾生、夫祿克斯都只是在馬夏爾的範圍以內，儘管把他各個見地簡單化，甚至部分的把它淺薄化了；而威克斯狄德則走着現代理論的比較徹底的路子。但皮古的工作，卻是一線相承的繼續着馬夏爾的成就。皮古是馬夏爾的學生，後來就繼他擔任劍橋大學的講座，其最重要的學問上的任務，就是把先生的偉大的學說發展起來。他畢生致力於保護馬夏爾傳統的學術運動，可說是這運動的代表人物。他的學說體系是劍橋學派最成熟的果實，同時無疑是現代經濟學中最卓越的著作之一，本來在戰前就出版了，不過八年後又改換了個新題目發行，篇幅增大兩倍，最近更有較小的本子出版了。這部書在方法論上是和馬夏爾的原理走的同一條路。皮古雖也想把理論的思想儘量建築在實際的事實材料之上，但是正像馬夏爾自身一樣，終歸未能把理論的敍述同事實的敍述調和起來。他的著作，常常給與我們一種抽象的印像。不過皮古沒有先生那樣喜歡用數學方法。他的著作最近一版中尙保存着的少數數學的論究，大部分都是作爲附錄，列於編末。

皮古的主要思想，是直接從前述關於國民所得與一般福利之關係的馬夏爾學說出發。不過他把握一般福利這基礎準則的方式，卻令人想起最近英國的功利主義，尤其是像西得維克所主張的。皮古也認爲滿足（satisfaction）和不足（dissatisfaction）是兩個心理的根本事實，個人的福利就爲二者之相互關係所決定。不過要各個的福利增加了，總體的福利纔得以增加。這種地方，最大多數之最大幸福這有名的功利主義準則，就成了皮古默認的根本思想。這個福利概念是完全能以測算的。一則因爲那決定一般福利的各個人的福利之總量，是種數的分量，二則因爲個人之滿足與不足的關係，是可以數量的把握的。不過，和西茲維克一樣，皮古也使福利概念與某種人的狀態生關係而不使之與物財的處分生關係，因而避免了人家說他是唯物的見解。

在皮古看來，一般福利的大，依存於國民所得的大。這裏他是繼承了馬夏爾「國民分配」一概念。不錯，這概念在內容上，同那公司所支出的紅利毫無關係。但馬夏爾之所以選用這個名詞（不適切，）心裏是以爲國民年所得，正是像股份公司那樣分配的。所以在皮古的思想中，「國民分配」止是對國民所得作的一種比喻的表現。它的本質到底是什麼呢？皮古也和馬夏爾一樣，定義它爲客觀的勞役之總量，一部分通過經濟財而被間接的提供，一部分被直接的提供。這些勞役不消說必須能夠用貨幣價值表現出來。恰如依存於國民所得的福利只是那直接間接能用貨幣洋價的滿足和不足之差額的表現一樣。從這種見解看來，那末，他的批評者康門斯、乃特說他的學說體系之中心點止是交換價值的範疇，或一般的說，止是傳統的價值問題，這話是完全正確了。

不過一般福利不僅僅依存於國民所得的大，也依存於它所以被分配給各社會成員的方法。和西茲維克一樣，皮古也相信分配上的不平等愈減少，一般福利必然隨而增加。

所以他的學說體系，於討論福利與國民所得之關係，及國民所得的大的問題後，第三編便研究了國民所得之分配。其舊版第四編原是討論國民所得的變化。因爲在皮古看來，一般福利是隨分配之時間的不平等之減少而增加。戰後改訂版中把頭三編擴大了許多，並插入兩篇新的部：國民所得與勞動，國民所得與國家財政。第三版把最後的一篇和關於國民所得之分配的元來第四篇省略了，前者最重要的內容已收入他的戰爭經濟學（Political Ecomomy of War）中，後者的主要思想，已包含於其最近所作關於商業恐慌的書中。皮古在這以福利概念爲中心的新經濟學體系中，加入他對邊際效用說之研究的幾個貢獻，尤其是關於價格論和分配論的思想。關於這些還待後面詳述——他所寫關於各種實際生活問題的論文，最近也集成小小的一卷出版了。

過去二十五年英、美文獻中各學說體系，沒有一部像皮古的著作那樣受人強烈的批評。挨治華斯對於皮古的偉大的獨創性是無異議的，不過對於他那書中各個附隨的特徵，——例如皮古使用數學方法的方式，輕視學問的典據——和一些不重要的理論上的錯誤，卻不能贊成。尼科爾生認爲皮古之抽象的論究和經濟生活的各種實際現象之間，並沒有真正的關係。那位頗著勳勞的學說史家凱南（Edwin Cannan）則主要的反對皮古的國民所得概念，指出其曖昧和矛盾的地方。美國人中則有楊格指出皮古地租論中的錯誤。皮古在其學說體系的最近改訂中，對於這一些善意的批評，都加了一番考慮，在收益遞減理論中尤其斟酌了楊格的忠告。最近乃特主要的批評皮古體系中倫理學的——心理學的根本思想，他的評論是非常贊嘆意味的。

皮古的同僚查普曼（S. J. Chapman），獨創性趕不上他。查普曼雖然有某部分是本於華爾拉斯和哲封斯，但大體仍是師宗馬夏爾。不過他想完全不用數學方法來說明馬夏爾的思想過程。他只在附隨的地方，間接提示一些新的見解，例如他的收益論和地租論之間的若干微妙的差異。它的學說體系是用各種各樣的形態發表出來的，思想的敏銳，是其最卓越的地方。但都是非常非常抽象的，只有高級的學生，纔有資格和它親近。在最近各版中，查普曼想多加些事實材料，使他的學說體系，更增多一點現實的特色。

柯平哈根大學教授比克的學說體系，比較富於獨自性，他能夠用一些獨創的思想把維也納學派和劍橋學派的學說并豐富起來，他從馬夏爾的價值論出發，把邊際效用說所提示的比較重要的一切思想順序展開出來，使它們結合於一個圓滿而明瞭的體系之中，比克把美國經濟理論上最近各種成就差不多一概抹殺了，這是他的體系的唯一缺點。

羅布松(W. A. Robson)曾企圖把福利概念當成經濟理論的中心而加以擴張，關於他的著作也得稍稍說及。依他看來，科學研究者不可僅僅注意於財富，要知健康、藝術、教育等，也都是福利的一部分。

二、美國葛拉克學派

本世紀英國學界，只有皮古的書可說是最近經濟理論的一個滿意的完整的新學說體系，反是，這時期美國經濟學界卻提示了許多優秀的學說體系，都以最新的理論的成就爲基礎。現代美國經濟理論，已隨着新世紀而達到了它的成年期，充分意識着一種潑剌的青年的力量。儘可能的努力脫離歐羅巴的科學和文獻而獨立。同時各大學的經濟學課程也驚人的發達，教科書的需要，年增一年。所有卓越的經濟學家都企圖把自己的學說在一個儘量包括經濟學全領城的簡明的理論體系中傳給他們的學生和公衆。

葛拉克的著書誠然並不是最近美國文獻中一部最流行的教科書。不過它的著者的聲望，已遠及外國，所以這裏仍把它列爲第一。葛拉克對於經濟學發展的重要，在於他站在哲封斯和馬夏爾的地位之間，他的創作纔能比得上哲封斯。這創作才能就使他能以燭見現時代經濟理論的根本原理，同時發現歐洲諸學者的根本思潮。不過他又和馬夏爾一樣尊重古典經濟學，並且在某程度上，也和他一樣富於體系搆成的能力，有了這體系搆成的能力，便能夠把他各種獨創的思想，結合成一個具有確乎基礎的統一的學說體系。不待說，這個課程他做來所以毫不費工夫，卻是因爲他意識的地站在古典的基礎上面，只須在固有的思想體系裏面塡進一部分新的內容的原故。葛拉克在他的教科書中，除了前世紀末所發表的關於他那有名的分配論的著作中已經包含的外，幾乎別無所有。那裏面是分配論占着主要的中心地位。這書的特徵，就是葛拉克理論的兩個指導見地，卽客觀觀察法與主觀觀察法之意識的結合，靜態經濟諸現象與動態經濟諸現象之嚴格的區別。

塞利格曼的著作流行極廣，卽歐洲經濟學者也很聞知的，他的原理部分的依存於葛拉克的學說。對於各種理論問題的解決，除葛拉克外，並還顧慮了龐巴衛的思想，他給與了邊際效用說一個極圓滿的形態。不過與非常喜歡玩弄經濟人這概念，有時陷於大膽抽象的魯濱孫故事的葛拉克卻又不同，他爲的往現實主義一方面走，對於德國歷史學派的主要著作，尤其是彪赫爾的見地，也有很深的造詣，而常常側重於經濟問題的社會的方面。他書中那一篇包括的經濟學的而且社會學的結論，除了極少的錯誤外，多數是重要的見地。該書用許多圖表說明着事實材料，由這當中就可以看出其主要的教授上的功績。我們在塞利格曼的著作中，找到許多關於美國經濟生活的啓示的資料和記述，這種經濟生活的蓬勃之氣，充滿在他的書中。他最近討論分期付款，販賣制(instalment selling)的一部著作中，也是從眞正的美國樂觀主義把這種歐洲人尙不能信用的販賣法，看做美國所以益趨繁榮的泉源。他處理各種社會問題時，是取個人主義、平等主義和民主主義的態度，這也足做塞利格曼是一個正牌的美國人。唯其如此，他是絕對排斥社會主義的。塞利格曼的書頗博得好評，就是在外國也備受歡迎，但陶西格卻獨持異議。他非難他的同事塞利格曼，說他關於題材的一般的排列，不甚妥當，並且理論含糊，於事實材料的處理，尤其淺薄，所以他認爲塞利格曼的書不合於教科書的要求。

爲了這一點，兩人之間曾起過卓越的論爭，但正和一切同類的論爭一樣，是全無意思的。陶希格的毫無假借的批判，直到幾年後他自己的學說體系出版時，人們纔認識了它的眞價。他那學說體系不僅是最近美國文獻中一部流得最廣的經濟學綱要，其論究之綿密，結構之謹嚴，實不愧爲第一流的學說體系。他所預想的只是普通的教養，毫未預想經濟學上的專門知識。它把讀者從最初步的經濟現象一步一步的引進，漸漸引到比較複雜的各種關係。把這個教授上的困難任務如此巧妙而有效的予以解決，除陶希格的書以外，實在少見。他的一般理論眼界，非常像馬夏爾的。就是說，他的見解是直接從約翰穆勒導出，完全不受葛拉克的支配。他多使用數學方法，他在靜態經濟和動態經濟間所作的區別，是値得注意的。當他採用通常的快樂主義的功利主義的見地時，他的心理的分析並沒有多大成功，關於邊際效用問題，也沒有一點建樹。陶西格的精力寧貫注在另一方面，他用天才的炯眼，從其分配論的關聯上來把握現代產業機構的最複雜的關係。在這一方面他對於經濟理論的發展提供了最有價値的貢獻。他的貨幣數量說和他關於財政論的保守的見解較之這些貢獻是差得遠的。他的書於一九二一年發行第三版，這時陶希格也不得不對那在美國經濟學中勢力日大的現實主義的思潮讓步了。從而在該版中，他更加置重了經濟生活的實際事實和它的社會關係。自他攻擊塞利格曼的書以來，已足足二十年了。然而塞利格曼似乎仍未能釋然於懷。這從他最近的意見中洩露了出來，他說陶希格的原理決不是因其獨創性而著名，因爲這樣的獨創性，是其他好些美國人的著作都具有的。西革的教科書剛剛與陶希格的相反，它只是把著者的講義加以補充的一個綱要。從而不是初步的讀物，也並不企圖無遺漏的說明經濟現象，卻只引導讀者達到各種可以判斷這些現象的觀點的問題，他不向讀者灌輸他自己的見解，卻先不先引起讀者自動去考察各種經濟關係。在這一點上，他是成功了的。該書首先對於英、美近代產業的發展作一個概觀，其次分論消費與生產，交換與分配，最後提示了他的貨幣論和信用論。這樣看來，西革也是從實際問題出發，先經過單純的理論問題，而漸向複雜的理論問題前進。他比其他現代學者更着重人的慾望，視之爲一切經濟活動的根本動機和出發點。這樣在他的思想中，消費者的評價乃是一切經濟生活的指導觀點；就是說，在他看來，生產、交換和分配，皆依存於消費的指導的地位。在方法論的和內容的理論的見解上，西格常遵從葛拉克的學說，但同時也多採用洛桑學派的經濟均衡思想。在經濟政策的見解上，他小心翼翼的居於自由主義與干涉主義之間。

西革近來把他的學說體系修改了，也表示有復歸現實主義見地的傾向。他爽切的拋開了他以前的價値論和分配論中的抽象的傾向，有許多地方很顯明的是受了巴充學說的影響。這樣他的整個思想體系是比較的接近於實際經濟生活了。從而對於社會問題（即社會政策和社會主義）也比以前注意多了。除這大著以外，西革又曾寫了一個小本子，說明他自己的經濟學見解。

三、費西爾的貨幣思想與利息思想

現代關於經濟學的數學問題的最有名的美國學者，無疑是費西爾了。他於世界大戰前公布一個經濟學體系，不過其一般的結構與其他同名的書很不相同。費西爾以爲把理論經濟學一切領域總括爲一個統一的學說體系，是不可能的。何則？因爲各個著者，多少各有各的觀點，先由這觀點來把握國民經濟關係，再以這觀點爲中心來構成他的整個體系，從而那體系中自不免一部分過於着重，而另一部分卻非常輕忽了。最近美國經濟學中，都是以一般的分配論爲中心見地。費西爾認爲這是錯誤。因爲一般的分配論不能給國民經濟現象一個統一的說明。反是他自己卻選擇關於貨幣價值和資本利息的問題，想藉這些來建立關於現代社會經濟生活的理論。他在利息中看出了一個非常一般的現象，爲普通人所想像不到的。依他的見解，貨幣價值的變動乃是我們經濟組織最壞的病源之一，必須用一切的手段去克服它。費西爾在後述他的各種舊著中已經把這思想透澈的發揮了。因之，他的基本原理（Elementery Principles）並沒有提供眞正新的東西。他是美國經濟學中數學方法的最卓越的代表者，他的書專建立於數學方法的原理之上，那是當然的。

四、達文坡的企業家見地

達文坡的重要學說體系，正和費西爾的思想構成一樣，也是從經濟生活過程的某特殊的見地建立的。他的主要努力，集中於個人卽企業的利得追求和總體的經濟利益間的根本差異和矛盾之分析。他的研究結果，是指出這樣一個限界：私經濟的利得心可在這限界以內自由活動，一旦越出了，國民經濟便要蒙受其害。他在非常深邃的理論的心理學的基礎上展開着這項思想，進而分析經濟理論的基本原理，而後對各種最重要的學說一一加以犀利的批判。他尤其是反對邊際效用說的流行的概念，主張這個學說要大大的加以修正，並且又指出普通關於價格論的數學的說明方法有不少缺點。他像費西爾一樣，也不贊同一般的獨立的分配論，因為在他看來，分配論卽就是市場現象的分析。

約翰生說得很對，他說達文坡和古典學說有着密切的關係，除在他的體系的一般構成和方法上表現出來外，在他注重企業家的見地和以交換關係為中心立腳地這兩點上，尤其可以看出來。約翰生自己在幾年前曾發表過一個學說體系，也非常注重古典的見地，講到價格論和分配論的時候，特別着重費用要素。他在這方面多是受葛拉克的影響，不過在價值論方面，卻密切的依賴着奧國學派。唯其有這種折衷的態度，他所以能夠把純粹邊際效用說和比較新的美國理論巧妙的聯絡起來。約翰生的學說體系，一般的說是非常抽象的，不過正確而緻密，絕無論理的矛盾。在他的書的新版（書名與舊版不同）中，他想使得敘述更加明晰，所以除了構成的形式的修正外，特別從實際經濟生活中採取了許多實例插進去了。

五、惠脫的發展

前此所說戰前美國一切學說體系有一部分固屬具有顯著的個別的特徵，但他們或贊成古典學派，或贊成葛拉克，或贊成現代歐洲理論，所走的路總多少有些類似。但惠脫在美國經濟學最近發展中卻佔着一個完全特殊的地位。他是一個完全的獨創的人，現代歐洲經濟學家中有他這樣獨創性的恐怕只史盤一人而已。惠脫和史盤一樣，對於方興未艾的唯物論的和貨殖的經濟觀，也痛加駁斥，而大聲疾呼喚起人們注意：所謂經濟，止不過是為達到人類本來之存在目的的一種手段之組織而已。至於他這種思想的內容，卻又接近那位極端反對史盤的李夫曼。因為他要破壞現存的整個經濟理論體系，而用一種改良的心理學的基礎，建立一個新理論體系以代之。他尤其攻擊那種依據邊沁功利主義的和快樂主義的經濟學，認為唯有主意說的心理學，可以作價值論從而整個理論經濟學之安全的基礎。

本世紀初，他曾因在美國經濟學會的一篇報告，引起非常大的評判。他在那報告中預言經濟學將來的發展將會有一次根本的變革，同時把他自己經濟理論的根本思想說明了。其後不久，把這根本思想系統的展開出來，作一個綱要公布於世，自此以來，纔博得相當的聲譽。

惠脫說：現代美國經濟理論老徬徨於奧國的邊際效用說與舊的古典見解之間，絲毫沒有決斷，從而依然不脫折衷的不完全的狀態。依他看來，那怕就是奧國派那些人，也沒有勇氣敢追從他們那正當的根本思想直到得出它們邏輯的結論乃止。他們看見橫在面前的廣闊的展望，不禁大吃一驚，由是便半途路上墮轉來向古典思想回覆。所以他們各個理論之間盡是罅隙，不相調和，他們整個學說，是四分五裂的。惠脫企圖從心理的方面，將維也納學派一些出發點更加以深化，於是便達到一種價值論，他認爲是完全獨自而且嶄新的。以這爲基礎又展開一個分配論。如此，他的整個經濟理論體系便收了論理的統一之效，這是他的反對者恐怕也無論如何不能否認的。

惠脫常以爲人們所以反對邊際效用說的狹隘的快樂論實皆由於言詞表現不得其當之故。可是他決不是奧國學說的信仰者。他承認他的主意說的心理學見解，在這個見解之下，效用說是完全陳腐了。在他看來，經濟生活上最根本的活動，厥爲人們能自由支配的各種手段之自由選擇。這就是他的理論基礎。後來他更加着重靜態經濟與動態經濟的區別，對於福利問題，尤其感到興趣。依他、亞丹斯密在研究富與福利之關係一點是正當的。其後大家所以着重價格論，實由李嘉圖的貨殖論的意向所致，今日的經濟學仍未能脫離這個災難。不錯，穆勒的態度又比較正當了，但一般經濟學家們是否會復歸於本來的正道，卻只有待未來來表示。於是惠脫設問說：我們將會有種價格經濟學，還是種厚生經濟學呢？近來他又力說：「建築在價格概念之上的經濟學，僅足使私有財產的經濟問題明瞭起來吧了。依他，經濟學苟要達到它的最高目的，就不可不樹立一社會福利概念。所以我們的科學，應該以福利問題爲中心。在這兒，我們可以看到惠脫和皮古的類似點。」

六、卡佛及戰後美國其他學說體系

世界大戰後，美國文獻所提示的經濟理論體系中，無疑是以卡佛的大著爲第一。這位學者之發展過程，常常和他的同事惠脫的過程平行。本世紀初他也曾是抽象理論的勇敢的擁護者之一，多半受着葛拉克的影響。不過，他仍保持奧國學派的邊際效用說，而用它去說明一切經濟生活現象，這卻與葛拉克不同。卡佛在這方面所得到各種優良的成果，等後面再說。他在這個發展期所提示的精徵的理論思想，不啻是抽象演繹法的有力臺柱，從方法論的見地講也是值得注目的。但當世界大戰剛起的時候，他曾注意過經濟生活之倫理的問題，埋頭埋腦的作過研究，並將由大戰而起的社會倫理的和種族生物學的各種經驗也多少加入考慮，而後將這次研究的結果和以前關於經濟理論上的研究聯貫起來，最後就把這個大規模的綜合作爲他的原理公布於世。這部書的題辭說：「獻給欲富國強民的一切人們」，足見其和惠脫近來的見地很是相近。目前卡佛的主要努力，也貫注於研究致國民於福利之方法。他發見在經濟方面，這個方法就是最小的生活費與最大生產力之調和。他同時又推究宗教倫理等問題，除其國的地理條件以外，並注意到住民之精神的和道德的性質，說這一些要素都於經濟的福利大有影響。不過他的學說的理論部分，至今仍堅持舊狀。他非常熱心的攻擊各派社會主義，而以一種中庸的自由主義見解（以純粹美國樂觀主義爲基礎的）與之對立。又他以爲在生產的範圍以內，合作運動是有益的。

卡佛除了那部敍述其學說體系的簡潔的書外，最近又發表一部著作，處處與人以一種預言的印象，並標出一個理想，就是要儘可能的將土壤所含各種能力集合的化成人類的生活力。為了這個理想，他主張人口愈增加，一般精神的和物質的福利也愈增大。因為這種人口增加，就對於食物之絕對的增加之餘地看來，尚無有絕止之期。他論到美國的現狀及將來的繁榮時，最是樂觀的。卡佛雖至今還並沒有接受歷史的見地，但他已非常技巧的使用了事實材料，使他的新著生色不少，這是很值得注意的。

布朗(Gunnison Brown)反對卡佛所謂為了改善國內諸勞動條件的必要，實行一部分的保護政策，亦無不可的見解，說卡佛講這種話時，是把國民經濟的見地和私經濟的見地混為一談了。布朗自己所發表的體系，被他加上一個引人誤解的標題。因為他在其中的研究中心點並不是經濟福利問題，實是客觀價格現象的分析。他使分配問題也和這客觀價格現象極密切的結合起來。就是他那關於價值問題的心理學的分析也表示了很有價值的成就。他在這分析中不僅從邊際原理引出了效用要素，還巧妙的引出了費用要素。

忒納(John Roscos Turner)的體系，也是直接由市場價格構成來說明分配過程，並把各種所得通分為同一公分母。關於價值問題，忒納是遵從塞脫的解決，但對後來邊際效用說諸觀點，仍大體的顧慮到。加之，忒納相信我們要正當理解各種經濟制度，就只有考慮它的歷史的發展。從而他的體系裏開首四章，就是論述經濟生活之一般的發展，自原始時代以至於現代工業資本主義。這明明表示他是向現代制度主義讓步了。雖然有這種折衷的傾向，忒納的著作仍有不少獨立的思想。例如「比例法則」就成為現代理論經濟學一個最重要的基礎。

泰羅(Fred Manville Taylor)的體系裏，包含一個顯著的抽象演繹的思想過程。泰羅是數學方法的熱烈的而且極有研究的擁護者，他用這方法說明價格構成過程，尤其巧妙之極。實際上他關於經濟學全領域的整個思想構造之理論的重點，就在適用邊際原理的見地說明的幾章中。這個思想構造，雖是由淵博的學識和著作上的細心積多年的教授經驗而完成，但尚嫌高深一點，不適於教科書之用，除非是對於高級的學生。泰羅在方法方面接近費西爾。

腓爾柴爾德(Fred Rogers Fairchild)有些學說，也受費西爾的影響。不過一般的說，腓爾柴爾德是服膺馬夏爾的人。原則上雖以邊際效用說為立腳，但他的體系裏卻充滿了古典主義的氣味。他那究極的見地在美國文獻中給與一個嶄新的印象。即在其題材的排列上，也有著一種獨創性。腓爾柴爾德的方法雖是演繹法，但能夠利用歷史的和實際的例證使他的敍述格外明快。腓爾柴爾德最近和否爾尼斯(Edgar Stevenson Furniss)，白克(Norman Sidney Buck)共同刊行的該括的教科書，也包含有歸納的觀點。這裏還要提及一位拜，他是另一個少年美國理論家。他對於組織問題研究得格外詳細，於獨占和公司，尤為精深。在純粹理論上，他的著作的特徵是邊際理論占優勢。他的價格論中，含有許多有益的思想，關於需要的分析，主要是用以說明市場價格，至於「正常價格」，則使之依存於費用與供給。福利思想是其經濟學說的中心，他和菲拉德爾菲亞(Philadalphia)大學的同事黑威特(W. W. Hewett)都用宏博的學問闡揚着這福利原理。黑威特是美國一般流行的經濟理論中一個很好的實例。

七、現實的和倫理的——宗教的學說體系及社會改良論者

前此所述英、美學說體系，多是偏於理論的，着重現實的社會的態度者殊不多覯。美國制度學派諸人，不專心致志於方法論上的爭執，卻都緊守着一個特殊的研究部門。部克和挨狄最近公刊了兩篇論文，說明了這個新運動之一般的批判的態度。

部克的主要目的，在側重心理的和生理的要素而描述經濟現象之社會背景。他極力避免數學的和機械的說明；因而輕視價格和分配問題而只注重生產，對於生產之物質要素處理得至為周全。不過貢獻最大的，恐怕還是那關於生產力和商業循環之間的更透關係敘述吧。挨狄比他更想保守傳統，還重古典經濟學一些最重要的結果，但又很喜歡應用現代的邊際原理。他努力從實際的繁雜之中去觀察經濟生活上各種主動的要素；把所謂經濟法則沖淡起來，而顯露出完全現實主義的態度。比方他強調下面這個事實，即凡在價格構成中演有作用的一切要素，都是長久以需要和供給之均衡為目的的。他使用了許許多多經濟制度方面的歷史的和統計的材料，作為這現實主義態度的基礎。還有一部初學的入門書，是完全制度主義的東西，陶格威爾(Rexford Guy Tugwell)，孟羅(Thomos Munno)，斯特賴開(Roy E. Stryker)諸人想在這部書裏面指示一條經濟福利的道路，特別是照應於美國的狀態。

英國經濟學家中有數的現實主義者，只凱南在本世紀刊行了一部有價值的書

這個簡單的概論，完全是歷史的見地。凱南想從經濟史來說明各種社會經濟現象，而着重於經濟關係之社會的和法律的方面。尤其值得注意的是，他把所得之差異歸溯到繼承的方法，及其關於私有財產之經濟關係的研究。這本小書，無論翻開那頁來看，都要令人想起什麼勒的綱要。另外兩卷論文集也是一樣。

印度人謀吉甫(Radhamakal Mukerjee)給了我們一個非常特出的體系。他以心理學的生物學的和社會學的知識為基礎，研究經濟學與這幾門科學的關係。他對於最近各種經濟學說，雖未能充分知曉，但是他的評語，卻有許多非常值得注目。他大體得到這樣一個相對主義的結論，就是，國民經濟中也對應着變化不息的物理的生物的社會的條件，而有種種的範疇和類型。他對歐洲個人主義的批評，不免稍涉牽強，他又想說明：一種特殊的地方自治主義的經濟組織，對於東方是有種種倫理的和社會的利益的。該書後半部，差不多全是對印度地方自治主義的讚美。最近所著兩本書，（後者專論印度的事情，）也表示着同樣的思想，但其中很可看出，他已經受了最近美國經濟思潮的影響，其對邊際效用說的批評，尤其為次三番的反復着制度學派的論據。

歐洲大戰中，並且在巴黎經濟會議的影響之下，出現一部出於培堤(J. Taylor Peddies)先生之手的書。此書的題目雖然不小，內容卻很貧弱。它的著者剛剛把書寫好，纔偶而發現李士特的著作。這部有名的書他尚且不知，那末古典經濟學及現代其他多數主要經濟著作，是更不必說了。從而，他所加於現代經濟學原理上的，用記者的話所述的批評，像關於政治上的時事問題那樣的批評，自然毫無價值之可言。他的要求，想以國家的見地來代替國際的＝自由主義的「自由放任，」都同樣是廢話。凱南對於經濟學上所謂國家主義加的攻擊，倒反科學得多。

克雷(Henry Clay)受了喀來爾(Carlyle)和羅斯金(Ruskin)之社會的和倫理的理想主義的影響。誰也知道，這兩位哲學家，與其說是思辯的，毋寧說是實際的。他們把宗教和理想主義的形而上學混淆起來，而形成一種近於基督教社會主義的態度。如此，克雷也就反對經濟學中一切貨殖的企圖，在他的分配論中，尤其顯出這個傾向。他的著作，是以現代理論諸結果為基礎，而想把它通俗化的。他所負於馬夏爾的地方固然

多，但也不輕忽馬克斯，他曾給他作了一個很可注目的批判。克盡的著思想明晰，這實在是它能在美國經過必要的修正而出版的一個重要理由。

最近英國又有一個豪特來發表一本獨創的系統的概觀，充溢着社會的倫理的考慮。那怕這類事情，德國方面已經有人議論着，豪特來卻仍相信經濟學不能離開倫理學。依他，一般福利，是經濟學最高無上的目的，一切抽象的原則都得讓步於它。自由競爭這個人主義的理想，是應該拋棄的，將來的主要目的，就是要消滅戰爭和經濟恐慌。

最近英語文獻中，站在宗教見地的經濟學體系，也差不多找不出一個可以滿意的。得發（Charles S. Devas）從加特力教會的教義中感到靈感，而攻擊自由主義的唯物論的經濟觀。但他大體上仍不出人們常在社會倫理方面所加諸古典學說的大家知道的批判的議論，並且他又犯了許多莫大的理論上的謬誤。他的「生產力說」就是例子，他在這兒把眞實所得概念和貨幣所得概念混爲一談了。美人柏克（E. G. Burke）的理論，甚至比這更不可靠。在他看來，加特力主義意味上的道德律，是一切社會經濟問題的最高解決。他之所謂道德律，是常和經濟法則這概念混在一起的。從而他的思想過程，就混亂得一榻糊塗。柏克對於邊際效用說，也非常迷惑，但始終沒有對這題目發表過半點新見解。

巴充的思想，介於高等的經濟理論與空想的社會改良的夢想之間，形成一種奇特的混合。這位光輝的學者之輕浮而無着落的精神，卒使得他學問上的見解，不能夠總括成一個整然的學說體系。他只專心致志於特殊問題的研究，其研究結果，曾輯成一卷發行了。本世紀初發行的他那部有名的著作，非常樂觀的描寫着社會。對於理論經濟學的一切問題，差不多都有論列。大概的說，他對於現代抽象的快樂論的見地，是批判的，而對現實主義的態度卻較寬大。但在適當的社會的領域內，他仍舊承認邊際效用原理。依他的結論，一切勞動，大部分不能算作費用。因爲那是吾人自然的能力過剩之放出，從而在它自身，實在是一種享樂。在社會經濟的發展過程中，歸於這個享樂的部分漸次的吸收着經濟上所必要的一切勞動結果，費用概念遂完全消滅。巴充在經濟生活的交換機構裏，需要與供給的對立上，以及資本之繼續的再生產過程中，也都發現有着同樣樂觀的均衡關係。那不拘有資本利息、地租、工資制度的存在，仍一天一天接近於調和的社會秩序，目前雖然受着「繼承」的妨礙，即暫時爲基於血統和自然的生存條件的個人之束縛所妨礙。但美國經濟的內在能力，最近將來必會把它克服的。巴克樹立在這個見地之上的社會改良計劃，這裏不能討論了。

拉培爾（Charles Lee Raper）的體系也建基於社會改良的要求，他由一個烏托邦的要求出發，要求在社會的分配過程中各生產要素應該取得正確相應於它的生產力的份額。他沒有把這個理想的實現方法詳細指示出來，就企圖將經濟學的整個體系建築在它上面。實在有欠調和。此外該書的內容又有許多理論上的缺陷，所以他的書無論在學界或一般讀書界都沒有引起長久的反響。英人霍布士取着較強硬的社會改良的態度，他在論現代產業組織的一個綱要中，極力的反對利潤，那部書誠然沒有提供一個包含所有經濟問題的體系，但分配論所屬各問題，卻大體都論及了。關於他的思想內容等後面再說。

八、教科書

二十世紀第一季英語文獻中的經濟學教科書，差不多不可勝數，大部分都沒有什麼新的研究結果，就是它們本身也不要求承認它有科學價值的。不消說，其中大部分是屬於美國，美國近年順應着經濟學的大發展，教科書出版最多。爲了指出這類文獻的主要特徵起見，且舉幾個實例吧。不過爲免得引起誤解，要鄭重說明次一事實。即這些教科書，對於我們的科學的實際的發展，是沒有演過任何作用的。我們在美國和英國，發見不少關於主要經濟理論的很有價值的總括，或出於卓越的著作者之手，它們的價值卻主要是教育方面的。

舉例來說，英人波納(James Bonar)就寫了一部優秀的經濟學入門書，理論和實際兩方面的問題都處理着。

能夠與此書並比的，只有前世紀在美國出版的愛里(Richard T. Ely)那有名的經濟學大綱(Outlines of Economics)。這書重要點在於各種經濟現象之歷史的和倫理的觀察方法。不過在偏重消費和生產學說的理論一方面，這書也提示了許多有價值的見地。例如，他使價值和效用對立，和發展價格論的場合都很有見解。對於這部教科書最近幾次的改訂，愛里頗得了他的學生們的幫助。開首借助威克爾把它刪削了一番，後又和亞當斯、羅栂茲(Max O. Lorenz)及揚格刊行一個說明，把他的體系加以廣泛而更深入的考究。除此而外，第一就算部洛克(C. J. Bullock)——尤其是他的分配論中，有許多值得注目的思想——和托姆普生(Charles M. Thompson)的簡潔而明瞭的教科書。托姆普生大體是依賴愛里和部洛克，不過他的體系富於事實材料，也能夠把費脫、費西爾、塞利格曼、陶西革和西革的見地，巧妙的利用一些美麥(James Dysert Magee)的導論(Inorducitory)表示出許多教育上的長處。這書每一章的末尾，都列着一些巧妙地搜集來的問題，這些問題的解答，殊足以幫助研究者的理解。在理論領域上美麥受忒納的影響最多。他的成功，不在於本來各種經濟理論問題之批判的暗示的剖折，實在於社會經濟諸關係之記述的說明。福貝爾(A. L. Faubel)所發表的優秀的教科書中，也顯著的受有費脫和忒納的影響。

英語範圍內其他多數教科書中，大都有偏於理論的傾向。戰前尼林(Scott Nearing)和窩宗(Frank Watson)的共著受巴充和葛拉克(一部分)的影響，是非常樂觀主義的。那書用記述體寫成，極合於青年學生的程度。尼林和柏侈(H. R. Burch)的合著也具有獨自的結構，不過這書的著者為一些似乎不必要的理論問題所困惱。以上這兩部書，都從美國經濟生活中採取了許多實例。阿特金松(Mabel Atkinson)和麥克吉洛普(Margaret Mc Killop)那作為入門書的教科書，以最近各種理論上的成就為基礎，而略去其太嫌複雜的部分。其最成功的地方，在其對於價值問題的解說。彭森(Henry Penson)君的教科書，特別是下半部（戰後出版）提供了一個理論的分析，雖太抽象一點，卻是很周密的；上半部對分配問題作着非常明快而確切的解說。

戰後所出的諸書中，斯普苔(W. M. W. Splawn)和俾則爾(W. B. Bizzel)的書是當入門書寫的，在非常折衷的選擇之下，闡述古典的和現代的理論，托德(J. A. Todd)和瓊斯(Robert Jones)的書，都是將馬夏爾的理論通俗化，雖則後者比較偏重於邊際效用，並且作着不憚煩的分類，例如分工的五個長處六個短處之類。托馬斯(S. Evelyn Thomas)的教科書，一般講來是極有價值的一部書，也部分的犯了同一錯誤。不過這書在盎格魯薩克遜的特殊的形態上敘述邊際效用說，是其特色；到處與人以一種絕對的獨斷的印象，著者堅強的個性始終可感覺得到。布利格(M. Brigg)的書也是討論邊際效用說，其關於學說史的部分，尤有價值。哲封斯和馬夏爾的追隨者中，利查茲(B. G. Richards)可以說說，至於腓(C. A. Fay)，寇提斯(R. E. Curtis)和盧芬納(L. A. Rufener)卻受了葛拉克的影響。最後所舉的盧芬納受陶希格的邊際販賣可能性的思想影響甚大。以上這些教科書都是專爲學生寫的，至於石爾珉(Henry P. Shearman)的書卻以實際家爲對象，使用着豐富的圖表和統計。他反對獨占，尤其關心着勞動階級的利益。鐵路工人的兒子哥夫(George W. Gough)也是這樣，他將經濟學中最困難的定理，用通俗的語言解說出來，收到未曾有的成功。經他那寬力的筆致寫了出來，就是邊際效用說也變成村夫皆曉的常談了。

還有一些教科書，主要目標，在於經濟學的諸實際問題，其中無疑要推戰前馬雪耳(L. C. Marshall)，賴特(C. W. Wright)和費爾德(J. A Field)所刊行的巨册爲第一，這部書中用深邃的專門知識處理着非常廣泛的事實材料。此外，還有一部優秀的著作，就是黑耶士的根本是制度主義的書。密德(E. S. Meade)的書價值較少，其論述生產勞動及交換組織的問題，和價值構成及分配的問題，都不免輕率而淺薄。美爾羅斯(C. J. Melrose)之同樣的企圖，也並不比這個高明許多。他首先努力揭穿貨幣的面紗，而去認識隱在其後的現實經濟現象，不過他對於材料的排列，卻很精巧。羅拍特生(J. M. Robertson)的比較簡深的著作，是由他在英國國立自由俱樂部(National Liberal Club)的演講而成，其觀察經濟過程，是側重人口問題。但此書理論殊欠正確，謬誤百出。反是，羅星約爾(James E. Le Rossignol)的比較實際的書，卻頗足稱述，但注重國民經濟的組織問題，而常從其社會的和歷史的背景上去考察它們，威康生也注重這樣的觀點，不過同時他對於理論問題，也作有詳細的探討。這裏還得提及一部由俄文譯出來的書，這就是在社會主義的俄國曾經風行過的波格達洛夫(A. Bogdanoff)的著作。這部書也注重國民經濟的組織問題，而在馬克思主義的意義上去解答它們。

最後還有幾本值得說說的初等教科書。約翰斯頓 (J. Johnston) 的企圖極大，而成功甚少。他特別對於愛爾蘭的狀態有興趣。反是，希格斯 (Henry Higgs) 的小著，卻很有刺激性，他着眼到世界大戰所引致的各種國民經濟關係，而尤其是倡導國家的觀點。部爾(M. C. Buer) 小姐，朋斯夫婦(A. R. Burns & E. M. Burns)和孔尼生(J. Cunnison)的著作，都用淺鮮的話語闡述着馬夏爾的學說。朋斯夫婦單止處理着生產和分配。孔尼生多半是依據李嘉圖，同時對於皮古所倡導的福利觀點，也極其注意。卡爾頓 (Frank Tracy Carlton) 以魔術師那樣的巧妙，在非常非常少的篇幅裏，差不多把一切理論的實際的經濟學問題都論到了。他關於勞動組織問題的講述，很是重要。這個主題，也是仲師 (J. Herry Jones) 那出色的著作的特長之一。他這部書，是一本現實主義經濟學的入門書，大體注重實際問題，不甚着重理論。李(John Lee) 在其簡潔的概觀裏，力倡道德論，不絕的顧到正當價值正當價格一類的概念，這乃是他的主要思想。

第三章　價值

一、盎格魯薩克遜價值論中流行的妥協的見地

一八八〇年代和九〇年代發生的關於價值概念的大論爭，在英、美經濟學中，到本世紀轉換期的時候，似乎已達到了休止點。英國哲封斯和馬夏爾的論爭，是歸後者勝利了。馬夏爾將古典的客觀價值論之眞正核心與現代主觀價值論結合起來，因而步步將哲封斯所加於李嘉圖價值論的激烈的攻擊擊退了。他證明了新價值論與舊價值論之間的深淵並不像邊際效用說的創倡者所想像一樣，廣闊到連架設橋樑都沒有可能。他又證明了費用概念可作爲一種有用的補足的原理，以幫助主觀價值的說明。自此而後，埃治華斯對於這個見解，也本質地贊成，他在數學的物理（Mathematical Physics 1886）一書中，發揮其所謂無差別曲線（前講柏雷圖的學說時，我們已關聯的說到，）爲現代價值論之更完全的數學的把握立下一個基礎。現代所有英國經濟學家除極少數例外外，幾乎沒有一個不承認邊際效用原理與費用原理並行不悖的價值論。

美國經濟學在葛拉克指導之下，也達到了同樣妥協的見地。不過美國方面，費用要素是依現代價值論之快

樂論的好尙而裁斷，常要合乎這種好尙的模型。它在現代價值論之統一的構造中再不是外來的分子了。就是說，在這裏費用概念是作爲反效用，即作爲勞動努力作爲犧牲（其他用途之斷念）而表現成爲一種不快或痛苦的要素而與效用相對待。像實際經驗所表示的一樣，犧牲的各附加部分，是比一切以前的部分更感覺得痛切的，所以總犧牲必須以最後供犧牲的單位的基準而評估。換言之，在效用犧牲上也發見次一事實，即效用犧牲是依從邊際原理的，而它的運動方向，恰好與邊際效用相反。何以故？美國學者說，犧牲愈大，所生產的經濟財就愈多；但經濟財分量漸增，其邊際效用卻隨而漸減。正如可支配的財量減少，即是說若這些財量的生產只用了很少的犧牲，則邊際效用便增。在這場合，漸增的邊際效用與漸減的邊際犧牲，互相對立。在兩者的這種反對運動過程中，效用與犧牲總會在一個地方會合起來的。在這會合之點上面，價值就發生了。

二、反效用說的發展、尤其是在社會的方向上

上節已把本世紀轉換期中占了支配地位，邇來就維持未墜的美國「反效用說」（disutility-theory）的根本思想敍述過了。這個學說現在已被一班少壯學者稱爲「正統」價值論。葛拉克的舊著中已經討論過此說，但到一九〇七年（Essentials，前面曾說過的）一書出版纔把它最成熟的古典的展開了。他之外，就以費西爾、陶希格、亞革和塞利格曼爲這個價值論的最重要之代表。費西爾近來不用「效用」這字眼，依他的見解，不如用

「欲望性，(」Wantability)這名詞，還表現得較爲適當，這正與陶希格最近所採用的「邊際販賣性」(Marginal Vendibility)一概念相當。他以爲要是這樣，纔能避免現代價值論種種曖昧之弊。最近費希爾又把他關於現代價值論之數學基礎的處女作發刊了新版，他這部書對柏雷圖也曾很有影響。西華在其近著中極力排除抽象的孤立化的思想過程，努力爲價值論建立現實主義的社會的基礎。塞利格曼很久以前就已朝這個方向進取，他對那爲建立價值論的基礎而採用的一切魯濱孫故事，是極端否認。

塞利格曼說，也許有這樣一個有錢的蠢才吧，肯花千元之數去買一只通常只值幾分錢就可買到的匙羹，但是他的主觀評價，決不會給匙羹的價值有所影響。因爲價值的形成，所成爲問題的不是個人的效用而是社會的效用，不是個人的費用而是社會的費用，正如個人的福利和個人的倫理只可以由社會福利和社會倫理推而得之一樣。塞利格曼在其出名的教科書中，很想把價值論之社會的背景闡發出來。

修珂爾(Hannah Robie Sewall)顯明的受有塞利格曼思想的刺戟，在其關於學說史的著作中，專門注重新社會的價值和個人的價值之間的區別。霍布好士(L.T. Hobhouse)最近在對劍橋學派，尤其是對亨德生(Henderson)的論爭裏，力倡實際價值問題之社會的方面。他的態度與現代美國制度主義的態度非常相近。

柏生斯(Charles E. Persons)以同樣的考量爲基礎，而所得的結論是，無論效用要素也好，費用要素也好，在它們個別的形態上都不能充作價值的積極尺度，因爲現行社會秩序的社會上和經濟上的大差違，不容許有這一類的假定。在陶希格的「非競爭團」(Non-competing Groups)說裏面，已經有了同樣的一種思想，後來達文坡的見解，也有些傾向於這方面，不過達文坡對塞利格曼的社會價值理論卻有嚴厲的批評。

巴充的價值論是發揮葛拉克的學說，也與它以一種完全的社會性格。上面我們曾關聯着說過，他怎樣把費用要素與效用置於同一平面，俾便效用部分的將費用要素吸收起來。依巴充，這樣子，社會的效用當中，或有效用的財貨當中便發生繼續的過剩，因為由於吾人自然的勞動慾之滿足，從而由於無需任何費用的、自身原是快樂的某種生產活動，常可以生產出那麼多的財貨量，這財貨量的消費，可以將新的勞動慾循環的更新不息。在現代經濟組織裏，人們不由直接生產方法，乃由他人財貨之讓渡，即交換而調達彼等大部分的財貨需要，這一個事實並不變更社會的過剩之大小。因為在這場合，只是個人的過剩在相互交換着，那怕有這種繼續的過剩，財貨仍是有價值的，這是因為我們的慾望增加，無論在強度上，或種類上，都比生產力的增加更快捷的原故。

科坦尼(Ludwig Kotany)和基士貝(Lindley M. Kiasbey)的有價值的著作，和上述巴充的學說一樣，出現於本世紀的初頭。前者有系統地分析着「生產能力」，第二位的財貨(Goods of the second order)是以此生產能力為基礎而得價值。基士貝則想在使用價值與交換價值之間，插進一個「特權價值」概念。特權價值不和使用價值交換價值一樣直接間接從滿足吾人以消費為目的的慾望這事實而生，卻是由我們占有慾而起，這占有欲在實際生活上作用很大。但是這個提議，沒有引起學界何等注意。戰後，耕爾柴爾德在他的教科書(前面已經說過的)中繼續葛拉克的價值論。不主張用財貨的價值一詞，而提議用「內在價值」這還擇得不甚適當的表現。

還有些研究者的企圖，似乎比較的有益。他們不再去剖析抽象的價值概念了，卻去探究實際的價值測算之可能性。費西爾在關於邊際效用之數學的研究裏，就是循從這個方向，其結論說：從價值論的觀點看來，累進稅是至公至正的。其他許多美國人，就想關聯着公共事業、鐵路、關稅政策等等問題，來探究價值測算的問題。阿特金斯(David atkins)牧師曾作了一個雖是片面的，但很有刺戟性的企圖，想以純粹科學的和工藝學的考察為基礎來處理價值，以解決價值測算問題。認為價值這東西，乃由各種的勢力與反對力之機械的相互作用而生。在這一點，他實在去拍雷圖的思想不遠。他以為測算這種價值，最好的單位，莫過於(Man-acre-hour)即土地、人口及時間諸單位之一種特殊的結合。據阿特金斯的意見，用黃金去測算價值，所以就引致經濟恐慌和其他的社會弊病。

斯密斯（James G. Smith）本着龐巴衛、惠脫等的態度，企圖與價值構成中的時間要素以正當的評價。滑特金（G.P.Watkins）等把現在財和將來財的評價之差異這問題，歸之於價格論。

三、維護勞動價值的努力

麥克斐生(Logan G. McPherson）的洋洋大著，企圖把在財貨分配的規定內的價值構成之歷史的發展作一總考察，混亂得一模糊塗。通過他那嶄新名詞的面紗去看他的時候，就知道麥克斐生乃是想把反效用說推溯到勞動價值說的思想。培利和發利斯（Perry and albert Wallis）在他們的合著中，認為不忽視勞動為價值之源，是能以緩和現代社會弊害的唯一方法。邊際效用說的信仰者斯塔的那維亞人比克也顯然還留有勞動價值論的餘韻。他的出發點，全是以馬夏爾的價值論為基礎，承認在基本經濟行為中，奉獻過程中，從而為滿足吾人欲望的財貨之使用中，有一種使用與犧牲的均衡關係在。他在這方面作了一些周密而成功的分析，例如使用與效用之間的區別。他研究費用要素時，太偏重了勞動苦痛，致使他的思想接近了勞動價值說，雖說形式不同，至少本質上是如此。這項理論，為美人淮他克爾（Albert C. Whitaker）所根本反對。淮他克爾擁護現代價值論，而否認舊時英國學者的見解，但英人約瑟非(H. W.B.Joseph）卻持此以反對馬克斯派勞動價值論，他企圖用確實的論據證明馬克斯之說缺乏根據。他這種企圖，多是借助龐巴衛的批判的觀點。

四、達文坡準客觀的價值論

達文坡在現代美國價值論中，佔了一個特殊的地位。他從反效用說出發，想在與實際經濟生活之更密切的關聯上去處理它。他在他的研究過程中得出結論說，整個邊際效用說，都是建築在現實經濟關係之錯誤的理解之上。邊際原則，其本身是正確的，因為價值和價格的確是起於邊際效用和邊際犧牲的水平上，但絕對不是由它們所決定。邊際效用說的根本錯誤乃至建立在它上面的數學派的一切非現實的計算之根本錯誤，就在於這種因果關係的假定中。達文坡依從麥克苑(MacVane)的見地，認為邊際效用的確定在價值和價格的考量之基礎上便完成了。所以他的注意點，集中在這些考量的直接的分析，而馬上從一種的現實主義把它們用貨幣表現出來，並想給從來的費用概念加以相當的變更，就可以解決它們的問題。依達文坡看來，用一樣商品滿足一定欲望，或者用我們的勞動和時間以從事一定的生產活動，此時成為問題的，不是所使用的財貨之絕對生產費，而止是那因斷念了第二個最好用途而生的犧牲。他用着出自前世紀文獻中的表現，叫這種犧牲為「機會費用」(Opportunity Cost)。所以從企業家的見地（這常是達文坡的主要見地）看來，生產費不是由支付於原料工資等的預付款項而成，寧是與企業家將他的學識能力與資本用於第二最好的使用時所能夠獲到的所得沒有分別。達文坡相信這樣把邊際效用還原為相對的邊際犧牲，已是用一種全新的方法解決了價值問題；這種方法，與舊的費用價值論絕無雷同之點。

達文坡的研究在英語經濟學中留下一個深刻的印象。就是那些至今還多少固執現代主觀價值論的本來形態的學者們，也都稱讚着它。例如哲封斯和孟革的最重要的追隨者威克斯狄德（他在達文坡以前就已達到了機會費用概念）約翰生(Alvin S. Johnson)——他對達文坡的批判，前面已經講過——和卡佛便是如此。卡佛固然很注重馬夏爾和葛拉克的思想，但他根本上是屬於純粹邊際效用派。講到這裏，我們還得順便提一提約翰生(W.E.Johnson)的著作，他非常雅致的站在數學的基礎上努力把主觀價值論深化着，他的功績，就是數學派大家挨浩締斯也很稱讚。最近摩爾(A. E. Moore)對於企業家的費用與價值構成的關係，頗有考究的興趣。

五、費脫、安徒生及對邊際效用價值論的抗爭

惠脫的價值論，尤其是其初期著作中所推闡的，是建立在純粹主觀的基礎上。他若是全部採用了奧國學派的價值說明，於他自己的立場並絲毫無損。然而他這個人在學問方面具有一種革命精神，和最近德國經濟理論上的李夫曼有些相做。所以他在價值問題的解決上也拚命要另闢蹊徑，而採一種完全特殊的新方法。他先不先造出「心理所得」(Psychic income)一概念，想在純粹心理的基礎上處理經濟的效用而避免一切唯物主義的內涵。故價值這東西只是從滿足吾人欲望的財貨之能力發生的。於是費脫的思想多少走上了奧國學派價值論的道路，他的結論也是：價值乃由邊際效用遞減律和稀少性原則而生。在惠脫的價值說明中，那費用要素，只有在能自由支配的財貨量與它的生產費用有關係時，纔始有其意義。但就這一點（我們後面就要說到）也大體是與威塞一致。不過惠脫漸漸地使得經濟學的基本原理多少脫離奧國學派的原理而獨立了。他在這個最近的發展階段裏，把他的價值論置諸那依從稀少性原理的吾人所能支配的種種手段之間的自由選擇(Free Choice)之上，這種自由選擇在人類發展過程中是日益完全了。這樣一來，惠脫便達到邊際的價值評價一概念，在他看來這是代表一個與邊際效用不同的範疇。然而在其他地方他仍大部分保守着其初期價值論的上部構造，僅

僅更加着重了費用要素而已。在他看來，這只是在價值學的(axiological)意味上所把握的一般價值概念底一個變種，或者一個特殊的現象形態。

在這一點，惠脫和那些努力擴張經濟價值概念的少壯美國經濟學家們很是相像。這些學者，在這種地方，(和我剛纔所講的一樣)已復歸到倡導社會有機態度的老葛拉克和塞利格曼的學說了。站在他們頂前面的是安徒生(B. M. Anderson Jr.)他說當作一切社會科學之一般的概念的價值，決不僅僅是經濟的交換關係之尺度。所以他根據心理學家庫利的思想，提出一種絕對的社會價值，以與普通經濟學上的比較狹窄的相對的價值概念對立，認為這對於我們科學將來的發展，是唯一正確的基礎。

關於這個主題，安徒生和葛拉克之間曾發生過很有趣味的爭執。在安徒生一方面，培利和烏爾二人對於一般價值學的或倫理的價值概念與經濟價值概念之間的差異，有相當的說明。英人狄補利也受安徒生的影響，他最近根據廣泛的實際經濟經驗，把價值問題作了一番詳細的分析。他在這分析中很成功的將普通不被人看作價值泉源的若干社會心理的要素指摘了出來。例如愛面子的人，常喜歡裝成闊綽的樣子。他這種思想和我們前所述基士貝的特權價值論有些相近。

窩爾什(Corres Moglan Walsh)曾經想把四個不同的價值種類嚴格分開，即使用價值，和尊敬價值，費用價值和交換價值。在他看來，經濟理論中再沒有比安徒生及其追隨者們成全並統一價值概念的努力更開倒車的了。

最近狄金生激烈的反對把價值論建設於新心理學基礎之上的一切企圖，而想與傳來的快樂論的見地融貫起來，自認是葛拉克派的流行的美國價值論之心理學的辯護人。他那時候，勢不能不與制度學派的大陣營交戰，因爲這派的批判，主要目的就在顛覆邊際效用價值說。這一方面的領袖就是斐希侖、道內(E. H. Downey)也是非常熱心的追隨者。哈密爾頓想以學說史的研究爲根據，證明現代經濟學中，不僅效用概念，即整個價值論也僅只具有一種形式的重要性；它們過去所居的中心地位，已經被制度主義的問題奪去了。這個新傾向的其他追隨者們，也利用着一切的機會，與價值論上的邊際主義以打擊。乃特是制度主義不共戴天的敵人，但是他從另一個方向，即社會倫理的理想出發，也同樣反對以邊際效用爲基礎的價值論。普萊德看了這種四方八面集中的攻擊，又鑒於歐洲經濟學中類似的現象，竟至有「瀕死的」價值論之嘆。他也和安徙生一樣，認爲只有把價值概念加以擴張，價值論纔可以有蘇生之望。

惠脫的特殊的地位，正在下面這點：他雖則否認快樂主義的和功利主義的心理學，而從主意說的見地出發，但對價值問題的解決，倒與邊際效用說的本質的結論極其相近。唯其因了這個綜合，所以能夠這樣大的影響於美國新進理論家們。如此，忒納全幅的承認了惠脫的價值論。布朗站在比較更獨立的基礎上，企圖把費脫的價值論和達文坡的見解連結起來。

六、英美經濟學中整個價值論的步步退卻

基於邊際效用說的價值論，就惠脫的初期見解上及其追隨者的思想上可以見到的有力支持一點看來，似

乎幾年之前尚是很安全的。葛拉克派和惠脫派的合作，把各方面對邊際效用說的有力反對擊退了，對於邊際效用價值論的維護，尤其收了很大的成功。這是許多人相信的，而且也的確是如此。不過惠脫自身的興趣漸漸的變了，這卻惹起一件意外的事態。這個變化使他把福利觀念當了經濟理論的中心；於是整個價值論被他「廢除帝位」了。他現在認為：邊際效用說的歷史任務，只在於克服馬克斯派的勞動價值說一點。但是他不得不再補上一句：「那怕鬪爭的人兩方面的步伐都疲乏了，但是太陽穴的一擊，仍舊是決定的。」因為就是勝利者（邊際效用）的地位，在惠脫眼光中看來也不見得怎樣穩固。他自己是這樣說，邊際效用說只有在極狹隘的範圍內，而且只能完全假定的去說明經濟諸現象。然而福利這東西不僅屬於經濟的問題，同時亦屬於社會倫理的問題，要與以說明，僅藉效用價值論及基於此的價格論是不夠的。惠脫至今仍是堅持新價值論，這新價值論的結論與邊際效用價值論極其相近。不過在他看來，這種價值論在經濟理論問題中，只具有第二次的重要性。

英、美經濟學家中想把福利問題當作經濟科學的中心的，此外尚很有人，價值論對於他們，也遭了同樣的待遇。如此，價值論現在所演的任務是遠不及馬夏爾和哲封斯的時候了。甚至比皮古那時候還不如。這些學者，主要的把福利概念建立於欲望的滿足之上，所以基於邊際效用原理的價值論，仍以第二次的聯絡者之資格，而被保留了它的權利。這點，最近文內爾也指出來了。但是這項事情並不足以掩蓋下面這個事實，即在皮古的體系裏價值論也已喪失其昔日中心的和指導的地位，所以卽使在英國經濟學的最近發展上，價值論的命運也是一天不如一天。因爲，福利概念究其極實在沒有與邊際效用互相調和的可能。這由美國的實例可以確確鑿鑿的證明出來，在那裏，最近對於現代價値論的抗爭中（乃特的抗爭尤其是這樣，）所提出的論據，都是以作爲經濟學的中心點的福利思想爲基礎的。楊格在世界大戰前曾經發表過同樣的意見。

第四章　價格

一、馬夏爾的價格論及其發展

二十世紀第一季英、美價格論的發展，比價值論的發展更爲平靜無奇。因爲價值論方面的一切變化對於以它爲基礎的價格論雖亦不無影響，但價格論方面的改革的努力一般是很弛緩的。除少數的例外外，人們都以根據價值論批判通行的價格論爲足，對於價格問題沒有提出任何新的積極的解決。因此浪費於價格論上的精力也比較來得少，前世紀的遺產之詳細的漸次的發展，在這個領域內比較可明瞭的看出來。

在英國關於價格問題，大家至今還不脫馬夏爾研究的壓倒的影響，他既獲得基於邊際原理的主觀價格論幾條原則，就把他的全注意力再集中於古典學說，努力把它的客觀的見地搬進邊際效用說的價格論裏面來。他首先用不變的收益定律，（當同一強度的費用遞減和費用遞增傾向遇合於同一生產部門時，這條定律便發生效力）把關於爲價格之決定要素的最低最高費用的學說，擴張起來。但是他認爲，邊際效用僅對於農產物價格構成是決定的，反是那依從不變或遞增收益定律的生產物，其市場價格卻是基於各時之平均費用而發生。不待說，在馬夏爾亦然市場中最後的價格構成是受主觀的效用考量所影響。就是說，價格構成之均衡，依存於這種效用考量，而此種均衡作用又爲許多附隨的因素所左右，決定着實際價格之最後穩定點。挨治華斯諸研究也不出乎上述這結論。羅利亞對於這個符合，特別引起了興趣。不過馬夏爾似乎比較側重於自由的價格構成問題，挨治華斯則格外喜歡注意獨占價格的研究。

馬夏爾關於市場中諸活動要素的分析，由皮古繼續了。皮古以遠大的洞察力證明有個別研究需要和供給的各個成分所由發生的種種泉源之必要，又想把馬夏爾關於某企業各種費用與市場上的價格構成之間種種關係的研究更加以發揮。魯賓士(Lionel Robbins)對馬夏爾上述諸結果曾加以否定的批判。

查普曼與孔銀罕前述用數學的圖式說明的研究相對峙，也主張次一事實，即許多種工業生產物的生產費用中，有各種不同的傾向在作用着，它們通力合作，而形成市場中工業生產物之供給。皮古嘗想根據若干勞動者家庭的家計預算，數學的地去把握最重要的消費品供給之彈性，這個企圖也是值得注意的。

在美國文獻中，關於需要和供給之均衡的馬夏爾學說，嘗爲卡佛所採用。不過發揮這學說最成功的，卻是巴充。

巴充認爲市場價格機構中的客觀的均衡，乃由購買者與販賣者方面成立於邊際效用與伴隨交換的邊際支出之間的兩個主觀的均衡之合致而生。在關於這個價格機構的判斷中，不消說，巴充那有名的樂觀主義是又現形了。他說一切價格構成本來都是依存消費者的態度的。因爲在大多數場合，消費者儘可用旁的財貨代用爲他們消費的對象，這對於市場之形成是一種決定的影響。依他的見解，一種傾向就是獨占也無從阻止的。因爲在現代經濟的發展過程中，獨占已經日益有相互抵消之勢。

二、從需要見地的價格說明——賚脫

巴充主張在市場上是購買者占着優勢，這項思想在英國文獻中，特別爲威克斯狄德所重視。後者的研究自然沒有我們在美國學者中所看到的樂觀主義的社會背景。他這研究是密切的依賴奧國學派，僅只明瞭的指摘出，整個價格構成過程之眞正泉源，應該求之於需要方面。惠脫的價格論（尤其是他初期的價格論）也是以廣泛的依賴奧國學派理論爲特徵。他關於需要和供給的分析，常置重主觀價值評價的獨裁的任務，認爲價格只是從主觀價值評價發生而來。雖說如此，他的價格論中，特別像荷克西(Robert F. Hoxie)所指出的一樣，客觀的費用要素也具有決定的重要性。依他，自然界只能在有限的數量上，把我們滿足欲望所必要的各種財貨，供給我們。我們必得增加這個數量，就是說，我們不可不勞動。而且惠脫援用他那收益遞減的一般定律，使勞動犧牲也從屬了邊際原理，即從屬於在價值構成之另一側面與邊際效用遞減律相當的邊際原理。所以，即在惠脫也是一樣，當事者帶到市場來的純主觀的價值評估中，早已包含有客觀的費用要素了。

惠脫詳細的學說史的研究，對於價格概念的闡明，頗多貢獻，他這項研究的結果，從各種主觀的或客觀的特徵，把新舊經濟學者一百十七個不同的價格論，比較對照起來。一九一一年十二月美國經濟學會開會於華盛頓時，因惠脫的報告而引起的關於價格之定義的爭執，也是很有趣的。最近以來，邊際效用原理在惠脫的價格論中作用已不大了。並且價格論也不及福利觀念那樣受他重視。然而他對於價格仍進行着很可注意的研究，雖說已有比較實際的傾向。他所得到的結論是，相互對同一貨物競爭的各種市場區域之地理的界線，是採一種雙曲線的形態的。

三、葛拉克的價格論與價格邊際之分析

惠脫考慮着價值構成過程中稀少性要素所演之作用，而把費用要素拉進否則為純粹主觀的價格論中去了。這個工作，不啻是達到現代美國價格論之主潮的一根津梁。老葛拉克像馬夏爾一樣，也是努力於價格問題之新的主觀解決和舊的客觀解決之綜合。他置重那由其合作而成供給的各種因素間所生產的財之量的比例，這樣他的目的便達到了。他說，這個量的比例，又依存於市場中的需要。因為可能獲得的價格之高低，首先是由需要所決定的。只有生產費是在生產物在市場中所可期待之價格以下的時候，生產數量纔有擴張的可能。但是葛拉克仍認為供給中的數量要素是具有部分的獨立性的，因此，費用要素的地位再被他抬舉到和一系列直接有效的價格構成要素一樣高了。葛拉克價格論第二個最重要的特徵，就是他高調價格成立之標準是種種社會的關係。塞利格曼在這個方向上繼續着葛拉克的研究，給經濟理論帶來許多重要的新結果。奧國學派尤其是龐巴衛所展開的邊際對偶學說，是僅就一定市場狀態中發生交換的各個邊際購買者層和邊際販賣者層而言。這個思想，到塞利格曼就被應用於社會的成層，此種成層是經濟生活上實際存在着，而必須常常顧慮到的。依他看來，各

種社會階級，在市場上，是作爲具有種種交換能力的購買者層和販賣者層而出現的。不過供給之成層，大體由生產技術之優劣而生，反之，需要之組成，則是購買者大衆之社會地位的性質最關重要。而且在市場上，需要具有決定之權，所以價格常常是相應於需要的邊際層之購買力，即在一定供給上能以成交的社會階級之購買力，照這樣子，那末那專顧慮個人經濟關係而樹立的邊際效用學派的價格法則，就能適用於社會的現實世界了。

西革也提供了一個基於同樣見地的「社會的」價格論。不過他所注意的卻是下面這點：即在市場上，因爲最後有效的需要與最後有效的供給之交互作用，價格之高低，可以種種不同。而且在這個限度以內，市場技術的要素常是究極的決定者。霍布生前世紀末出版一部工資議價說（Bargain Theory of Wages），是建立在下面這命題上。即，勞動者願意接受的最低工資與企業者答應支付的最高工資之間，有一個很大的差異存在着，這差異就是在理論上也不能忽視。而且依霍布生看來，這種差異既如此之大，那末，到底常爲那一方面利用了呢？他以爲決定這個問題的，早已不是供給關係，而是看兩當事者在勞動市場中，誰的活動來的熟練。霍布生後來把這個思想一般化了，把它擴張到價格構成的一切特殊場合。他對交換當事人因「邊際需要價格」與「邊際供給價格」之差異所能獲得的份額，造出「強制利得」（forced gains）一名詞，這種利得之厚薄，全視市場知識及當事者講生意之技巧爲斷。

凱末爾（E. W. Kemmerer）更正確地表現了上述這思想。他說價格是定於兩個邊際之間，而交換者認爲因更進一層的議價而生的不利將比他們各自所期望的利益更大的一點。而英人夫祿克斯則這樣主張：實際生活裏，邊際需要之高與邊際供給之高之間的顯著差異的發生，決不如霍布士諸人心目中那樣頻繁。就此而言，可知霍布士對於價格問題解決的見地，亦不可過於重視。夫祿克斯並且非難霍布士，說他給與交換上的邊際對偶地位以僅屬於其他交換者而不屬於邊際對偶的性質，不免錯誤。因爲邊際對偶之邊際的水準正指着邊際對偶在價格構成上已毫無運動之自由這事實。從而夫祿克斯的教科書中，關於價格論的綿密的數學的論究，是固執着馬夏爾的見解。

戰後美國文獻中，泰羅(F. M. Taylor)的研究最值得注意。他對於價格機構，可說推究入微。不過，他未能免掉極端抽象的危險。前述他的教科書中關於價格構成過程之數學的說明，常是不自然的，極其形式的，從而非現實的。但是他感覺於邊際供給和邊際需要之外，要再設一種「邊際外」供給和「邊際外」需要，這種細微的區別，卻是對於一切理論家都頗饒趣味而有益的。泰羅是努力從這四個要素之交互作用中去求市場變動之說明。乃特所走的路可又稍有不同。他不另外再設區別，只想把傳統的價格論簡單化起來吧了。他說，用遞減的收益來說明費用時，邊際效用觀念已經含於其中了。所以效用觀念與費用說，在價格論中並不互相排擠。因此，拿它當一個問題來議論，是甚無謂的。因爲關於價格現象之本質的說明，各學者的意見早已一致了。

美國的價格論最近從許多着重價格構成中各種要素之分量的分析的學者之貢獻受到很大的刺戟。這些學者中，有些是受了洛桑學派的影響，最注重這學派諸成果之數學的演繹的繼續，另一些則比較是現實主義的，他們的注意是集中於統計的和記述的觀點。前者之中，以哥倫比亞大學教授摩爾(Henry Ludwell Moor)及其學生舒爾玆(Henry Schultz)最著。後者之中，也是以哥倫比亞大學的密爾斯爲領導。另一方面，該大學的安吉爾(James W. Angell)及其他少數學者，卻站在這兩個傾向之間。

摩爾先研究供給和需要之彈性，而將其結論應用於價格變動問題；略帶着洛桑學派的氣味造出一個概念，即兩個價格構成要素之動的均術。舒爾茲也參預了這個研究，曾將十九世紀最後二十五年美國砂糖價格作一個完全的統計分析，使達到他那關於供給和需要之構成的數學法則。他想拿這些法則去抵抗制度主義，並努力表示他所處理的是完全從經濟理論之心理學基礎獨立的客觀事實。羅斯(C.F.Ross)是舒爾茲一個學生，想將動態論的他先生的價格論發展起來。西爾柏林(Norman J. Silberling)嘗使用三次曲線，想給與價格構成以精密的數學的說明。一般的說，他是固執馬夏爾的見解的。

密爾斯最近賴紐約國立經濟研究所(New York National Bureau of Economic Research)的幫助出了一部書，在統計的記述的價格研究領域內，這部書是極可注目的。他特別有興趣於一八九〇年至一九二五年的物價，把這期間美國物價的發展和其他各國的作了一個比較，把結果歸納而成爲一個偉大的價格體系的輪廓。文內爾反對密爾斯，說他的理論的結果和他那廣大的統計的基礎簡直毫無關係。這種非難不是全然錯誤的。柯內爾大學的農業專門學者窩能(G. F. Warren)和彼爾松(F.A. Pearson)曾以少數農業生產物爲範圍研究土地生產物與價格變動之間的相互作用，應用着密爾斯的思想。他們也都透澈的闡明着供給和需要的彈性，蘇緋士(Frank M. Surface)想把一九一七年至一九一九年美國政府的小麥價格管理的成績加以研究。凡此種種，窩能彼爾松和蘇緋士三人，都是追隨於戰前不久南非洲人雷惠爾德所開的先導。渥金(Holbrook Working)想用統計的方法把由消費而生的需要和由投機而生的需要之間的種種差異確定出來。渥金(E. J. Working)梅利安(R. S. Merran)和華盛頓大學的挨齊基爾(Mordecai Ezekid) 也是從事於供給和需要之一部分理論一部分統計的分析。

安金爾納關於價格構成的國際關係之該括的研究中，把這兩個方法結合做一起了。他廣泛的利用着被他制度的地處理的，從貨幣銀行信用商業等理論引來的觀點，同時又以陶希格的學生資格，對於純粹理論的發展有可注目的貢獻。例如他對於欲望與需要的關係，就說明得非常的好。最近關於探併的理論，則有支家谷大學文內爾的說明，關於比較生產費的理論，則有陶希格乃至格拉罕(Frank D. Graham)的說明。乃特、究曾生、馬孫(Edward S. Mason)等，曾經和格拉罕發生過論爭。

四、費用的見地

上述一切美國學者都和在價格論中注重主觀要素的奧脫不同，他們說明價格的時候，對於主觀要素，差不多是一律重視。他們之外，還可分出一派，這派的學者常顧慮到古典學說，他們在價格論上，最所注意的是生產費，因而致力於生產費的分析。其中最重要者又推達文坡，他的價格論，明明是從他那獨特的價值說明直接推行而成。在他看來，那表示為販賣者對於他所帶到市場來的商品所作之評價的最低邊際的生產費的大，恰好是等於他由他的生產活動之第二最良使用所能獲得的效用。不過這效用只有在市場中纔能實現，從而是依從於各個第二生產物之中的需要的，故販賣者邊際評價或供給曲線，結果都不過還元為一條需要曲線。這條需要曲線對於價格構成之作用，正與市場的直接的本來的需要曲線相同。所以依達文坡看來，說價格是起於普通的供給曲線與需要曲線的交點上，那不但淺薄，而且近於欺騙。

「機會費用」理論，威克斯狄德本已經論及，但到達文坡纔加以發揮，最近亨德生也採用了這理論，把它滲合到需要供給均衡的理論中去，想藉此把劍橋學派的價格論改革一番。這派現在有一個比較年輕的學生名叫羅拍特生（D. H. Robertson）的，在他那巧妙的論究中，力說供給對於價格構成的重要性，從而生產費的重要性。

世界大戰前，少葛拉克（那時在支加谷）曾作一可注目的企圖，想把時間要素拉進生產費說中去。他顧慮到生產期間和營業期間長短不一，因而得到這樣的結論：動態經濟中的價格，未必一定安住在生產費的同一水準。

他後來更加潛心於這個問題範圍的分析，遂公刊爲一部關於生產論的大著：這部著作恐怕是近年美國經濟理論方面一個最有價值的成就。美國大多數理論都是使價格發生於主觀的和客觀的基礎之上，而浮動於演繹的抽象之表層。葛拉克不然，卻利用歸納法的武器，從價格構成的見地向生產費原來有何具體任務這一問題肉搏起來。如此，他應着對於財貨之市場價格，是生產費比較決定的抑是主觀價值評估比較決定的，而將財貨分爲兩大類。依葛拉克，第一類中包括因爲攸關公益故其價格由國家管理的生產部門以及重要商品之生產部門。第二類中，特別是可滿足高級欲望的財貨，包含比較注重獨特之型式、風致以及藝術的完成那類的商品。第一類最關重要，所以關於價格構成，生產費乃是整個國民經濟的中心問題。而生產費之中，又以不變費用，或一般費(Overhead Cost)爲最重要。這等費用在一定的生產期間內，不依存於生產諸單位的數量，所以不能和生產單位發生關係。生產的經營之存立和一切成功，就看這不變費用對可變費用的比例如何，換言之，即看生產的經營對於其一般費即不變費用所含的能力能够充分利用，抑只能利用其一部分爲斷。而這個比例和它的變化對於生產物的價格構成，也具有決定之影響。並且依葛拉克，在最大的國民經濟關係上，因爲勞動者們不勞動即不得食的原故，由社會的見地看來，總勞動多半是屬於一般費。所以即使犧牲一時，儘量利用勞動能力以消除失業，不惟有利於各企業，同時也是各企業的一種社會的任務。這樣，葛拉克漸漸把他的問題擴張起來，最後乃論及經濟學的大多數問題，而由社會的和倫理的觀點與以解明。不過他的成就的中心點，是他勸告應該完全利用經營能力，因之，把私經濟的思想織進於經濟學中。葛拉克特別喜歡拿美國各鐵路的經營做實例。

其他諸美國經濟學者，戰後都注意研究生產費與價格水準之實際的關係，充分利用着戰爭經濟中的經驗。如此，陶希格在某一出色的研究中，說明戰爭中把公定價格定於邊際生產者的費用水準上面是非常正當的。他在這裏還承認一切強制規定，大多數場合都被供求律所打破。不過在另一篇論文中他又考慮到實際經濟現象的多樣性，因而承認我們也不必呆呆板板的去解釋這條定律，乃至普通供給需要曲線的構成。陶希格的教科書戰後發行第三版這版中採用了「邊際販賣可能性」(Marginal vendibility)一概念，他相信用了這個概念就可把價格論從障礙的偏頗的主觀的觀念解放出來。賴特，(Philip G. Wright) 指出陶希格的命題和美國新古典學派的價格論華爾格之間，有着密切的關係。先普生的研究也和陶希格的研究並行着，他稀可注目的統計的研究，指出戰爭中因爲反常的市場關係之結果，使平均生產費的高與實際達到的價格之間，生了一種差異。

拜最近提供一個貢獻，似乎是生產費的有益的分析。依他，一切費用，都歸於次列八個要素的報酬，即勞力、能力、等待或節約、危險忍受、地面、自然的原料、自然地決定於供給的生產財、以及對其支配之下的各種財貨的超過利潤爲目的的獨占。是由這些要素，便構成爲工資、利息、損耗、保險費、稅款、利潤和企業家所顧爲費用的一切款項。

五、獨占價格

美國人對於費用的研究頗著勳績，而英國人則在獨占價格理論的發展上執了牛耳。這個領域裏是最適於使用數學方法的，所以挨治華斯能在這兒自由自在地發揮他的特長。他反對庫爾諾的獨占價格說，而得出如次結論，卽兩個或兩個以上的獨占者與自由競爭着的諸團體相對立的時候，經濟的均衡是不確定的。爲着這個命題的結果，挨治華斯認爲抽象的經濟理論家們，在一個獨占組織包括了一切經濟領域的場合，就不能勝任了。因爲在這種場合，所剩下的經濟關係是只可憑經驗的研究才能接近的一部分。挨治華斯下面這個證明是根本重要的。卽，販賣者的獨占於獨占者方面通常無多大犧牲，購買者大衆亦不一定受其損害，他們在這場合，甚至還常可比自由競爭支配着的場合得到更多利益。例如獨占者常把價格分類，與自由競爭的劃一價格不同，這當中包含着不可輕視的大衆的利益。鐵路和船舶的運費率之獨占的決定，就是明證。

最近皮古指出，挨治華斯的思想過程的實際歸結，不外是下面這個事實。卽，大工業結合的破壞，決不能產生自由競爭，僅只能產生多數獨占的不確定的狀態。挨治華斯關於有獨占的場合的價格構成之法則的非常精細的分析，也被皮古適當的繼續着。皮古藉他那數學的分析，很能確切的把握着雙方獨占的場合（The case of bilateral monopoly）。包利最近對於這個問題作有一個有益的貢獻，

拉文頓(F. Lavington)想以挨治華斯和皮古的樂觀思想爲爲基礎，證明次一事情；若使獨占者的行動成爲合理的，那末獨占不但可長時保險以防避勞動之不安定而使生產費減低，並且還足以增強工商生活的均衡。

我們前在美國文獻中，講過了巴充的獨占理論。卡爾頓也承認巴充的命題，謂獨占因相互鬬爭而相互抵消。他從這當中看出那由獨占中的價格構成而發生的「絕對的集約的地租」是和緩化了。愛里的獨占理論沒有那末樂觀，他以很黑暗的色彩描繪着獨占者和消費者的衝突。約翰生在他的教科書中，也贊成愛里的價格論原理。認價格結局是傾向於最有利的情況之下，進行生產的生產者之費用水準。約翰生在他的獨占理論中，把獨占分爲一時獨占與永久獨占，前者由商業的情況而生，後者由生產關係而生。他又主張這兩種獨占的經濟政策，各不相同。布朗把自

出的價格構成理論和獨占的價格構成理論置於同一原則之下，企想找出一個同時可適用於這兩個理論的數學公式來。康門斯非難布朗的價格論中缺乏社會的觀點，說兩種價格構成的本質的差異，乃在於下面這點，即獨占者的生產，是中止於比那自由競爭中生產者所認爲滿足的邊際效用更高的邊際效用之上。

六、「正常」價格與價格變動

最近美國文獻中「正常」價格這觀念又好像更生了似的。乃特將馬夏爾的正常價格概念和葛拉克關於經濟靜態的學說作了個比較，非常有趣味。他在市場價格中看出來一定時點上通行的市場狀態之單純化的姿容，又在正常價格中發現了那爲一種繼續的發展過程的、整個經濟組織之橫斷面。乃特認爲馬夏爾和葛拉克的見解是非常狹隘，並且非現實的。因爲他們都想從他們關於機械的經濟均衡的「純經濟的」見解，放逐出那普通認爲「非經濟的」正常價格之社會的和倫理的要素。但依乃特看來，並這些要素而捨棄不用，那我們就只合畫出一幅關於正常價格概念的滑稽畫了。

毛爾更密切的依賴着馬夏爾的理論，除正常價格之各種分配機能外，他特別注意其中所表現的生產與消費的均衡。英人狄布利完全從實業家的見地描寫價格機構，在那兒，我們可以得到戰前大工業組織的正確知識，和尙稱適切的心理的分析，不過同時對支配的抽象的價格論作着誇張的非難的批判，這又未免有失學者態度。

世界大戰後把價格變動問題帶到美國經濟學的前線來的，主要是現代制度主義的影響。密徹爾（Wesley Clair Mitchell）甚至在戰前就爲這問題立下了基礎。我們已經注意過他的追隨者與靜態價格論比較有密切關係的著作了。從事比較理論方面的研究的人們中，對於價格變動問題最重要者便是費希爾。關於這問題的詳細，讀者可去參考關於商業循環論的無數新文獻。

第五章　分配

一、現代英國經濟理論中之分配問題

英、美理論經濟學最近的發展，主要的重點就在分配論。把福利思想復位爲經濟學之中心，這個趨勢是導源於馬夏爾，現在卽使在美國經濟學中也很盛行了。這是指分配論正在以經濟學其他諸部分爲犧牲，而有力的向前邁進。最近美國方面理論研究的發展，和歐洲一樣，本來也非從價格論出發，而乃是從分配論的研究出發的。從而現代美國經濟理論，漸漸向英國經濟學中的分配論轉移一事，適足以助長其本來的發展趨向而已。

在馬夏爾的分配論中，我們可以看到兩個相關的觀點，這兩個觀點，在我們科學的最近發展期內，最有效的解決着分配問題。一則因爲他極巧妙的應用邊際原理，因而接近了美國的邊際生產力說，（關於這，後面馬上就要論及，）一則因爲他和皮爾生一樣，也許更要澈底些，常常使分配過程直接與價格構成相關聯。質言之，就是馬夏爾的分配論，一部分是直接從他的價值論推演而來的。這一點，他和威克斯狄德極相接近，威克斯狄德認爲分配問題的解決，只有以現代的價值分析爲基礎纔有可能。反之，挨治華斯把各種分配現象完全置於價格觀點之下，他在這裏也是注意自由競爭的種種制限，和單方的或雙方的獨占及於財富分配的種種影響；對於分配之一般的均衡問題不甚重視。他對經濟政策尤其是工資政策諸問題，作着非常精細的理論分析，而達到極有價值的實際的結論。密切依賴馬夏爾思想的皮古意識地把分配問題置於整個理論經濟學的中心點。依他的見解，國民福利（他認這是最高的經濟目的）不僅止依存於國民所得之絕對的大而已，並且還依存於其最大可能之平等的分配。皮古認為國家的經濟政策之規定，對於整個分配過程的形成，有決定的重要性。克雷想拿最近英國的經濟立法證明次一事情：國家關於所得分配的規則，對營業的自由原則毫無危險，但社會福利卻可因而大大增進。

英語文獻中若干較少成功的分配論上的企圖，也可在此說說。斯坦登(Rossington Stanton)為要提供關於現代分配過程的說明而推溯到經濟史的發展之最深遠的閫奧，努力「合理主義」的來說明各種所得的本質，這個方法不能說是至當的。勞合(T. Lloyd)戰前也曾在某數疇的標題之下，公刊一本論文集，由理論的觀點說，那簡直是沒有資格的。不過關於分配問題的實際方面，卻包含着若干可注目的思想。骸爾剋提(M. A. Kirkaldy)提供我們一個關於分配的純粹生產力說，但在他看來，生產者所賴以最有利的使生產要素互相調和的「代替性法則」，也是財富分配的基礎。

二、美國的邊際生產力說

前世紀末葛拉克所提出的邊際生產力說，今尚為美國支配的分配論。依這個學說，在完全的自由競爭之下，土地、資本、勞動這三個生產要素，各個都可由生產中得到一份，計算這一份的方法，就是依照其二要素不變的場合，其一要素增大少許所致的共同生產物的增加。這就本質上說，止不過是把以前許多研究者已經獲到的理想的思想加以一般化和論理的徹底發揮而已。其最值得注目的獨自的貢獻，倒在他將土地報酬遞減律擴張到一切生產要素這點。由這一擴張，就使得它們的邊際貢獻（Marginal Contribution）對整個分配成爲決定的東西。關於這，我們後面還要說及。邊際原理之應用於分配論（自然那是以工資論爲限）在半世紀以前就已由杜能實行了。華爾拉斯和馬夏爾也都曾經在這個基礎上面做了許多工夫。然而葛拉克之獲得他的分配論原理，同這些學者並沒有關係，直到展開這原理之後，纔發見在他以前已經有人走過了同一條路。但他仍努力擁護他自己的創始者的權利，不肯讓給杜能，認爲自己的邊際生產力說有一種倫理的特性，這是德國經濟學者的學說中所缺少的。依他，邊際生產力說不止是純機械的分配原理而已，同時還有那正義的原則存乎其中。所以各個生產要素以其邊際生產力爲根據而從共通生產物中取得的一份，依葛拉克看來那是它們應得的份兒。這種地方就表現出美國人的非常樂觀主義的特性，恐怕僅比巴充分配論的樂觀主義稍遜一籌吧。然而學說史家卻要指出次一事實，在杜能看來，「自然工資」同時也就是「正當」工資。

葛拉克思想中已表現出的邊際生產力說這一種社會的性質，特別爲在其中發見土地、資本和勞動的生產功能之社會評價的塞利格曼和西革所重視。塞利格曼專注重這項分配論的社會觀點，西革則同時又注意到洛桑學派的均衡思想。陶希格將現代工業資本主義諸經驗加入考慮而與社會倫理以更卓越之地位，對於分配論也很有貢獻。最近，卡佛也很顯著的是朝這方向前進。他現在仍和舊日的著作一樣，贊成邊際生產力的一般原理，但對葛拉克學說的某部分卻取批判的態度。他自己的分配論，很有效的同時援用馬夏爾和奧國學派的思想，實爲二十世紀第一季美國經濟學中最有光輝的綜合的成就之一。

麥克法蘭也同卡佛一樣，指出葛拉克分配論的論理構成中有許多不調和與矛盾的地方。美國經濟學會曾爲這點發生過爭論，約翰生在這項爭論中非常熱心爲邊際生產力說辯護，其後在他的教科書中又採用這個學說。培丹(R. S. Padan)對葛氏分配論一齊下着銳利的批評，想證明一切分配現象，本質上都是動的現象，只有由經濟生活之各時的原動力纔可以得到說明，不是抽象地拿普遍妥當性所能夠說明的。阿德利安斯(Walter M. Adriance)最近的批評也有同樣的傾向，否認葛拉克論與各生產要素的特殊生產力之學說，而提醒我們要注意分配不僅僅是一個價值問題，還同時是勢力的問題。斐布侖也反對特殊生產力之嚴密的方式化，懷疑某生產要素的增大與伴之而生的總生產物的增加之間，要有種直接的物理的關係。這項議論，是他對葛拉克整個學說體系之快樂主義功利主義基礎總攻擊的一部分。另一方面，對斐布侖的制度主義頗有好感的都格拉斯 (Paul H. Douglas) 卻承認葛拉克分配論的主要結論，僅僅說這些結論也應該有歸納的基礎，應該更具體些。摩斯(Noel Morss) 關聯着分配，甚至想作一種關於特殊生產力的數學的論述。關於邊際生產力的問題，最近在反對斐布侖制度主義的乃特和企圖與父親學說以新的數學說明的少葛拉克之間，發生過非常有興趣的論爭。

三、財富之分配與社會的價格鬬爭

英人霍布生也深深地抓住了葛拉克分配論的弱點，非難這位美國學者關於經濟的生產過程的觀察方法太機械了。霍布生在這個生產過程中發見出有機的合作，這合作當中決沒有可以數學的去把握的特殊生產力之存在。霍布生自己所提出的積極的分配論之根本的中心的觀點，就是「強制利得」這概念的一般化，關於這概念，我們在講他的價格論時已詳細說過。依這個概念，則地租、利息和工資都可通分為同分母，如此整個分配過程便作為價格鬪爭的直接結果而出現。英國今日還有一個不屬劍橋學派的卓越的經濟學者凱南，他的分配論裏也重視社會的觀點，尤其是不平等的財富分配的觀點，凱南前世紀末所刊行的關於分配論的學說史是一部極有價值的書。

霍布生和凱南的分配論把我們引導到達文坡的分配論。因為達文坡的分配論中也是一方面注意那影響着分配的非經濟的要素，例如土地所有與資本所有間之法制上的差別；他方面一切財富分配，在達文坡看來，也都是直接從價格構成過程發生出來。不過，霍布生在他那「三重的地租律」中發見了分配的特殊說明原理，反是達文坡卻根本否認這個，認為分配方面也是受單一的市場法則的支配。依達文坡，生產要素在某程度上可以相互代替，是誰也知道的，這一個事實就足以說明各所得部門究竟是導源於何處了。而且如企業家可以在與其他生產要素的關係上，並關聯着生產物的市場價格，而評估他所使用一切生產要素的邊際重要性一樣，國民經濟中的廣大的分配過程，也無非以同一原理為基礎而進行。

劍橋學派的學者亨德生受了達文坡的影響，在前述他那關於價格論的著作裏，把分配看作市場機構的直接的結果，和霍布生的見解部分的接近着。式納的教科書裏對於分配問題，也完全同樣的處理着。大多數制度主義者，例如部克和挾狄，直接從價格構成過程推演出所得分配，尤其注重這種關係的社會要素。挾狄的思想中，（例如他的工資論），邊際生產力說還演着或種作用，但部克卻根本排斥之。

四、奧國學派的歸與論

上述這些企圖，都是想使分配過程，變爲純粹的價格問題，反之，惠脫卻復歸到奧國學派的觀點，而使分配從屬於一般的價值論。在這兒，我們也可以看出他常在價值論和價格論中返復着的說數。他的理論基礎雖像有些兩樣，其所使用的概念也似乎是獨創的，但是究其極，他和孟革、威塞和龐巴衛的結論，的確極其相近。惠脫曾經說這幾位奧國學者把完全正當的價值論和價格論思想展開之後，講到分配方面，就鑄成一個大錯，而爲地租，利息和工資這件古典的緊衣所束縛。這個三分類和他們一般的理論的根本思想是非常矛盾的；惠脫正是要更正當更巧妙的把這項思想應用於分配論。他又曾說，基於邊際效用原則的評價，僅對於消費財可能，因爲爲了滿足欲望，直接成爲問題的只是消費財而已。並且就生產財說來，消費財可以視爲是它們的果實，報酬遞減律對於一切生產都普遍適用，而且由依從這定律的生產要素之使用而生的果實通常都被稱爲 Rents，所以我們終究可以從各消費財中找出那由各種生產財而生的 rent 來。而這些生產財的估價，便是根據這些 rent 的價值，或者換句話說，是根據這些用益（Usufruct）的價值了。如此，生產財的價值就被還元爲消費財的價值。惠脫從這點出發，沿着橫在奧國的歸與論和美國的邊際生產力說中間的路子前進着。爲要生產消費財，不可不常有許多生產財或生產要素通力合作，所以我們必需有一個法門能以把對消費財的生產的貢獻歸與於參加其生產的各生產要素，這個法門就是邊際生產力原理。一切財富的分配都是根據這條原理的。不錯，狹義的 rent 和工資及利潤之間，是有形式上的差別的。因爲前者是由物質的生產財而成立，反之，後者卻是由人的出力而發生。雖然如此，一切所得部門（除了資本利息）都是依從那基於邊際生產力的唯一統一的 rent 法則。

奧國學派歸與論的根本思想豈不是憑藉邊際效用原理而把高級貨物的價值還元爲第一級貨物的價值嗎？報酬遞減律的一般性質以及基於它的邊際生產力原理，豈不都是葛拉克所注意的嗎？一般的 rent 法則，豈布生不是已經提出過的嗎？惠脫自己承認，他的分配論的價值，只在他那統一的新的術語當中。不過當他在美國經濟學會提出這點時，卻受了極其嚴厲的批評。卡佛、荷蘭德和麥克法蘭都認爲不應該爲了惠脫的新術語而以葛拉克的術語爲犧牲。他方面泰羅(W. G. Langworthy Taylor)和愛里，卻贊成維持李嘉圖的表現。雖然如此，惠脫至今仍固執他以前的分配論的本質的特徵，他現在已再不說「依邊際效用爲準的評價」(evaluation according to marginal utility)了，卻只說「邊際的價值評估」(Marginal evaluation)，他想這樣把快樂論的原理清除掉。他又不依物理的性質去區別對分配成爲問題的各種生產要素，僅只根據它們的經濟的特性加以區別，想這樣地給分配論一個比較統一的姿容，如果是可能的話。

世界大戰中，滑特金作了一個可注目的企圖，希望完成奧國學派的歸與論。他根據着非常細密的心理學的分析，結論說威塞的歸與概念太嫌狹隘，而提出一個以爲比較完備的換算(transputation)概念與之對立。他認爲各生產財，倘然孤立了起來就毫無價值之可言，所以他對於某生產財估價，常常將在生產上與它直接結合的各種財，也加入考慮。如此，他就達到「換算的效用」(transputed utility)一概念，這概念也假定是對分配的決定的東西。他將那一向被人忽視的要素，卽「負荷率」(load factor)也援用了。滑特金這個表現是從電力學中採用來的，意思是指一定期間內的某貨物之平均需要，與該貨物在同期間內某時點上的最高需要之間的差異。遺憾得很，我們這裏不能把這個非常有趣味的觀點（滑特金還舉了許多實例來解說）作更詳細的說明。

滑特金關於財富分配的各種變化和這些變化之統計的數學的測算可能性問題，也作了有效的研究。關於這個問題，他和拍生斯之間曾經發生過特別有趣的爭執。最近威爾金也處理着同樣的題問，指出那足以妨害所得及個人財富之正確測算的根本障礙所在。這裏還得提及一下的，就是窩拍爾(Cork Warburton)在某分析的議論中說明了美國分配論最近發展上所起的種種變化，他方面，費西爾則想主要的從租稅的觀點表現出一個更加明瞭的所得概念。

五、狹義 rent 概念之告終和報酬問題

在最近經濟理論發展上，馬夏爾諸研究實具有一般卓越的重要性。它們對於 rent 論的現代形態，完全是決定的。此一革命實由這位偉大的英國經濟學者下而這種重要認識召其端，就是他認爲具有 rent 性質的所

得之發生不僅僅是農業生產上所固有的現象。但就是馬夏爾，最初也還是取着很謹愼的態度。他首先硏究資本在農業經營上所演之作用，而由此徐徐地達到準地租(quasi-rent)一概念。他所謂準地租，是指企業家藉資本使用之增加而獲得的所得而言。就是說，依馬夏爾看來，這增多的資本使用對於價格是有影響的，但這影響，要到某一定期間之後，纔始可以發覺。在這期間，生產者因爲生產費減低的結果，就享有一種rent，它的構造，與那基於更肥沃的土地所有之差額所得，完全是一樣的。

這樣一來，那古典的地租學說，把地租當一種依從完全特殊之律則的所得部門的就根本動搖了。美國的理論家們，循着馬夏爾所開的先路前進，馬上證明出次一事實：那使古典學者們對於地租抱一種特殊的見地，而被他們在報酬遞減律的形態上去把握它的根本事實，乃是一種廣泛得多的，更一般的，一切生產活動通統具有的現象。馬夏爾尙承認三種報酬律並存着，卽報酬遞減、報酬遞增和報酬不變的律則。其他英國重要理論家，也多少都固執着這項區別。挨治華斯就拿這區別反對塞利格曼的學說。查普曼復繼挨治華斯之後。最近關於這點，皮古與克拉巴姆(J. H. Clapham)曾經作過非常有興味的方法論上的論爭，皮古也支持這項區別。索爾(G. F. Shore)關於費用的可注意的分析，根底上也含有此項思想。

美國人在最初的時候，本也是走的這條路子的，但到後來，卻特別注意第一條報酬律，對於第二、第三條，不甚重視。在他們看來，二三兩條律則，只是在一般擴張的報酬遞減律內部纔有效力。因爲依他們的學說，遞增的和不變的報酬，只存在於或種有限的範圍以內。生產活動的擴張超越一定的限度，那末，比例的報酬無論在什麼地方都會有漸減的傾向。我們在葛拉克尤其是塞利格曼中就發見有這種思想，他們說，我們這裏所處理的，止不過是現代一般的價値律則的一個變形而已。消費財繼續增加的時候，它的邊際效用便跟着減少，而由於同一法則的結果，生產手段愈增，與之相應的報酬也就比例的減少。康門斯在其前世紀出版的富之分配(Distribution of Wealth, 1893)中，直接將遞減的報酬之重要性溯及那擴大生產的生產物所提供之遞減的效用，由是給上面這假定以一個更一般而且更統一的形態。惠脫首先與一切狹隘的 rent 概念以嚴厲的否定的批判，然後在他的原理中把報酬遞減律極度地加以一般化，而視之爲一切經濟理論的出發點之一。

部洛克將上述發展過程作了個全體的概觀，從學說史的見地看來，這是頗値得注目的一部書。他在這書中回溯到古典學派的主要著作，最後結論說把報酬遞減律照原樣地從農業擴張到工業而不稍加變動，是不行的，因爲在工業，除了這條律則以外，另有其它的傾向在作用着。彌爾斯脫(Charles W. Mixter)後來也主張在工業上同樣盛行報酬遞減律，此外夫祿克斯對部洛克的見解取批判態度，非難他誤解了馬夏爾的意思。卡佛是一般化的報酬遞減理論的最出力的擁護者，他激烈的反攻部洛克以護衛這理論。陶希格從葛拉克與龐巴衛之間的有名的爭論出發，指出資本報酬的種種限制及其完全特殊之性質，拿來作報酬律之一般化的重要反對論據。陶希格反對說惠脫和卡佛所主張的生產財之報酬遞減，只是邊際效用遞減的一種特殊情形，他認爲這種見解是大大的犯了概念上的錯誤。達文坡則相反，他承認報酬遞減之一般律則的存在，不過以爲這種現象乃由於生產上各種缺陷之所致；而另外主張一種比例律則，卽生產過程中各生產要素之正常的分配和結合的律則與它對立。

戰後的文獻中，丹(E. Dane)反駁報酬遞減律不能適用於工業，亦且適用於農業的說法。他的思想與開利和巴充的樂觀主義，和巴士底亞的經濟調和說，是同一路線的。他視人類的理性與發明力爲新的技術進步之無盡藏的泉源，一切生產部門的收益，其所以能夠沒有間斷的增加着，就是因爲這個泉源。斯彼爾曼(W. J. Spillman)和蘭格(E. Lang)的合著是比較現實主義的，其中承認報酬遞減的一般律則是存在的，不過他們在這律則的內部，嚴格地把生產性這純工藝學的見地同利益性(Remunerativeness)這企業的見地分開來。他們又非常愼重地，不把這種律則和邊際效用遞減律，韋伯——法希納(Weber-Fechner)的心理學法則或高度遞增中的氣壓的遞減並列於同一範疇。

最近美國方面關於報酬遞減問題，比其他生產問題更引起大家的注意。楊格研究着幾種從來不大被人注意的關係，這關係的一方是工業的報酬，他方是勞動的分配和市場的擴張。科布(Charles W. Cobb)和都格拉斯從歷史的統計的見地研究生產上各種要素的相互關係，和資本與勞動的邊際生產力問題。少葛拉克對於他們的主要觀點是贊成的。他在那關於費用理論的書中，想證明生產的最高強度與消費的最高強度之間，能夠有很大的時間上的間隔或者變化。布勒克(John D. Black)關於私經濟學的大著中，鉅細無遺地處理着農業生產諸問題。英人羅拍特生的研究，大部分是關於工業的。另一方面，戰後諾威銀行家卡斯特勞(P. H. Castberg)所提出的生產論，闡明了問題的實際方面。但是絲毫沒有理論上的新貢獻。

六、具有再認識之 rent 性質的所得

報酬律之一般化的努力雖然遭遇不少反對，但是 rent 這概念，到現在，就是在盎格魯薩克遜經濟學中也已喪失其與農業生產不可分離的特殊性質而漸被擴張了。在這一方面也是以馬夏爾的成就爲出發。他的消費者剩餘說已驚人地迅速而廣泛地普及於國際文獻之中。關於這，我們已屢次講過了。這個理論是發揚光大了，並且這位老學者也及身見旁的許多學者把他的理論加以修正，或從他們得到了教示。

因爲他在晚年著作貨幣信用與商業(Money, Credit and Commerce)中，更把他這個學說應用到國際貿易去了，將同一消費者的種種剩餘相互加算着。前面已經說過，那時意大利哥比認爲積極的和消極的 rent，卽同一消費者的儲蓄和支出超過，有着互相抵銷的傾向。羅利亞很想從這種見地把馬夏爾的思想加以修正。美人楊格也走了這條路子，不過和這兩個意大利人並無關係。他曾非常切當地批評着皮古。皮古對於消費者 rent 理論的發揚光大，與埃治華斯是齊名的。凱南和麥克格勒哥(D.H.MacGregor) 及包利之間所起的關於報酬問題的比較不甚重要的爭執，其中心爭點，也是這個問題。美人密勒 (Harry E. Miller) 想證明馬夏爾消費者剩餘理論和邊際理論的意義相矛盾。邁爾(Joseph Mayer)忒部爾夫(G.W. Terbourgh)兩人，則認這個理論完全不合邏輯。

世界大戰時，美人賴特非常接近楊格的見地，但他的研究，最後終歸轉到另一個方向去了。他聰明的說明着，消費者餘剩能够刺戟那滿足高級欲望的貨物的生產，這類貨物倘若在所得分配平均的時候，是絕對無人需要的。關於這個問題，該爾刻 (Hazel Kirk) 女士有值得注意的成就。她細密的表示出所得和消費的關係，而以敏銳的眼光指出，一般的社會狀態和環境起了變化，消費者的欲望和生產的條件將如何受其影響。她這時是專以制度學派的原理，卽認爲經濟行爲只是社會影響的結果，不是從生來的快樂主義的衝動而發生這原理爲基礎的。韋特(W. C. Waite) 關於消費的教科書也是行爲主義的，他尤其着重個人所得之使用於私人營業。

最近美國文獻中，更把 rent 概念擴張起來，而有所謂營業能力 rent (rent of business ability)武爾夫說這是指着超過企業家基於特殊營業知識而取得之普通利潤率的特别所得，而在他們當中發見出獨占利潤。這個說法，已把從來完全自由競爭的理想破壞無餘了。武爾夫與前述西爾柏林的研究相關聯，想用三次曲線解說擴張了的 rent 理論的各種問題，他這個企圖曾引起少葛拉克的激烈反對，後者認爲這樣的方法是非常雜亂曖昧而不適當的。

報酬遞減律的一般化，到前世紀末遂使美國的理論家們倡出一般的生產者剩餘，與馬夏爾的消費者剩餘形成對立。老葛拉克是平行的使用着這兩個概念，不過他所謂的生產者餘剩，是指一種差額所得而言，這差額所得乃是市場價格統一的結果，除邊際生產者外，其他一切生產者都可在種種不同的程度上取得的。這個見解雖然受斐布命諸人的嚴厲的批評，但在葛拉克的追隨者間卻發展得非常的快。

約翰生的 rent 理論也大體建立在這個基礎上面。但是他對其他學說所下的批評，表示了不少獨立的思想，很值得注意的。獨特的生產者餘剩概念，如何極端的一般化了，我們前面已有論及。武納的教科書中的 rent 概念比較是狹義的，他所謂 rent 是指對於耐久的生產財（除了人類勞動）之使用的一種報償。武納關於初期美國文獻中的 rent 理論，又作了一個很可以的歷史概觀。

在英國，這個傾向上以霍布生最為著名。他首先從價格構成過程着眼，認為利息和工資都不過一般的 rent 之一種變形而已，隨後纔慢慢從它們當中認出特殊的特徵來。但他有些地方根據着美人康門斯的研究，重視生產者餘剩中的自由競爭之制限這要素，而賦之以一般的獨占 rent 性質。不僅美國經濟學者們，即其他的英國經濟學者們，尤其是麥克格勒哥，他們所謂生產者餘剩概念，沒有一個是具有像霍布生所賦與那樣社會倫理的構造，不過那獨占的色彩卻很明顯的。皮古在這裏也沒有忘記使用他的數學方法，麥克格勒哥則對於這種理論的論究中種種邏輯的難點很是注意。

七、古典的差額地租

一般的傾向，都是想把地租概念擴張起來，所以最近英、美經濟學著作，仍囿於古典的 rent 理論的狹隘範圍者，極爲少見。泰羅(Henry C Taylor)的著作（由書想證明一般的文化的環境和農業家的專門知識對於農業地租大小之影響），或者關於利息和地租之關係的格雷(Lewis Cecil Gray)的研究（他在這研究中直接復歸了李嘉圖，但原則上還是對一般的 rent 概念表示好意的態度），就屬這類。韓內想拿現代價值論的若干見地將李嘉圖地租論更新一番，但終歸受了卡爾頓的批判的反駁。卡爾頓是全幅的承認這個新傾向的。最近布朗在他的教科書中，努力改良 rent 概念，想依達文坡的生產費理論而賦與以新的基礎。當達文坡想顯示土地增價稅的正當性和社會利益的時候，是很受了蕃塞額思想的影響的。另一方面，愛里卻是這種問題的一個老練的鑑識家，他指出下面這事實，說從可動資本發生的「不勞而獲」的，或者不費力而特別迅速的利潤，實際上常常比從土地財產所發生者更大。還有腓爾柴爾德、香爾尼斯和保克(Buck)諸人也都追隨李嘉圖的見地。黑耶士把他們批評得非常厲害。英人哥史(J. Gosh)關聯着某種優秀的學說史的概觀，堅決的反對現代 rent 概念的擴張，並且詳細說明着土地所得的特殊性，藉這條來支持自己的立場。他在這當中不過是將大家都已知道的幾個見地提示出來罷了，但他的說明的確是明瞭而且條理井然。美人巴頓(F.L.Patton)最近從工藝學及其實際作用方面闡明了報酬遞減律。

八、英國沒有新利息論

我們到二十世紀的英國經濟學中去探求新的利息論，也是徒然的。卽使馬夏爾，對於利息論的態度也是非常折衷的，是把生產思想和數學的均衡論結合做一起；有時又援用其他的說明原理。劍橋學派的利息論，通統都有這種趨勢，他們的態度極和洛桑學派的相近。挨治華斯更爲重視邊際原理對於利息構成的作用，而皮古則多注意於這個問題的社會的方面。但是他們兩人的體系中，利息論依然是比較受輕視的。

拉文頓(F. Lavington)直接從皮古出發。不過他比較重視未來情形的不確定性，及其對於利息的影響。

美國人裏面荷爾格(Clarence Gilbert Hoag)接近着劍橋學派的利息論。他專從馬夏爾那樣正常價格的見地，又從資本供給和資本需要的均衡這假定，努力解決利息問題。但是他對於後述費希爾的利息論思想，也很爲注意。乃特在對於龐巴衛學說的批判裏，也接近着荷爾格；他也是置重正常利息的觀念和均衡思想。雖然如此，乃特的主要目的，卻是想發揮純粹的利息生產力說。他一面爲着說明他那抽象的思想而援用了三次曲線，同時又充分地意識着這個方法之假定的特質。

站在社會見地上的一些英國經濟學者中，只有霍布生曾於本世紀的轉換期發表過確有根據的利息論。他首先使價格論從屬於他那一般的 rent 理論，隨後便瀰滿着生氣的指明資本所得的種種特殊來源。他置重這些當中的制欲思想，故把利息看成一種儉約的報酬，這種儉約可以刺激新的資本構成。他在這一點上，又和瑞典人加塞爾接近了，前述加塞爾的利息論，開首是用英語發表的。

霍布生也認識一切種類的所得都由價格構成而生，所以不把利息看成價格構成要素。反是，美人斯科維爾(Clinton H. Scovell)最近寫一部書，專證明利息是種有效的費用要素。他在其中詳細的反駁着各派的反對意見，而特別注意那關於利息問題的私經濟的觀點。拜認爲只要在社會經濟中，因之在價值和價格構成方面，利息成爲費用之一部分部的話，斯科維爾的結論是正當的。但在私經濟中恰如其反，在所得的計算上，利息是和企業的損失或利益對比的。密徹爾(Waldo F. Mitchell)也是把利息當費用要素看待。他在和斯奈德的爭論中，承認利息水準是商業循環波動中的重要之因素。

九、美國的生產力思想和利息論

龐巴衛的思想雖然對最近美國經濟學影響極大，但美國支配的利息論，至今仍是以邊際生產力原理爲根本。所謂利息，無非是對生產過程中的資本之生產力的一種以邊際原理爲依歸的報償而已。葛拉克的分配論之疊感的簡單的統一化，在這個命題當中已表現無遺。實際上大多數美國經濟學家，都是沒有異議的追從這說。塞利格曼就是最卓越的一個代表，西革極力的擁護着它而反抗費希爾。另一方面，布朗則努力於生產力原理與焦躁(impatience)原理的總合。據他的學說，以資本之合作爲基礎的一切生產，沒有不需要比較長的時間的，所以等待要素即焦躁要素本來就含在資本這概念之中。這個學說似乎比愛里的教科書之專從資本的生產力中去求利息來源的可能性，從資本家的焦躁之中去求利息來源的必然性，更能夠滿意的把兩個說明原理結合一起。達文坡的利息論亦屬此類，大體是建立於生產力思想上面，但他同時亦注重那由龐巴衛繼承而來的時間要素。

最近科坦尼根據確切的事實研究，提出一種關於利息的獨創的生產力說，他假定生產費，無論在什麼時候都可因資本的使用而減少。科坦尼給這項思想在生產技術方面立下了基礎，這是值得注意的事情。佛蘭克林也想以生產力思想補充加塞爾的利息論。

一〇、關於資本概念的爭執

龐巴衛的純粹貼水說，亦極爲美國學者所歡迎，一八九〇年代末，它的追隨者也是很多。跟着，這些人和邊際生產力說一方面便引起了激烈的論戰。但這次論爭中，兩方面都承認關於利息問題所以見解紛歧，根本原因就在對於資本概念，各人所規定的內容不一樣所致。因之，議論的重心便也漸往這種差異移行。兩方的指導者龐巴衛和葛拉克之間的前述長久的有名的論爭，就是這次論爭的頂點，它和德國關於價值判斷的方法論上的論爭，的確是最近經濟理論上兩次最重要的討論。

我們這裏只能把這次論爭的對象簡單指示出來。在那位奧國人看來，資本是物質概念，是指一羣具體的生產財而言。反是，對於那位美國人，則不但在資本中看出生產之非物質的貨幣表現，換句話說就是看出了生產力，並且呼這種具體的生產財爲資本財。把資本更分爲社會的資本這事，曾經引起過錯綜的爭論的，這裏暫且不表。他們兩方都用着非常的洞察力，極盡論戰的能事，各自堅執各自的見地。但到一八九〇年代末，已漸有妥協之勢。兩派互相接近之後，在內容上，兩方所抱的見解已極其類似了，於是大家漸漸承認，其所爭論者只是外形的問題而已。但是不到幾年，這論爭又開始了，比以前更爲激烈，這也許是由雙方的學子間的散兵戰挑撥起來的吧。一直到龐巴衛之死爲止，這兩位卓越的研究者之間的意見始終沒有和洽起來，雖說他們曾經到海德爾堡(Heidelberg) 的克尼斯的著名研究室裏共同研究過來。兩人在日內瓦的會談，也未能把事態弄個明白。

這種論爭直到本世紀尚未終止，繼續的人當中，最卓越的研究者有三人，惠脫、和塔特爾是有條件的遵奉葛拉克的非物質的資本概念，費希爾則接近龐巴衛的見解而力謀融和。惠脫認爲一定要財富的數量可以拿一般的價值單位表現出來，纔可以說資本是在具體的財富中。塔特爾着重過剩財富這要素，過剩財富在非物質的資本概念中就是財產。費希爾則將存在於某一定瞬間的存貨總體看做資本。最近畔爾柴爾德在他的教科書中，也遵奉費希爾這個定義。裴布侖雖批判過費希爾的見解，在這次論爭中，他卻也取着和解的態度。不過他那深邃的思想仍沒有變更，在這裏，也是循着完全獨自的道路而進，從創造智慧和物質的財富之關係中去尋找資本的本質。豪利的見解也一樣，他用純粹演繹的方法得到結論說，資本概念的重心是在於資本家或者企業家之生產的活動當中。

二、龐氏利息論在美國

美國關於資本概念的探討所得到的最優良的產品，就是費西爾的利息論。他先從私經濟的簿記的觀點，將資本與所得加以過於綿密的區別。本着紐科姆(Newcomb)的理論，他在時間要素中發見這兩個概念本質不同，因爲依費希爾，資本是指存在於某一定時點的存貨（像我們剛纔講過的一樣，）而所得則爲繼續流入的財貨用益之流，不可不和資本嚴格分開。所以便把資本增加（即貯蓄）和所得分別開來，在美國經濟學會某次有趣的論辯中，他又辯護這個命題，反對丹尼爾斯、魯賓孫(Maurice H. Robinson)諸人把貯蓄錯當作所得。英人夫祿克斯在這次論爭上提倡和解。實際在旁的地方，他對於費西爾的理論也曾有所抵議，主要是從術語方面着眼。他說費西爾的所得概念僅對於資本之生產過程是充分的，但對資本之物質的生產物就不充分了，這個非難和康門斯說費西爾的學說中沒有把私經濟的見地和國民經濟的見地充分明確的區別出來一樣都很引起費西爾注意。而且費西爾的利息論，是直接從其資本和所得的研究出發，它的特徵是同樣的重視時間要素，是建立在現在所得常比將來所得得到更高的評價這個假定上面的，費西爾利息論這項中心思想雖是出自龐巴衛，但他對於這位奧國學者許多觀點，尤其是迂迴生產多產性之說，卻仍持批判態度，而且爲了鞏固他自己的理論基礎起見，還不惜援用其他許多要素，例如市場機構和個人所得上的變化，視爲形成利息和決定利息的要因。費西爾利息論的特長要算是他那構造在論理上非常簡潔而明瞭，並列舉種種實例，頗能與實際經濟生活諸種現象相適應。

惠脫不但反對費西爾的所得概念，並且還非難他太重視了價格構成過程對利息之成立的重要性。依惠脫、龐巴衛誠然將利息論的正當的根本思想抓住了，但卒因他那迂迴生產多產性說之故使他重又陷於生產力說的舊轍。惠脫最所非難的是現代大多數利息論之徒然的折衷主義，故而和布朗闢起了異常激烈的論戰。惠脫反對布朗，而想基於唯一的原理去說明利息現象。依他，僅只那屬於根本的價值範疇的 rent 纔和生產力概念有着關係。可是「時間價值」(time value)乃今日一切理論經濟學的純心理的根本的出發點，它卻是意味着現在和將來「心理所得」即效用的評價之間的一般差異，與生產力概念本來全不相干。利息只是作爲兩個時點上的資本之現在價值之間的差異，乃由這個時間價值成立起來，對現在財購買將來財的時候，利息已經被算在價格當中了。如此，惠脫的學說根本是一種貼水說，這貼水說是純粹的，建立在心理的基礎上面，連龐巴衛曾經所使用的生產力思想也沒有絲毫夾雜其中。

惠脫認爲時間價值對於經濟學領域非常重要，所以最近他想指陳利息和價格構成，一般的價格體系以及因商業循環而起的價格變動諸關係。他在美國經濟學會中嘗想證明藉他那純粹心理的利息概念就可最好的理解這些關係。因之曾引起爭論，費西爾、彌徹爾(Wesley C. Mitchell)，彌徹爾(Waldo F. Mitchell)，乃特諸人都參加了。議論的中心，關於實際利息的問題者很少，關於商業循環論問題者居多。彌徹爾(W. F. Mitchell)再把他和斯奈德爾的論爭中所表示的思想加以闡發，這思想如何，前面已經提及了。

除實脫之外，陶希格認為利息之高低，繫於生產過程中的蓄積和改良間之鬪爭的結果，而將貼水說和邊際生產力原理及制欲思想結合為一。另一方面，巴充則在生產物的多樣性中發見了迂迴生產的效果，因此給龐巴衛氏學說以極有興味的獨自的補充。依他，有了這多樣性，就得使各種各樣的欲望都能夠得到滿足，無形之中使財富的邊際效用增加了。這種增加，只有對那使這種需時的迂迴生產可能的資本支付利息，纔能為消費者所購買。反是，培丹卻以為利息是實質的經濟範疇，而價值卻只存在於某關係中某思想形式或者說明原理中，所以利息決不能由價值發生。培丹從這見地給龐巴衛的理論以銳利的概念的批判。此外還有許多這樣有充分根據的反駁。然而奧國學者的貼水說，仍廣大的普及於新世界。最近許多特殊研究，都是以它為基礎，例如台維斯(George R. Davies)那有着完全現實的傾向的小研究便是如此。他在這研究中考察着戰後通貨膨脹中銀行利率變動的條件。

一二、美國利息論中的制欲思想、危險要素、及殘餘原理

卡佛的利息論在美國經濟學中占着特殊的地位。他對葛拉克的資本論和利息論取批判的態度，同時在幾個主要的原理上又是和龐巴衛對立的。分配論出刊前十一年，他在季刊(Quarterly Journal)中一篇論文裏已隱約的承認先尼俄或麥克苑所主張的利息制欲說，而接近着前述霍布生、愛里及布朗的利息論思想了。其後龐巴衛批評這篇論文時，卡佛又曾毅然駁斥那位奧國人，極力為自己的學說辯護。雖然如此，他卻使制欲思想和貼水原理密切而內在的結合為一，認為由兩個要素的協作纔始發生利息，這一點卻是和龐巴衛妥協的。卡佛最近也很着重生產力思想，並想把他的利息論立基於社會倫理之上。

麥克稿（A.F. McGoun）直接從卡佛出發，但後來更注意於利息生產力說，尤其是着重資本之節約勞動的作用。除前世紀已公刊的爾克斯脫的論文外，康納（E. C. K. Gonner）和武爾夫都是發揚卡佛學說中所包含的應視利息之一部分爲節約之報酬這思想。前者對節約之心理的和經濟的動機作一精密的分析之後，便倡說危險要素爲利息的構成要素，武爾夫則利用許多戰爭經濟的經驗，他的研究的歸結是推獎「節約者餘剩」（Saver's Surplus）之社會的沒收。英人拉姆西（F.P. Ramsey）想建立一個複雜的數學的公式，依那公式，爲貨幣邊際效用所乘的節約率，應當常等於效用享受之總淨率（Total net rate of enjoyment of utility）所剛剛沒有達到的最大可能的滿足率的額數。

無論利息的貼水說和制欲說也罷，生產力說也罷，都不能使克廉滿足，他順次證明這一切說法都是荒謬的，最後乃提出資本利息的殘餘說。此際，他把工資看做是獨立的確定的分量，與資本家的生產過程無關，並且又與rent和企業家利潤以相對固定的發生原因，至於資本利息，則只在餘下的生產物的殘餘中。

一三、英國文獻中的工資問題

二十世紀第一季英、美工資論的發展，也和利息論一樣，是美國經濟學居優勢。劍橋學派關於工資論的見解，走着李嘉圖和哲封斯之間的舊路，始終企圖綜合衆說。這派的人步趨古典學者，重視工資構成的供給方面，這供給表現在普通生活程度的勞動者生活費裏面。他們同時又從哲封斯繼承了勞動生產那爲勞動生產力所決定的勞動的需要方面。於是他們認爲實際的工資，就是發生於這兩個一般的價格構成要素之間。當此之時，社會倫理的傾向已表現於馬夏爾思想中，到了皮古更加重視。

抽象的工資論本世紀初以來在英國雖然沒有產生出怎樣新的結果來，但所公布的幾部著作，對於實際工資問題的認識卻都具有特殊意義。這些著者中最爲特出者，推英國歷史學派的領導阿什利（他在某特殊研究中提示了關於工資問題的重要的社會倫理的思想）以及包利（他關於工資的統計的和歷史的研究是最出色的）和查斯曼（他繼續Brassey一八七〇年代所發表諸著作，以工資問題爲中心描出一切實際經濟的大規模的組織）。

一四、現代美國的工資生產力說

美國工資論領域內，也以那基於邊際生產力原理的學說佔優勢。葛拉克說，事實上勞動和資本只有結合著的時候纔能被使用於生產。所以他認爲僅使用少數勞動者時，分配於各個勞動者的資本就大，所以他們生產的重要性也跟着大。如果使用的勞動者數目增加，那末在支配之下的資本便要被分配於更多的勞動者，從而他們對總生產物的相對重要性也跟着減少。而且繼續加上去的勞動者羣，都是可互相代替的，所以各勞動者羣的生產者重要性，就會等於最後能夠被人使用的勞動者的重要性。這就是勞動的邊際生產力，只有根據着它來測算工資的時候，資本纔能使用必要的勞動量。結果，勞動力的增加常受有種種的制限，故社會的能夠處分的資本增加益速，其相互的關係，由生產的觀點看，便會漸漸向有利於勞動的方面推移，勞動的邊際生產力增加着，從而勞動的社會發展中的平均工資也有愈趨騰貴的傾向。

葛拉克在美國經濟學會某報告中又提示過這項思想，其輝煌的樂觀主義，只比那時公布的巴充著作所包舍的工資論稍遜一籌。這便成爲一個很有趣味的論爭的導火線。這次論爭中，反對最力的是霍布生，他指摘說，工資決不在如此單純的機構上發生的，它寧是社會的苦鬬的結果。霍布生許多著作中也是置重勢力要素，說在現代經濟秩序中，勢力要素完全在資本家掌握之中，他們藉種種不勞所得以減削工資，使之低落至邊際生產力水準以下很遠。但社會對於這種事情，漠不關懷袖手旁觀是不行的，因爲勞動不能像原理那樣地，專以生產費這簡單的觀點來觀察。勞動的背後存在着人生價值，薄海同胞的現實幸福，完全是繫於工資：此種現實幸福，是社會倫理的，崇高偉大的，必須置於其他一切經濟考量之上纔可以。講到這裏，我們又想起那位偉大的研究家的兒子少葛拉克，最近在關於前述他的一般費的著作中也達到了下面這樣一個結論，竟根據着幾乎和霍布生同樣的考量，即在完全自由競爭之下，尤其是勞動力的使用受了限制的場合（那怕是暫時的，）工資有跌落到邊際生產力水準以下的傾向。這個事情的確是有趣味的。

卡佛在上述論爭中，反抗霍布生的攻擊而衛護工資生產力說，舉了非常值得注目的論據，以支持葛拉克的樂觀主義。依他的見解，機器日益完成，人間勞動的地位便日益被排擠，而被強制向技術較高的，從而勞動邊際生產力也較高的領域移動。可是如果勞動總能够先行於機械經營一步，則工資與它攸關的勞動者生活程度也就會有日益上昇之傾向。卡佛在他戰後公刊的大著裏，將這項思想在下面這命題中一般化了。就是，一般的勞動水準繼續上昇，無教育的勞動者數目愈益減少，結果他們的工資必定也不絕的騰貴起來。

黑耶士最近也接近了卡佛的見解，他反對四革、加塞爾、塞脫諸人，努力說明現代國民經濟裏，工資是與機械的普及平行而騰貴。他認為工資騰貴大衆的購買力便增加，一般購買力增加，繼使一般的價格也騰貴，結果，企業家便能以使用昂貴的新機器。這個事實是他的出發點。另一方面，依他看來，說企業家直接因為受了工資騰貴的刺戟，就採用機器，這假定是錯誤了。他這個說法，曾引起過一次爭論，費西爾（Clyde Olin Fisher）莫利生(L. A. Morrison)，歧爾哈特(Martin A. Gearbart)和維斯萊(Willis Wissler)都反對黑耶士的見解，另一方面，格拉孚和倬路(George E. Bigge)卻補充它，想使那理論完全起來。格拉孚的貢獻特別有益，他指摘出，機械的使用增加與工資水準的關係上，決定的東西，是社會生產物分配中勞動所佔總份額的水準。巴內特(George E. Barnett)關於這個問題是取歸納的見解，表示機械使用增加，對於工資構成的影響，在各種產業部門中都是依時地而不同。英人丹對於機械的普及是樂觀的。他和卡佛一樣，在這個普及當中，看出了從肉體勞動向智的勞動（有利的勞動）的推移，從而看出了一般工資的騰貴。

現代美國大多數理論家和卡佛一樣，採用基於邊際生產力原理的工資論的主要思想，而各自添以多少獨立的見地。譬如塞脫便是這樣，他將勞動所得也置於一般的 rent 法則之下，他在工資論裏，想把生產力思想和時間要素之折扣的作用結合起來，這個嘗試不大自然，沒有收到特別的成功。塞利格曼一面著重生產力原理，同時也很注意工資問題的供給方面，而在這方面又置重勞動者慣習的生活程度，視之為決定的原因。英人雷頓（W.T. Layton）也是從邊際生產力的見地解決理論的工資問題，但他從這兒倉卒的就轉向經營技術和社會政策的領域了，因此，他推獎「科學的經營」或者勞動者之利潤參與。西爾弗氓(H.A. Silverman)以同樣依賴於邊際生產力的一種工資論和對現代勞動組合主義表示溫情的完全實際的傾向的論究結合攏來。布魯(Solomon Blnm)則否認葛拉克的工資論，而承認工資裏面有着權力和勢力的社會關係之存在，和霍布生的態度大約相同。

最近衛爾發爾克(Willem L. Valk)關於葛拉克的工資論，作了個可注目的批判。他承認邊際生產力原理可以是價格構成的滿足的說明，但是不承認它可以說明生產力諸因素的價格構成。他的論據是，倘若各種生產要素是依它的邊際生產力而得報酬，那末這樣獲得的所得額，該會超過那為分配而準備的額數。所以發爾克遂轉而求助於華爾拉斯的均衡論，尤其是那被加塞爾的公式簡單化了的，而想在這均衡論上建設一個工資點，使適合於靜態經濟。他又舉出能相互代替的種種勞動要素和別種生產要素之間的企業家之評估的邏輯，也視爲是形成工資的要因。

一五、工資基金說

陶希格也把時間要素和工資生產力說結合爲一，其效果比惠脫更大得多。陶希格的出發點是次一事實，即，勞動在企業家手裏雖是要後來纔能實現的財貨即將來財，但企業家卻不可不在工資這形態上給與它現在財。而況這現在財的存在量是個固定的數目，依存於以前所作的工作的；所以在那個一定的時點上，常常要有絕對有限的一種現金折扣之存在，必如是，然後一定有限分量的將來財纔能被提供出來，一定有限分量的新勞動纔能得到支付。陶希格這個思想中，可以看出那古典的工資基金說的精神來。他先在前世紀末公刊的名著工資與資本（Wages and Capital）中就提示了這點，後來在美國經濟學會的演講中，又概述了同一理論，僅僅稍加修正，更着重邊際生產力原理而已。在以這爲導火線而起的論爭中，荷蘭德爾斷乎反對這原理，他要求復歸在他看來更爲實現主義的李嘉圖學說，認爲李嘉圖學說中，實際的工資鬭爭的姿態與邊際生產力沒有關係，描畫比較活現。我們前面已講過，霍布生在幾年以前就已從同樣的見地反對葛拉克的理論了。托姆普松（J. G. Thompson）攻擊陶希格的說法，說勞動者的生存完全是倚賴於剛纔過去的生產期間的生產物，質言之，即依賴於現在的工資基金。他以統計的事實，指出現代勞動階級的手裏，具有很大的儲蓄。陶希格對這個攻擊，只能給它一個忸怩的回答吧了。

也許其他諸批判也有關係吧，陶希格對於三十年前自己最初提示的學說，一天一天不敢大膽的主張了。如此他漸漸地將工資基金這一個拋棄了。當克脈（或者是受了陶希格自己的工資與資本的剌戟）在歐戰時發表其貫注着陶希格那書的全部的工資基金說，並且以最近理論研究的結果為根據的時候，陶希格在對這事的批評裏，早已不能無條件的贊同克脈了。在克脈看來，時至今日，勞動的供給價格只有在經濟落後諸國，纔由它自身的生產費決定。反之，在美國這樣國度裏，這種供給價格，則可從最近移住者之最下層所過的生活程度中看出來。但在陶希格非常正當的反對之前，克脈仍不得不退藏起來。所謂正當的反對，就是說這不能適用於英、德等經濟進步並不弱於美國的國度。當一九二五年十二月，美國經濟學會會議開於紐約，克脈已將其前此所主張的工資基金說大部分放棄了，但對梅利安和拜卻斷乎指出那基於邊際生產力原理的工資論有許多缺陷。在這一次論爭中，這個理論同時又遭受了斯力希脫和武爾夫的嚴厲的批判。

陶希格和克脈二人的學說外，其他若干美國理論家的著作中，舊的工資基金說，也猶有明瞭的餘韻。例如達文坡所主張的思想便是如此，他認為社會上一切寄生分子，都是使工資減少的。然而他形式上，卻仍對工資基金說取批判態度。

古典工資基金說的要求，仍在只從勞動生產力之對應的增加來期待永續的一般的工資增加那一切人的思想背後。這種思想家在現代盎格魯薩克遜文獻中非常之多。英人魯賓士就是一個好例。密楞斯(Nora Milnes)的企圖是論理的，且具有確乎的歷史根據，不過在其他地方，他主要是以馬夏爾的工資論為根據。柯克斯(J. D.

Cox Jr.)的害想當作殘餘所得來說明工資，其中也表現了基於歸納法的同樣的思想。研究到這個問題的人倒有很多，就中加累特(S. S. Garrett)特別指摘出種種經濟的危險會伴着不根據生產而以團體交涉的強制的工資之增加而發生。

一六、摩爾之歸納的工資說明

前述一切研究都多少是演繹的，反之摩爾(Henry Ludwell Moore)卻歸納的地把握工資問題，數學的地處理着關於工資的廣泛的統計材料，由是遂提供一個博得大家稱贊的成就，而與數年前法人西米安所公刊的關於工資論的著作，並爲雙美。他的研究歸着於工資生產力說之統計的證明，他主張這種證明的重要性，以對抗挨治華斯的相反的態度。但一般的結論雖然如此，摩爾在某篇論文中卻極力指摘生產力原理對於工資問題的若干特殊情形，只具有有限的認識價值(limited value from the standpoint of knowledge)。依他，勞動不僅在收益遞增律尚有效的產業部門裏，就是有着排他的或者部分的獨占之部門裏也一樣，都不是根據它的邊際生產物而得到工資的支付。不過，這個見解中自然還有一個問題，就是獨占這概念的範圍究竟是廣義還是狹義呢？因爲我們的概念愈加擴張，勞動生產力說便愈整個的成爲寓想，愈會使我們走到與這對立的霍布生和荷蘭德爾的思想，即工資裏面只能夠看到企業家和勞動者間的社會鬭爭的結果。

一七、工資水準問題

最近英美文獻中就有一派研究，想發現種種方法或者手段可使工資一般的增加，社會鬪爭在這派研究裏，占了指導的地位。本世紀初頭，美人賴安(John Augustine Ryan)嘗根據宗教的理由論究工資水準之社會的和倫理的要求。哈密爾頓提供了值得注目的研究。他從制度的觀點觀察這問題，結論是，我們不應該依死呆死板的一般原則行事，而只可臨機應變的，利用常能夠適合具體情形的手段，以求工資的增加。依特徵巴利(Robert W. Woodbury)，國民教育的發達，因而勞動階級的智識的提高，可以最確實的誘致一般工資水準的上昇。費能(Edward A. Filene)本着實際的論據，推獎法律上最低工資的採用，而期待這種辦法可使勞動的一般生產力顯著增加。另一方面，朋斯夫人和利查生(J. H. Richardson)在他們關於這問題的詳細研究裏，都抱非常愼重的態度，朋斯夫人專固執着生產力說，從美國的意識去說明它，而利查生則想以一般的價格構成爲基礎而處理工資。約翰生對於政府決定最低工資的辦法，不能完全贊成，康門斯則要求政府實行有力的工資政策。奧斯丁(Bertram Austin)和勞合(W. Francis Lloyd)是兩個年青的英國技師，他們由關於美國工資制度的研究，遂在利潤參與之一般的擴張中，發見了解決社會問題的方策。都格拉斯的態度以制度的慣習爲基礎，質問對勞動者的家族補助金比較富有科學價值。都格拉斯指出，前一代裏，美國的眞實工資，的確增加了很不少。甫萊德關於一九一四至一九二〇年間，罕生(Alvin H. Hansen)關於戰後數年間，達到了同一結論。甫萊德特別強調所得的總分配有着利於工資的變化。罕生則提出特殊的消費指數，可以測算眞實工資。庫欽斯基(Jürgen Kuczynski)曾將一九〇四年至一九二五年美國所得分配中工業工資的平均率作一統計的研究，而達到了幾個明確的理論上的結論，我們只舉一個爲例：他發現工資降至總生產費平均水準以下的場合，多於昇到它以上的場合。蘇勒(George Soule)利用美國眞實工資的實際發展情形，作爲反對生產力說的武器，而想證明最近顯著的工資騰貴，不能完全歸之於勞動生產力的增加。

一八、古典生產力思想留在企業家利潤論中的餘韻

講到企業家利潤論，英國人至今還不能完全脫掉古典的傳統。因此在英國現在尙有這樣的傾向，忽視資本利息和企業家利潤的明確區別，常從統一的觀點來觀察這兩種所得。馬夏爾完全像古典學者一樣，在企業家利潤裏面找出了純粹的費用要素，它的內容，就是對於企業家的人的活動（監督）的報酬。反之，挨治華斯則以如炬的眼光，指出次一事實，卽企業家利潤，不能根據企業家活動的邊際生產力來測定。因爲在國民經濟中，沒有足以規定這種測定的要素。至於其他生產要素的生產的貢獻，事情卻不同。因爲它們的報酬是企業家根據它們的邊際生產力而給與的。加之，領薪俸的經營管理者所作的工作，雖與獨立的企業家差不許多，但兩者的所得，常是極不相同。挨治華斯拿着這個證據，證明企業家利潤不能單獨的正確的適應邊際生產力。查普曼關於這個問題的研究，也達到同樣結論。爲了要恢復那因缺掉邊際原理而喪失的精確起見，最近英國著作家關於企業家利潤的說明，常常除生產力要素而外，還援用其他若干有名的原理，和荷蘭人皮爾生或者蘇格蘭人尼科爾生在他們的大教科書中所作一樣。雷費爾德(R. A. Lehfeldt)和麥克格累哥兩人都想把生產力思想與危險要素折衷湊合起來，上述的企圖在他們的著作中顯著的表露出來。兩人都極注意於利潤和利息的分別。

最近美國理論家中，陶希格和克庶叟和蕾來的古典見解接近，他們有着統一的利潤論，把利息和利潤密切結合了起來。他們和美國大多數學者一樣，認爲危險要素，是利潤所以成立的最重要的泉源。福爾曼(C. J. Foreman)在他那戰後所作的最有興趣的研究中，分別「勤勞利潤」和「不勞利潤」，前者指完全能以生產力原理解釋的當然之所得，反之，後者則是指那從社會倫理的見地說完全應該非難的獨占利潤。他把第一種利潤歸之於企業家的專門知識和商業才幹，以及他賴以更集約的生產，更能增加收益的新的技術方法，甚至曾喊出「管理工資」(Wagess of Management）一詞的受里和將勞動工資與企業家工資綜括同一見地之下的部洛克，在他們的教科書中也都認企業家利潤是對前述人的活動的一種報酬。奚脫把利潤也單看做是那基於邊際生產力而成立的一般的 rent 之一個特殊種類。另一方面，卡佛卻非常巧的把英國在這方面所嚴重禁止的那邊際原理，偷運到企業家利潤論來了。依他，企業家享受着各種生產勞動者工作的結果。而這些勞動者所得到的，卻只是邊際勞動者的工資，其他一切勞動者的超過的生產力便盡成了企業家的利潤。泰羅在他的教科書中說明利潤時，是抱折衷的態度，除作為利潤泉源的生產力觀念外，還重視企業在生產經營上所負的責任。

一九、危險與利潤

關於利潤的危險概念，美國文獻中三十年前就有人注重了。正當本世紀轉換期的時候，關於這概念又引起一番議論。挨美利(H.C.Emery)當時在美國經濟學會的演講中將投機利潤歸之於投機者在市場所負擔之危險。但是依埃美利，這乃是只基於所有權的特種危險，和那由監督生產而生的資本主義企業家的危險，有嚴格的分別。因這次講演而引起的爭論中，卡佛、哈德利和康門斯都否認這種分別，而企圖將投機利潤和企業家利潤置於同一見地之下。由是曾經在以前的著作中發揮了關於企業家利潤的優秀的危險理論的那位豪利，又再度參加論爭，在和卡佛的討論中，從新嚴密的與那和純粹的投機不同的特殊企業家危險的概念下一個定義，而想拿他那處理這概念的理論充作整個經濟學的積極的基石。他在這上面建立起來的完全締密的而且絕對的學說體系，幾乎毫沒有博得學界的贊同。

乃特所提出的關於企業家利潤的危險理論也引導到同樣廣泛的展望。他雖然承認利潤是由企業家的危險而來，但他把狹義的「危險」這字眼和「不確定」這概念分別開來。因為他說，前者是數量上可以計算的要素，萬一的場合可以藉保險或者危險的平均化（即自己保險）把它除掉的，但是反之，不確定這概念卻複雜錯綜，難以一眼見透，所以只有由實業家的明斷纔可以把握得到。這種明斷，不錯是被實踐所教訓的，所發展的，但他本質上是基於天才，卽基於作企業家的能幹。這纔是一切利潤的眞正泉源。乃特以這個命題及其中所含的細微的區別爲中心，建立了一個出色的理論體系，從經濟理論的最初出發點說明起，以至現代大工業組織的解剖爲止。他在這種時候，豐富的應用着我們已講過數次的他的方法論的和社會倫理的見解。

哈提（Charles O. Hardy）關於生產和分配上危險的負擔與危險的消除之間的一般經濟關係的著作，不及意大利徹沙最近那研究。哈提從私經濟的觀點爲這個問題而提出的解決，是比較有用的。

二〇、企業家利潤中的殘餘原理和勞動的要素

前此所述一切企業家利潤論，都認這所得部門在分配過程中有一個獨立的發生原因，反是葛拉克卻僅僅把這個所得部門看做殘餘所得，如荷蘭德爾曾經提示過的。依他，在靜態經濟中，自由競爭毫無掛礙地支配着的場合，社會生產的結果是本着邊際生產力原理一點不留的被分配於土地，資本和勞動。然而現代的實際經濟生活並非靜態的，在它裏面自由競爭也不能毫無掛礙的展開起來。因此，把上述三生產要素的報酬付過之後，剩下的殘餘，便歸企業家所獲得。不待說，這一點是洛桑學派早已認識了的。不過葛拉克着重在現代經濟發展的動的性質，而認企業家就是各種性質的領導。依他的學說，生產過程之每一次新的形成，使着那被視爲利潤泉源的分

配殘餘愈加容易發生。這一說，像我們已在適當的地方講過的一樣，實就是那曾由蘇順泰介紹於德國經濟學的動態企業家利潤論。

這個理論，由塞利格曼非常明瞭的首尾一貫的把它展開了。他視企業家利潤單是市場價格變動之結果，從而在正常的均衡狀態中，一般不發利潤。巴充也專從經濟發展的事實，和生產過程的完全化來說明利潤。依西革的見解，完全的自由競爭僅只會吸收了企業家利潤的一部分即動的要素。不過企業家利潤另外還包含其他部分，這些部分是基於生產力原理和獨占原理的。約翰生的態度也一樣，他說利潤除了企業家所投資本的利息外，還必須含有一種工資性質的要素，是自然之理。但在他看來，除此而外，尚有各種殘餘即 Surplus 留在企業家手裏，這個殘餘纔是本來的「純利潤」。反是，武納最近關於企業家利潤，卻提出一個完全首尾一貫的殘餘原理。

葛拉克的利潤論最近受了徹底的檢討，又由塔特爾(Charles A. Tuttle)把它發揮了。葛拉克認為利潤的泉源，在於完全自由競爭之下的利用新的較進步的生產方法的生產力之中，塔特爾卻把這項思想加以推闡，而論理的將邊際生產力說應用到價格構成上去。因之，他認為就是靜態經濟中也一樣有利潤。質言之，利潤乃由為生產而結合的勞動（卡佛）和資本諸單位之「邊際以上」(supra-marginal)的使用而生。在這兒把邊際、生產力、摩擦諸觀念，巧妙的綜合起來了。

二二、作為獨占所得的利潤

英國人中，只有翟布生發揮了動態企業家利潤論，他從現代美國經營學研究的見地來解明問題。不過依他的見解，現代經濟秩序之下所獲得的利潤中，實際可歸於企業家之獨創的行動者，是比較很少的。剛剛相反，利潤的大部分，都是由那有獨占性質的 rent 所得而成立，這種所得乃由價格構成而生。依霍布生所推獎的社會改良的見地來說，這種不勞的所得，是應該消除的。

屬各倫敦經濟學校(London School of Economics) 的少壯學者多布(Maurie. Dobb) 在他的新刊書中，視企業家利潤全為獨占所得。普通人們都從需要的方面去把握這所得部門，多布可相反，他繼續着那為馬夏爾所開端的關於作為生產要因的企業家活動在市場中所表示的供給的分析，因而達到許多值得注目的理論的結論。但多布與霍布生不同，認為企業家獨占中並不一定有社會的惡害。美人福斯忒(William T. Foster)和卡欽斯(Waddill Catchings) 也是這樣，在他們關於國民經濟中利潤之實際發生和重要性的合著中，側重於自由的和獨占的所得構成的研究。他們想建立一個原理（主要的借助於商業循環理論），即節約將致現代市場經濟中的均衡之攪亂。這個思想曾經引起過很大的爭論。

總結及展望

上面三編，已照三大言語區域說明了二十世紀第一季理論經濟學的發展。其中所指陳的，是森林裏面一株一株的樹木，有時還給它們作了詳細的研究。現在最後，卻讓我們來講講由這許多樹木所會成的森林本身吧，要把它那總括的姿容表露出來。質言之，就是要將前述時期內整個國民經濟之最一般的發展傾向，努力簡短地指示出來。

我們先不先要確認次一事實，即最近德語諾曼語和英語諸國經濟學的發展雖有一般的孤立化的傾向，但零零碎碎的仍不無接觸而互相一致的點。各個革命的新理論，漸漸也滲透了其他各國的經濟學。大戰前言語不通的各國學者間，關於這種比較重要的新學說，常有直接的討論。龐巴衛和葛拉克關於資本和利息的有名的討論，就是一個好例。但大戰中及戰後幾年，這種關係忽然中斷，以前的國際往來，直到一九二四和一九二五年以後，纔又漸漸恢復。少數卓越的理論家，曾利用機會，把他們的見解發表於外國語雜誌。戰前有挨治華斯的意大利語論文，羅利亞的法語和英語論文，蘇順泰的英語出版物等。最近部葵、部納底安、彌傑爾斯也都用外國語發表了論文。此外許多翻譯，亦有助於大戰前後國際科學思潮之交換。最近三四年間可謂是復興之期，出現了庫爾諾、季德、柯內利生、羅利亞、巴郎、格拉齊亞、塞利格曼和亨德生的書之德譯，庫爾諾、威塞和韋伯的書之英譯，孟革和宗巴特之書的意譯，塞利格曼、什維德爾德等的書之法譯。而對國際的接近，貢獻最偉大者，怕就是理論傾向的各種經濟雜誌中關於外國重要出版物之屢次周到的報告吧。在這一點最爲活躍的，要推德國雜誌。但其他各國的學者對於少數重要的德國書，也常發表詳細的批評。

舉幾個例，比方斐布侖就曾拿什麼勒的綱要的思想，檢討過他那基於美國新心理學的經濟理論見地。里士在一頁半的篇幅中批評蘇順泰的主要內容(Hauptinhalt)說，這書如果縮小一大半，也許會更有趣味些，它的著作沒有充分替讀者節省時間。美人麥克利卻給蘇順泰的體系作着深刻的分析，而讚稱這位奧國學者給他那大部分出自美國的理論以一個非常完備的理論的統一形態，是莫大的功績。最近梅利安也同樣正當的認識了狄爾的理論國民經濟學的主要見地，並且與以發揮。李夫曼不滿於克廉之詳細的但否定的批評，曾作答辯反駁之。在這答辯中自誇他的學說不僅在德國，即在瑞士荷蘭日本各國也漸漸普及了。武爾夫、佛蘭克林和乃特對於加塞爾的德語著作，都有過詳細論列。爾徵爾(Wesley C. Mitchell)、康門斯、柏爾曼(Selig Perlman)和柏松斯(Talcott Parsons)對於宗巴特的思想都研究過。

大體的說，對於外國新經濟理論的興趣，通過去與現在，都以美國最爲濃厚，其次就是意國和德國與國至於英法。對外國經濟理論上的事件，（尤其是最近德語諸國的）素來不大關心。例如戰前美國經濟學會，關於並沒有出席於會議的潘他呂安的動態經濟理論，就會引起過論爭，許多名士如老葛拉克、巴充和惠脫等都親自出馬參加了，這實在是非常值得稱讚的。這次論爭裏，指摘出潘他呂安的動態論思想，與開利以來美國經濟理論中盛行的思想本質相同。但這種事情，正足以促進國際科學之統一的發展。

除了這種與外國學說的意識的融會外，我們還屢屢看見各國學者常從各不相同的前提出發，而相互獨立地，並且常是同時地達到同一或者極相類似的經濟思想。其不可磨滅的永久的實例，而且是大家常討論着的，便是孟革、哲封斯和華爾拉斯諸研究之時間的一致，因了這個一致，一八七〇年代理論經濟學纔始復興了。在經濟學的近史中，這樣平行的事實也還是有的，雖然沒有那樣完全，也沒有那樣重要。關於這些，我們在敘述的當兒，隨在可以碰見，所以在這裏，只須把它們那最一般的特徵，在統一的姿容上給他一個概括。

首先來看現代經濟理論的哲學基礎。初看起來就偶然碰見種種的合致，這些合致，很容易推溯到某種共同淵源的。我們已在適當的地方指摘過了，現代價值論思想，乃至經濟均衡理論，和現代經濟學之數學的見地一般，都多少是由同一的哲學淵源產生出來。但在這些哲學的根本思想當中，還有種種的合致存在着，卻不能溯到一個共同的思想的影響。奧國人史盤美國人惠脫，在一般哲學上相差甚遠，而在經濟理論上卻大家都着眼在存在價值和生存目的，從而單把經濟這東西看做一種從屬的手段。因此，兩人對於理論經濟學的唯物論見地，都極力抨擊。並且像史盤一樣，惠脫也有用目的的觀察法去代替我們科學中純粹經驗的因果的觀察法的傾向。這樣，他們遂可以部分的反對各派支配的學說，憑着那驚人宣傳才能而為他們的改造思想辯護宣揚了。無論史盤或者惠脫，在他們最近發展階段中，都受了晚近各種社會經濟變動的顯著影響。但是法人發拉的新經濟學，卻專是承戰後的氣分而產生。他這部小書，沒有什麽科學價值，與史盤那精深的體系不可同日而語，不過他們的思想卻極相類似，完全理想主義意味地把握着人類文化的發展，而攻擊一切唯物論，自由主義和社會主義。兩人在經濟理論方面，都否認那機械論、個人主義和主觀主義見地的各種學說。不過史盤用了精深的積極思想去代換它們，而發拉的理論的成就卻不比他那批判更強一點。史盤和另一個法國人泰爾德之間的接觸，即前者的全體主義與後者的心間心理學見解之部分的類似，我們在前面已屢次說過了。

泰爾德本着他那心間心理學的社會學，將價值論一般化了，他認爲經濟價值概念，只是那包括一切社會科學的廣大價值現象底一個局部問題。美人安徒生亦在葛拉克和塞利格曼影響之下，努力於同樣的經濟價值概念之擴張。不過他主要是從美國新心理學的主意論的社會學出發，這派社會學，是以華德、吉丁斯、尤其是庫利爲代表。泰爾德和霍布生的根本思想上，有着意識的一致。因爲這位英國社會主義者曾從那位法國社會學者學得了反復和發明兩概念，而想拿它們當作用以實現一切社會改良的鎖鑰哩。就是說，霍布生想把那本質上依賴反復活動(repeating activity)的生產部門交與社會之手，至於那生產活動，其中發明演了比較重大的作用的，則應該委之於私人的創意即自由的企業心。霍布生根據泰爾德的社會學，希望把生產這樣的分成兩面，是可以實現的事情。奧本海母和羅利亞的體系，也在他們社會改革的根本思想上互擅了。他們兩人的社會學和經濟學，全被土地改良思想像神經網也似的貫穿着。兩人都努力從歷史的方面證明自古一切社會罪惡，皆是淵源於土地私有制度。希望廢除此種制度，以躋社會於一般的愉樂之域。這裏最有興味的事就是無論羅利亞或奧本海母都是將這土地改良的見解織進他們的理論體系中，並且相應着將它的前提公式化起來。那怕思想上這樣密切的類似，他們兩個體系，仍是獨立發展的。

關於方法論方面，像前面已討論過的一樣，韋伯、克洛徹、和西米安之一致要求「取銷價值」經濟學，怕是最值得注意的一件事吧。這三位學者各從不同的哲學思想出發，用着各不相同的表現。然而他們經濟學的主張，居然不約而同。他們說，我人能夠而且必須將那受純粹因果關係所限制的「科學的」學說，從一切倫理的或者具有其他任何目的論性質的思想嚴格分開。此外尚有一位意大利人塞拉，他也和克洛徹素無關係，而達到了理論經濟學上這種方法論的見解。那爲涂爾幹所完成、曾被亞米安成功地應用於各種經濟問題的「共變法」(concomitant variations)，質言之，卽以種種假定條件之下的經濟現象之比較研究爲目的，而代替那不能適用於經濟領域之直接實驗法的共變法，其內容是與愛倫堡之方法論原理非常近似的。因爲這位洛斯托克大學教授，原來也是想藉各種能以精密測算的比較單位（這是他的觀察法的條件）之隨意的排列，去認識國民經濟之典型的因果關係的。所以，不管它精密比較法也好，共變法也好，都是採用歸納法。不過一件，他們乃是借助歸納法的實驗的見地，從內部去把握經濟現象的因果關係。他們以爲這樣的去認識因果法則，要比用歸納的歷史的方法更爲周到。

愛倫堡曾先研究一切單純的和企業的管理，想從這樣着手去探究各種經濟關係。意大利人索里也把這種私經濟的見地帶進理論經濟學中了。在他看來，國民經濟不啻是許多企業之總和，這些企業之私經濟的態度，資產和負債的狀況，對於那爲其總體的國民經濟是決定的要素。這種主觀的損益比較，和李夫曼那收益理論的根本思想很是接近。李夫曼也以效用和費用的差異卽收益，爲他的經濟學體系之核心，想從這個見地去說明經濟生活上各種重要現象。固然，李夫曼所談的是那由快與不快的比較生出來的純心理的收益，而索里這非常類似的思想卻有着數量的物質的意味。經濟關係之企業家的解釋，在李夫曼思想中也許多地方表現了。但在經濟學中注重企業見地的，恐怕誰也沒有美國人達文坡那樣澈底吧。他同時又使用着社會倫理的觀點，並企圖指出一個限界，在這限界以內儘可放任自由，那私經濟的利潤獲得的努力亦不致損及於社會。最後，李夫曼與前述另一美國人惠脫，同樣對經濟理論抱着純心理的見解。惠脫努力想利用心理基礎，來解釋經濟生活的一切現象。他的「心理所得」概念，和李夫曼那「心理收益」說很有密切關係。不過這位德國人，費用要素和效用要素被他一齊援用了，而這位美國人卻只側重於效用（雖然他不用效用這術語）對於費用要素，單與以從屬的間接的重要性而已。

德人狄爾和法人布老兒赫特的體系，出發點很相類似。兩個都承認理論經濟學從個別經濟的抽象研究出發是錯誤的。因爲，我們用這樣的方法，僅可以得到錯誤的觀念而已，絲毫不適於實際經濟生活。經濟理論的第一步，寧要注重經濟生活之社會的尤其是法律的關係。蓋這些關係，乃是現實世界中各種最簡單的經濟現象之本質。這兩個研究者，雖則是站在如此共同的一般見地上面，但待到他們的學說再往前發展起來，就顯出很大的差異了。因爲狄爾是努力把一個體系建設於他那社會法的根本見解之上，剛剛相反，布老兒赫特則完全走一條相對主義的路，像新歷史學派那樣地把背對着一切理論。美國人康門斯和匈牙利人巴拉斯在借助法律的見地來說明經濟關係一點，是與狄爾和布老兒赫特很有關係的。

我們要指摘出各語言區域的經濟理論另外還有一種結合，乃是根據詳細的文獻的研究鍛鍊出來的。蘇順泰在他把現代美國理論的主要觀點之一介紹到德國去之前，曾經詳細說明過他爲了什麽理由要計劃作這一個媒介工作。這個觀點，就是那爲葛拉克學派最所重視的、把靜態經濟與動態經濟分開的思想，蘇順泰拿它做了他那整個體系的中心。他關於利息和利潤等現象的出色的動的說明，也是由這項思想而生。蘇順泰除美國思想外，又輸入了諾曼思想。均衡論以及他那數學方法，便是從洛桑學派的貨棧裏取出來的。他的移植外國學說，主要的特長，是能够將他們施以論理的加工，賦與以獨特的而且一部分是新穎的形態。

加塞爾的一鳴驚人的著作，是結合英國經濟學和德國經濟學的。正像蘇順泰的體系之結合英美法意經濟學和德國經濟學一樣。加塞爾整個思想背景本質是英國的。和他現代德國哲學自然也有着某種接觸，但到底是側重英國的經驗論。他的整個經濟體系建立在一個中心思想上面，卽他由英國經濟學承繼而來的個人主義的自由主義的肯定。他那數學的價格機構論，儲蓄論和利息論乃至對於恐慌問題的解決，歸根落葉，都不外是這項思想的發揮吧了。加塞爾的偉大成功，在乎這一切理論裏面之纖巧的統一的自由主義的見地，正是英國經濟學的傳統特徵，這位瑞典人是從英國經濟學把它學來的。以媒介英國經濟學和德國經濟學爲職志的加塞爾的體系，其所演調和的任務，就是英國人本身特別是挨治華斯也承認，也稱贊的。

像周知的一般，本世紀轉換期的時候，加塞爾曾對邊際效用說下過銳利的批評。他大體是這樣非難邊際效用說：無論同一人也好，或者衆人之間也好，各種欲望既然沒有一個共同尺度，那裏有直接比較和實際測算的可能呢？然而這種比較和測算，卻是邊際效用說的一個前提。而且邊際效用說假定：消費財是可隨意分割的，我們的價値評估，是以前所有分量之沒有間斷的機能；這又是根本錯誤。差不多與這同時，格拉齊亞也給邊際效用說以同樣否定的批判。不過這個意大利人，並不像那位瑞典人一樣斬釘截鐵的一口否定它，而是先不先冷靜的探窺這說的堂奧，而後拿住有力的證據，從其內部去暴露它的缺陷。雖有如此內容的差異，這兩位聰明的批評家之間的一致，都是非常密切的。兩人不久之後，都在經濟理論上博得了國際的名望。

加塞爾不僅否定了邊際效用說的價値論，同時還相信可以把整個價値學說都逐出經濟學之領域。狄特澤爾、哥特爾、和李夫曼雖是從旁的批評的觀點出發，在這一點上卻都和加塞爾一致。而安孟以及史鎜的最近著作，因爲看重價値論之故，也達到了相同的見解。同樣的思想在法意經濟學中也並不是沒有，雖說不甚顯著。布老兒赫特認爲整個經濟價値論皆是由於非現實的抽象的思辨之過。意大利人哥比和索里也認爲在他們的體系中不要價值論亦未嘗不可。不消說不拘這種形式的否定，價值論本質上仍舊包含在加塞爾的評估概念中、以及最後所舉三人的「經濟便宜」理論中，這是無可否認的。美國經濟學方面，「制度學派」的鎗口首先就是瞄準着邊際效用說。但同時整個價值論也日益受人排擠，而漸失其過去在理論經濟學體系中所占之中心地位。像我們能夠在惠脫或一部分英國文獻中看出的一樣，大戰後經濟學裏面福利思想之勃起邁進，也招致了同一結果。在這種種思潮滂濤之下，一九二一年美人甫萊德的著作裏，遂至有整個價值論「已奄奄待斃」的思想表現出來。最近德國經濟學界如哥特兒、狄爾諸人，也頻頻叫出「瀕死的」價值論之呼聲，那自然是這項思想的反響了。

除了關於方法論和整個經濟學體系的這種一般的一致外，關於各個理論問題的解決，各國學說間也有許多接觸的點。這裏先要舉出的，就是超越各自語言界域而流布着、雖在外國經濟學界也占了確乎地位的最近各種有效的理論。但是這裏，只準備就這些理論的流布再敍述一番而止；舉幾個最顯著的例子，就如奧國學派的價值論和價格論、龐巴衛的利息論、洛桑學派的經濟均衡論、馬夏爾的價值論及其對於地租論的擴張，或者美國的限界生產力說。因爲我們這裏的問題，不是那由外國諸見地之簡單的繼承所造成的結合，而是各種新的創作的理論之多少互相獨立的平行的發生，令我們看來似乎由這些之內在的類似性，就能夠推斷出整個經濟學之統一的發展來。

這種接觸點，最重要者莫過於那價值論和價格論裏面的。在美國方面，隨着他們新經濟理論的勃興，同時努力於價值和價格現象的說明中，兼顧到效用要素和費用見地。此際，他們是拿費用當作效用的喪失看待，當作不快和經濟的痛苦而把握，使它與效用對立，而同樣被通分爲邊際原理的公分母。歐洲經濟學界，關於主觀價值論和客觀價值論的這種調和，更是顯著。在法意及德語諸國，這種調停常是伴隨着對邊際效用說多少嚴厲的批評。我們在法意科學界，只要指出柯內利生的理論便夠了，他的理論也許可說是這種見解一個最典型的實例吧。德語文獻中同一傾向的著作，便是康拉德的價值論，他與費用概念以一種主觀的新解釋，故此和美國人非常接近。李夫曼的價格論也把主觀見地和客觀見地結合着。因爲他的收益原理裏面既有着效用要素又有着費用要素。自然，他的最後結論，因爲他那「純粹心理的」見地，與意和邊際效用說的價值論極其近似。

科爾遜是法國現代最卓越的理論家之一，他完成一個價格論，原則的固執古典供求說，同時也非常纖細的聯合了主觀主義和客觀主義。法國人看見他們同胞中有了這樣了不起的偉大成就，喜不自勝；不拘事實上，早十二年前曾有一位英國人叫做馬夏爾或者其他名字的，已公布了完全同樣的價格論。科爾遜嘗聲明，當他計劃自己的學說時，並不知道已有馬夏爾的價格論，——這是大家都無話的。法國人對於德國人那種習慣的方法（這方法自科薩Cossa以來已爲許多意大利人所接受）即先將本國和外國諸重要學說加以評議而後纔把自己的學說發揮出來的方法，是極不贊同的。這樣的科學敍述法，也許有它的短處吧，但德意的重要理論家採了這種方法，卻很難遭遇到科爾遜所經驗那樣的不幸。另一個法國經濟學家季德，也繼承了馬夏爾的價值論和價格論，但並沒有自以爲是獨創的新學說。

大多數美國經濟學家和他們的德國的類似者，從主觀方面去把握那本來是客觀的費用要素，好容易把價格論裏面的客觀見地和主觀見地結合了起來；達文坡卻在他那巧妙的「機會費用」理論中走了一條正反對的道路。他把主觀的效用要素也客觀化爲費用，卽客觀化爲由其時時對第二最良使用可能性的斷念而生的犧牲，如此，便把主觀的和客觀的見地結合起來了。這項思想先前已由英人威克斯迪德暗示過。法人波丹在他的新刊教科書中，提示了一個極類似的價格論，但並不是因爲達文坡或者威克斯狄德的影響。他想不假手於本來價值論的基礎而達到他的目的，這點卻和達文坡不同。這裏似乎可順便的指出，波丹在其生產論中所用的「滿足過程」(processus satisfactoire)與「前滿足過程」(processus présatisfactoire) 的區別，和史盤之「國民經濟的成熟階段」很有關係。

史盤在其最後發展階段中，憑藉全體主義的均衡論，達到一種正當價格概念；這點是和法人發拉極其相近的。發拉也從同樣的經濟政策思想出發，夢想着那「唯一正當的正常價格」。不過他理論方面究不免淺薄之嫌，只是簡單地把價格之高低和生產費之高低視爲同一。還有一個法國人泰爾德，也因正常價格一概而與史盤發生了密切關係，關於這，我已鄭重說過幾遍了。美國人乃特最近的研究，也差不多是這種傾向。乃特拿實際經濟之社會倫理的公準（在價格構成上有作用的）以與現代經濟學中純機械論的正常價格論，（特別像馬夏爾那樣的）針鋒對立。

像這一類的接觸點，實還有許多，且更舉一例。這是與收益理論關係着的，而且對於地租理論的最近發展極關重要的一個接觸點。意大利人陽納康曾在本世紀轉換期用銳敏的眼光專心分析生產過程中的收益問題，而指出許多要素，這些要素協力的時候，就能減低生產費而增加收益。後數年，休勒也走了同樣的路子。不過，那位意大利人指摘出：一般生產技術的障礙，足以妨害上述諸要素，使終歸不能圓滿的相互調和。而這位奧國人卻認爲到某一定限界爲止，這種調和是可能的。若超過這絕對的限界更擴張生產時，那末前此在順利的條件下進行生產的經營，便要毀失其生產技術的利益了。亞爾韋伯(Alfred Weber)那有名的工業區分論，本質的包含着同一思想。無論陽納康或者休勒，都是由大同小異的前提出發，而達到土地收益遞減律的一般化。於是那個廣泛的國際的理論潮流，那以前世紀末發源於英人馬夏爾而導致傳統的地租論之擴張的潮流，又增加了論據了。

陽納康和休勒在他們的研究中雖是走的完全同樣的路，而互相卻絲毫不知，這十九是可以確信的。語言不通的各國，像這樣平行的、而且屢屢同時獲到的新理論見地，實在不勝枚舉，情形都差不多如出一轍。然而它們的一致，究竟是不是偶然之事呢？當我們拿各個的研究來看時，回答一定曰：然。但自不斷發展着的經濟學全體觀之，則這偶然的接觸當中，正有着一種偉大的國際統一的要素存乎其中呢。到這種統一普遍存在着的時候，那多少偶然的一致之網，就會把經濟理論研究的一切細目掩蓋起來，或者最少把它最重要的結果掩蓋起來。然而，在經濟學的最近發展中，情形卻不同了。各種的接觸點雖然層出迭見，但都是零零碎碎的，與主要理論思潮毫不相關，究不能相互結合而形成一個平行發展的統一的形象。大體上我們可以這樣說，問題的各種平行現象在經濟學這方面，也只能將各種語系之間的大大的文化障壁，各個的加以襲擊，而不能把它全體一鼓蕩平。

各大文化領域之間的畛域，到了今日，比以前更爲顯著，在這些畛域內，理論經濟學只顧往各不相謀的方向發展着。一時的差池姑且不論，這些發展方向常是由各民族羣之一般的文化精神的態度所決定。我們若從學說史的發展之最重大的特徵着眼，則它們通過去二十五年間，都一貫地是隨這個文化精神的態度而轉移的。

法意經濟學受大戰所帶來的社會經濟文化各方面變化的影響最少。嘗顯出着社會倫理傾向的意大利理論經濟學，從重新復活的抽象理論尤其洛桑學派的成就受了決定的影響，意大利其他一切傾向，在前世紀末，就已經吃那節節勝利的數學經濟研究在背後追擊的壓迫了。爾來數學的經濟研究便勢焰日增。而法國呢，傳來的古典自由主義經濟學，僅能夠在由倫理與政治科學研究院的活動所造成的溫室中苟延着殘喘。這個學會還是古典學派正向着全盛的時候設立的，會員八人，一人死亡出缺的時候，由常會自身自由選擇以補充之。這個學會既遵守古典理論見地，則古典精神依然存續其中，是不難理解的事。因爲被選爲會員者，必是與舊會員氣味相投的人，質言之，必是主張同一經濟學說的人。這個學會在法國聲望頗高，所以不僅學會的會員，或者希望獲得這學會的許多奬賞之一的人，情願做古典學說的新擁護者；就是其他許多人，也喜歡對着傳來的理論道統，表示敬愛之意。這個傳統中包含着「自由」，這是對法國人有着魔力的一條標語。自由是法國人最高無上的政治的和法律的要求，只有與「平等」和「博愛」的要領陷於矛盾的時候，它纔始受有限制。

不過到本世紀以來，法國除古典的自由主義派外也有人日益向洛桑學派的理論接近了。不屬於該學會的經濟學家們（他們當中常有頭腦最明晰的人）雖曾對歷史的社會政策的思想表示過好感，但到本世紀轉換期以來他們已日益決定的傾向於洛桑學派的理論了。一八七〇年或七一年的戰爭後，在普魯士軍隊勢力掩護之下，德國思想的影響乘機進來了。然而這影響到得異國的文化環境裏，竟就漸漸萎縮，而不得不把地位讓給那比它更適合法國精神特性的最近的理論潮流。如果法國人華爾拉斯那數學的理論在它祖國裏老是得不到反響，那纔眞正是值得驚異的。法國人在這個理論中更豐富的認識了他們自己的人生態度，而開始叫出新「實證的」科學方法了；自然，這是指機械論的＝數學的傾向，並不是指以前歷史的＝實證的傾向。

世界大戰的結果，對於法意諸國的這一發展方向，自是最有利的。勝利的興奮在這兩個國度裏最爲昂騰。而且凡人總是把戰爭的勝利，歸在我們自身傳統的國民的和文化的特性之內在的原動力。這種事情，就使得法國人一向信仰那偉大普遍的法則，注重唯物論的＝機械論的各種關係之把握和儘量數學的精密表現法。洛桑學派的學說具備了這一切的特徵；從而他在法國日形重要，自是必然之勢。最近將來的發展，將會循此方向而進吧。

盎格魯薩克遜之處理世界大戰及其結果，卻是非常現實主義的。由戰爭所引起的國民感情之高漲，也很快的就銷沉了。人們馬上拿着經驗所訓練出來的冷靜的洞察，開始利用大戰及其所造成之社會經濟的狀態的實際經驗以發揚科學，尤其是政治經濟學。

就英國而言，卽在經濟學的最近發展中，仍歸那確乎健全的保守主義占了優勢。劍橋學派的學說裏面，把現代理論的主潮最圓滿的和那特別爲英國思潮的認識論上的經驗論、倫理學上的功利主義與夫經濟政策上的自由主義調和着。這個綜合的體系，以驚人速度把這島國的經濟學征服了。並且一切徵候似乎都預示着，這個體系的支配，諒還可毫無問題的持續多時的。在英國，那作爲大戰結果而出現的經濟理論上各種變化，也僅僅在劍橋學派的圈圍內實現着，而且這學派的指導地位，絕不因此而受影響。在以前，被一個多少抽象地把握出來的價格論做了該學說的核心，致使它的整個體系帶着一種貨殖論的特徵。但晚近社會經濟方面的大事變，卻引致了許多變化，纔迫使人們比較接近了社會現實的認識。英國人一向注重實際，常是從社會倫理的關係去診斷這些事件。所以劍橋學派的功利主義的特徵，是非常重要的。大戰前不久，福利的功利主義思想，在馬夏爾及其學生皮古的體系中已占了重要地位，不過當時，它仍須與其他原理鬬爭。但藉着世界大戰的經驗，它終歸戰勝一切的競爭者，而把它發揚光大的皮古那體系，竟至登峯造極，而占取了當代英國經濟學的第一把交椅。

美國理論經濟學中，這個推移是採取更加澈底的形態而發生的。美國人長於冷靜而愼重的打算，愛活動而重實際，只要認定某個實際方法或者理論思潮超越了另一個，他們就會毫不容情的拋棄後者，（無論它們是著名的或傳來的都不管）而緊緊抓住那更豐富更優良的。所以美國的科學也是這樣，比英國容易蒙受革命的改造。這個特色表現在美國經濟學最近的發展上，有兩個不同的傾向。

惠脫自本世紀以來，在美國經濟學界占了特殊的地位。他首先在新的純粹的心理學基礎上面完成他那獨特的價值論，隨後想以此爲基礎建立一個完全獨立的體系。他的結論，與純粹邊際效用說思想特別接近，爲美國其他經濟學家所不及。不過他最近以來，卻比較着重社會福利思想了，並且明瞭的理解着，那局限於價值論和價格論的研究只能解決比較小部分的問題。至於國民福利之生產和保障，這類中心問題，決不能純粹用貨幣的態度來處理。惠脫想從其活潑的社會狀態去考察它們，極力避免原子論的抽象。

美國理論經濟學中其它更重要的改革運動，只要把老葛拉克和少葛拉克比較一下就可說明一切。前者是那一代美國經濟學家中的一人，他們熱中於從德國輸入的科學理想，於一八八六年創立經濟學會，苦於缺乏書籍，況且既乏財力，又無重要的大學講座，於是乃決意用新精神來把他們國內的經濟學振刷一番。這個勇敢的計劃是得到成功的，數年之內，他們在一切方面都博了勝利。美國經濟學於是被他們導到它的古典的時代，站在頂前頭的便是老葛拉克。他注意各種最重要的經濟現象關係，而演繹的地去把握它們，如此便完成了他那快樂的、樂觀的、抽象演繹的體系。他的兒子治學的初志本來只是想一線相承的發展乃父的思想吧了；可是當這時際，比較新的思潮已經出現了，想不受它影響是不可能的。所以他終歸承認了：理論經濟學必須以「新心理學的」成果爲基礎。二十世紀第一紀美國經濟學，以老葛拉克關於分配論的大著始，而以他的兒子關於同樣重要的生產論的著作終。新世界經濟學中迄今所發生的大變化，都已在這兩部書的一般精神中表現出來。目前學者們又有再注意到事實研究的。少葛拉克復從實際經濟生活的最微小的關係（像實際經濟政策的和社會政策的時事問題裏面一樣的）之精密研究出發，由漸漸的歸納而達到更一般的眞理之認識。新興制度主義的急進派，排斥一切演繹的經濟理論，尤其是老葛拉克及其一派所辛苦樹立起來的古典美國經濟學之快樂主義功利主義的整個構造，進而探求經濟制度的歷史發展法則，以及它們對人類實際經濟行爲的複雜多變的相互關係。

但美國古典派的內部最近也有一個傾向，想在他們理論中移殖現實的、社會的、倫理的見地。塞里格曼早前已經提出過這樣要求，近來卡佛、西革諸人，亦都有差不多同樣的思想。世界大戰將美國經濟學由抽象演繹的方法進到了冷靜的現實主義的研究。我們在這裏可以看出那一般的思想發展中的大波動的形象。那僅處理着最重大的關係的驚人的思辨的體系後面，常會有一個現實的特殊研究時代追踪而來。美國經濟學的最近發展上，老葛拉克是第一個波浪的頂點，而第二個現實主義的波浪則可由他兒子的最近著作中表現出來。但美國到底是突飛猛進的國家，也許馬上就有一個波浪即新演繹的思辨的波浪追上現在這波浪來，亦未可知。

前此所述，是法意及英美最近經濟理論的發展的幹路，在這幹路的橫直左右，當然還有許多小路構成爲多少緻密的網的。但這些小路，決不能攪亂這一直線往前進的統一發展的姿容，我們應該把這些看做附隨的現象，比較不甚重要。

反是二十世紀第一季德語範圍內，卻找不出一個這樣順應中心思想的統一的經濟學發展之形跡。這兒在大戰當時就已陷於非常不定的狀態，人人都迷住在過渡期的歧途了。歷史學派的命運一天不如一天，一時簡直是羣龍無首；許多以新霸權爲目標而要求執中首者，互相爭鬭，勝敗不定。抽象理論的奧國學派似乎勝利的希望最大，隨着威塞的社會經濟論（Theorie der gesellschaftlichen Wirtschaft）的出現，一九一四年他就達到了登峯造極的地步。斯坦姆拉、斯托兒茲曼、狄爾之社會法的傾向，仗賴着與歷史學派的密切關係，而得以助成。馬克思主義的理論在修正的形態上，也引起許多人的注意。那時愛命堡的精密比較方法，幾乎無人過問，李夫曼的純粹心理的體系也方纔發表了出來。

突然之間，戰爭的警報傳至經濟學界。那企圖建立特殊戰爭經濟學的最初的衝動，雖則隨即便克制了，但是對於經濟理論的新方向，一個「完全新的學說」之要求，卻是日益盛囂塵上。戰爭的大敗，好像又在這思潮的烈焰中注上了油。在這樣事態之下，應該往怎樣一個積極的發展方向而進呢？這個問題是很不容易回答的。世界大戰中，德國幾個偉大的領導者二連三的死了，什麼勒和華格拉、龐巴衛和菲律坡維希，其後韋伯和克納普、孟革和威塞又相繼去世。意大利和英國的經濟理論，大戰以來，雖也死去了不少指導人物，例如拍雷圖、潘他呂安、巴郎、馬夏爾、挨治華斯、威克斯狄德和尼科爾生，但在這兩個國度裏，青年學者們卻仍能沿着洛桑學派和劍橋學派的傳來的方向繼續發展下去；德國就不然，她缺少了這樣後繼者。偉大的前人的遺產，只由許多徒然使精力分散的論爭相續着。

先拿社會主義理論講，戰後實際經濟生活上所經驗到的對於社會主義的失望之結果，社會主義理論似乎又失去了不少勢力。同在這個時候，德國文化之傳統理想也像是日暮途窮了，大家只顧注意外國的各種思潮。就是學界的團結也覺得頹靡不振，好像有這樣的一種傾向，即承認戰爭的失敗無非是本國文化的科學的根本思想之失敗。戰爭的狂熱暴風急雨的過去之後，一個反動的一般覺醒必然跟踪而來，這覺醒也就是現實主義的開路先鋒。這在經濟學裏面便表現於那種帶着非常濃厚的實用主義色彩的傾向中。這些傾向，與其說它是以「無用的」方法論上的論爭爲目的，無寧說它是以積極的體系之完成爲初衷，以闢除一切不是直接說明現實世界諸經濟現象的定理爲職志。在加塞爾的聰明的思想體系中，把這些特性聯結了，而且又具有一個長處，因爲它是由一個在異國文化裏教養出來的學者所創造的。加塞爾在德國所收的偉大成功，實在是戰後德國經濟學一個意味深長的最特徵的現象。

戰後纔完成的李夫曼純粹心理的體系，也同樣是立基於現實主義和實用主義見地的，但爲要迎合一般的趣味起見，他又採了許多邊際效用說的觀點。然而預言家不爲故鄉所尊敬（nemo propheta in patria sua）李夫曼生長於德國，因了這理由遂使他在現在祖國裏不能享到盛名。而且他自己態度傲慢，盛氣凌人，也屢屢以此受人惜惡。結果是妨礙了他那本身眞實重要的經濟思想之普及。社會法傾向的見解，雖然有不少卓越的前驅替他開着先路，但戰後以來，也並沒有博得比以前更多的贊同。狄爾的大教科書（也許馬上就可完成的）或許要把這個非常接近德國氣質的經濟理論傾向的思想更廣大的弘布起來吧。

史盤那全體主義體系內容雖出自西歐，卻是直接對那個人主義的、唯物論的、機械論的和經驗的思潮之一個反動，我們知道，這類思潮最近在德語諸國經濟學中，是一天比一天占了優勢。在他這體系的構成上，是想紹述那最成功的表現了德國文化的許多偉大的傳統：它所把握的是總體，所以它具有全體主義的、理想主義的、目的論的、浪漫主義的特徵。就某一點講，戰後對於這項思想本來也像是最適合的。因爲現代德國人差不多大部分如此，他們參與了幾年戰爭，當他置身於戰壕裏面時，營利，利益或物質的損失這些，是早巳置之度外，心目中光景是只有着一個生死攸關的念頭的，以此他們於不知不覺間就被迫着去沉潛於那種種最深奧的人生問題了。戰後政治社會各方面的動搖不寧，也使經濟問題的研究者們不由得不注意它那與各種重大的社會生活問題有關的最深奧的基礎。史盤之深邃的全體主義社會哲學，以及建立在這個上面的經濟學，從文化史的觀點看來，似乎無論在什麼地方都可保持它的生存權。這位奧國學者在其最近發展階段所倡出的經濟理論上的根本改革，惹起着廣大範圍的激烈的反對。他在經濟理論上，與他那全體主義思想以絕對的優越，想拿他的新理論來代替科學發展上許多最根本的發現。這個企圖，使得人家對於他的立場，有些猜它不破。這對於諾曼和盎格魯薩克遜諸國，更加如此，因為那裏的經濟學家一般都各有各的思想背景。就說他們對於史盤那些新奇而非常錯雜的概念，很想得到理解，但總不免覺得有許多困難。想發揮史盤的傾向的時候，不可不常常考慮到這個事實。

那麽邊際效用說怎樣呢？它的問題成為一切經濟理論的議論中心者歷半世紀以上，所以，我們這裏，不妨把它的發生、興盛和衰微，稍微多說幾句。

成為一種經濟理論體系的邊際效用說，是前世紀最後三十年主要由奧國經濟學家所倡導而完成的。其偉大的歷史功績，在於將德語諸國經濟學從新歷史學派的偏頗的相對主義的誇張之淺薄化救出而再把它引上健全的理論方向。不錯，邊際效用說曾與許多經濟現象作了驚人明確的說明，但是，總不能從它自身找出一座到經濟政策去的安全的橋樑，假如不求助於其它根本和它沒有關係的觀點的話。不錯，曾經有人作過許多企圖，想從邊際效用法則的觀點回答各種經濟政策問題了。然而一個統一而明確的、對整個經濟政策問題的態度，單由邊際效用說卻是不能達到的；無論就以前的歷史經驗說，或者從純粹的論理理由而言。像關於「取銷價值」經濟學有無可能性的大論爭所表示的一樣，大多數最重要的經濟政策問題，沒有個不包含有社會倫理的和其他非經濟的本質的要素。從而它們的解決，決不可期待於那種「純經濟的」學說。本來但凡被視為經濟學體系的，都是單想發揮諸經濟手段的形成關係，至於那鼓舞生活的目的性質，是不直接講及的，就這意味而言，他們都多少是純經濟的。不過大多數指導的經濟學家，他們的客觀主義，卻在其本身中提供着一個有利於應用經濟理論的基礎。這在單以邊際效用思想爲基礎的理論之本質的主觀態度就不行。它那種主觀的、個人主義的、原子論的抽象，其本身並沒有提供一個可用以說明有機社會經濟情形的鑰匙。不消說，邊際效用說裏面，在倫理方面則有快樂主義的見地，在社會學的關係上則有個人主義的見地潛伏着。人們抓住這些（尤其是反對者們）就附會着說邊際效用說裏面端的有了經濟的自由主義。但按之實際，這些非經濟的要素，卻是在完全不同的另一個地方發現出來的。它們只包含在那孤立的私經濟的心理分析之中，從而是非常薄弱的，不克拿着對應用經濟理論諸問題的一定態度以與邊際效用說相結合。實際經濟情形也曾用許多實例告訴我們了，有些理論地承認邊際效用說的人，往往關於經濟政策卻是熱心的自由主義者，或者急進的社會主義者。一切科學研究的歸宿，都是純粹知識。但一種抽象的經濟理論而不能給與應用經濟理論以統一之基礎的，那它的目的就失敗了。

這種與經濟政策的堅固的結合之缺如，就是使邊際效用說的地位漸次動搖了的第一個因素。我們對於邊際效用說的反對者其他許多主張，已屢次指摘過了。這裏僅希望讀者記取下面這個驚人的事實就行了。邊際效用思想在西歐文化領域內，無處不受到熱烈的歡迎，然而反之，在德國本身卻一點也沒有博得贊許。我們首先應該鄭重指出，想說明這個現象的一切圖式的企圖，都必然是拙劣的。其實各種文化並沒有把它分類爲幾個範疇的可能。不過大概言之，邊際效用說所因以不能和德國傳統而特殊的整個文化史相調和的那種性質，卻是可分別的。德國精神首先是綜合的、其次是幾乎到了神秘之境的理想主義的、全體主義的和歷史的。邊際效用說則首先是分析的，其次因其快樂論之故，又容易傾向於唯物論的見解，這種見解是冷靜的打算的、個人主義的、和非歷史的。這項學說在德語諸國發生於維也納，實際上僅僅在維也納達到高度的繁榮，這也並不是偶然。因爲這個都市裏幾世紀以來各種民族都是由哈布斯堡(Hapsburgs)諸國遷徙而來，雖然講的都是德國話，卻是由各色各樣的分子而成的一個民族集團。斯彭格勒說維也納因着哈布斯堡的長久的統治，故至今還具有西班牙宮廷的特徵，這確實是誇張。但就這個都市之高度發達的文化生活中包含着一種非德國產的特徵一點講，那我們恐怕又要同意於他吧。在這種環境之下，邊際效用說遂能達到了高度的繁榮。其他各國的人爭先恐後的拿着它一些要素滲合於各自的理論中，但在德國自身，卻很遭受疑惑。

不過它在德國，究竟也收了部分的成功。它曾經在前世紀末所起的大方法論爭裏博得了勝利。它的反對者歷史學派，只想支持那難以維持的立場，從而和這學派相爭而得勝利，本是比較容易的事。但自本世紀轉換期以來，卻又出來了許多人，他們從抽象的理論方面批判邊際效用說，（在其固有領域中）並且和那從方法論見地攻擊邊際效用說的經濟學家們取了部分的聯絡。雖然如此，邊際效用說在維也納仍舊保持着堅固的壁壘，直到最近，維也納大學指導的經濟學家史盤向它開始攻擊之日起，它的地位纔始動搖。舊維也納學派另一個卓越的追隨者安孟，排斥邊際效用說的原子論要素，這亦足以助成德語諸國邊際效用說地位之低落。

在其他各國，純粹的邊際效用說，也不能把自己擡高到能以創造各種體系的一個優勢的統一的學說之地位。不錯，華爾拉斯在其體系中也援用了邊際效用思想，爾來這項思想就成爲那在法意勢力日大的洛桑學派經濟理論的一個成分。不過洛桑學派經濟理論的中心點，還有一個學說卽經濟均衡論，他和邊際思想却毫無必然的關係。原來邊際效用思想並不是洛桑學派的本質的成分，僅是它的附屬物吧了。無論什麼時候都可拿關於價值和價格諸現象的另一種說明取而代之，而且如此，並不致使數學的經濟均衡論發生本質的變化。加塞爾的態度就是最好的例。洛桑學派誠然承認邊際效用說的妥當性，但並不把它的體系建立在這上面。所以我們稱洛桑學派理論爲邊際效用說（我們對舊維也納派體系而使用這表現那樣的意味上）是錯誤了。

目前英國的情形也非常類似。在最初形態上的哲封斯的理論裏面，邊際效用所演的作用雖不如孟革之甚，總歸起着重要的作用。但是因爲馬夏爾的原理出現，他的理論壽命不到二十年，就多少受了排斥了。馬夏爾似乎在兩個不同的方向上把邊際效用思想的勢力削弱了制限了。第一，他除演繹的理論之外，還多分使用着歷史的＝歸納的方法；第二，他在價值論和價格論中，是把客觀的費用要素和主觀的效用原理列於同等位置。而且他的整個經濟理論，當頭就立着一個與邊際效用原理沒有任何關係的經濟均衡說。最近皮古將馬夏爾書中已經包含的社會倫理的見地，當作劍橋學派理論的極峯。這樣一來，在這個理論體系裏面，邊際效用思想遂又不可不望後退避一步。就英國經濟學的現狀看來，我們相信可以正當的預言：最近的將來，這邊際思想作與還要繼續後退的。

在美國，邊際效用說的地位更屬不堪。在老葛拉克及其追隨者們，一般地，邊際效用原理都很占重要；他們的價值論和價格論裏面除客觀的費用要素外，主觀的邊際效用原則也演着決定任務。惠脫在初期發展階段，比較注重邊際效用說，努力將他整個經濟學體系建築在純主觀的價值論上面。他那體系是從他的心理學諸前提出發，而其結論，和維也納學派的邊際效用說非常相近。到他最後發展階段，却一反而斷乎排斥邊際效用的快樂主義的基礎，像我們已屢次說過的一樣，他將與此有關係的整個價值論列爲從屬的經濟問題。另一方面，老葛拉克的古典理論，則大受制度主義的攻擊。這派排斥一切基於抽象演繹的理論，尤其是邊際效用理論。這個新運動對於戰後美國經濟學的發展頗有影響，是不能否認的事實。而它的勢力進一步，就是意味着邊際效用說的退一步。

如此，在西歐文化諸國，邊際效用說正在日趨沒落，否則也只在支配的經濟學體系裏僅僅演着從屬的任務罷了。然而有少數學者却仍想使這些國度的邊際思想更加發展，或者將它和舊來古典學說調和起來。例如美國人泰羅（F. M. Taylor）和塔特爾，意大利人挨姆波利最近使用邊際以外（extra-marginality），邊際以上（supra-marginality）和超邊際(ultra-marginality)等概念，都收了成效。

最近幾年來，舊維也納學派方面又出現一種企圖，想回復它昔日的勢力。它對應庫爾諾和華爾拉斯的書之新版和翻譯，將高愼和孟革的書發行了新版。同時還有兩件重大的文獻上的事件，也足以促成它的復活。這兩個事件是基於該派三大巨頭之最後一員卽最近纔去世的威塞之個人名望的。威塞和挨爾斯武、亞朵夫韋伯一共是那極重要的政治科學辭典(Handwörterbuch der Staatswissenschaften)第四版的編輯者。他以這編輯者的資格，便可以把理論經濟學上大多數重要的項目寫給他的學生和追隨者們。從而辭典的第四版(今後十年之內也許大家還會要使用它的)關於經濟理論，是帶着邊際效用說的特徵。在維也納，邊際效用說的追隨者們又出版有一部大規模的集子最近經濟學說(Die Wirtschaftstheorie der Gegenwart)，這部書前面已屢經提及，本是爲紀念威塞七十五壽辰而計劃的、由各外國指導的經濟學家作了許多論文以描寫經濟學現狀爲目的。本世紀第二季邊際效用說的歷史，便以此書爲始。這端的能夠使舊奧國學派更生嗎?恐怕會像雷特洛崇(Letrosne)的大著或者什麼勒的綱要之卒不能挽回重農主義學派或者歷史學派的頹勢一樣吧，它們作與也不會能夠使舊奧國學派更生起來。因爲，僅僅建立在邊際效用原理上面的經濟理論體系——純粹邊際效用說，它的時代，似乎已完全成爲過去了。

那些擔心由這一喪失將使德國經濟學的國際地位發生動搖的人們，想必是從謬誤的假定出發的。有人說歷來經濟學史上，那出自德語諸國而亦爲外國所廣泛的採用者，只有兩個思潮，一個是歷史的傾向，一個是邊際效用說。這誠然是不可爭的事實。不過這兩個思想傾向的成功，卻有着根本各異的性質。因爲在德意志理想主義社會學之中所養成的歷史學派的思想，只因在當時德國所獲到的政治文化勢力影響之下，纔爲外國所採用，但是反之，邊際效用說，因爲它與外國的根本觀念多少相調和，所以終能在外國語諸國普及起來。在德國勢力一切方面都非常衰微的今日帶有德國精神的任何經濟理論體系，不能想在西歐諸國引起更多的注意。然而這等事情，難道就足以證明像斯坦姆拉和狄爾斯托兒茲、曼安孟或史磐那樣的學說體系之劣等性嗎？一種思想普及於同時代的人們間而受人們的注意，難不成這就是對於該思想之內在的文化價值的正當標準嗎？自來一切人類精神的發展史似乎已用了許多實例，證明其不然。

一個經濟學體系，它的外部的成功，只看它對於當時該科學領域內占支配的精神傾向，是非常適合還是不大適合。例如蘇順泰的體系完全是合着西歐精神的調子，從而它在西歐精神支配諸國便引起許多反響。十年之後，與這有些類似的加塞爾的體系，在當時大變之後的德國也為大家所樂於採用。而社會法理的——目的論的，或者全體主義的各種經濟思想，卻想預想着一個完全不同的精神界，從而只有在那兒，它纔可以達到更大的普及。機械論的——數學的、現實主義的、經驗的傾向和這些思想的關係，恰如現代航空術和聖者昇天的關係一般。大多數人看來，前者似乎是唯一合理而且可能的方法。然而我們不能否認，也許還有些天才的人卻會從後者裏面看出更深遠的眞理來呢。……

邊際效用說雖則步步退卻，但依然不失為經濟理論在其發展過程中所創造出來的最光輝的成就之一。這個學說的全部經歷，可以和李嘉圖的深邃的學說相比。正像李嘉圖的思想在古典學派崩潰以後還有許多殘存着一樣，邊際效用說的實質仍保存在洛桑學派和劍橋學派的理論中，葛拉克學派的理論中，以及現代其他各種經濟學上的傾向中。所以它應該是對於經濟學發展的積極貢獻之一。

所殘留下來的已不是邊際效用說，只是想在他上面建設整個經濟理論體系的企圖。但這個事實，並無傷於德國經濟學的國際的重要性。目下德國經濟學，在某偶爾走入而非固有的一種方向上，的確喪失了領導的職務。但是對於整個經濟學的發展，問題不是那種文化領域占優勢，最要緊的寧是儘可能的分工和合作。這種事情，只要大家在各主要言語區域內努力把經濟理論研究導入他自己的精神和文化的天稟之河中，便做到了。因為只有大家如此，纔能對科學作最有價值的貢獻。在這種去處，問題的境界，的確常是糊模的。像許多實例所證明的一樣，各種文化界，大概以開拓那更適合於其他文化羣的精神特徵的某知識領域，最容易收到成功。我們這裏，只談得到平均的或近似的傾向。在諾曼語諸國，各種經濟現象是由合理主義的和數學的和唯物論的——機械論的方面得到最完全的認識；盎格魯薩克遜人則通過冷靜的經驗的、個人主義的、向着直接實際關係的眼鏡，纔可最周到的觀察。而德國人則在他研究着社會經濟生活的歷史背景，各種最重大的有機的關係和理想主義的哲學的上層建築，而從這些觀點去探求它的法則時，他們纔是卓越的。由於這種分工，那個唯一的經濟眞理，就可從一切方面得到最完全的認識。

與這分工同時，又實行合作，就是說又把那些用各種方法所得到的理論結果加以討論，漸次的解明出來，那末一切經濟學纔會向前發展。至於理論研究本身——正，其他見地的理論研究——反，和最後由經濟理論上種種見解之鬬爭而產生的——合，這三者對於我們科學的發展也是同等重要。

因此，看見我們科學上的種種分裂，和激烈的理論鬬爭，就膽怯起來而對科學的將來感覺絕望，那是毫無道理的。因爲這種鬬爭愈激烈，辯證法的發展就愈要往更統一的和更積極的經濟學之創造邁進。不過爲了這各研究者與外國語的研究者們保持不斷的精神接觸，卻比任何都重要。

中華民國二十五年五月初版

群

(31442.3)

二十世紀的經濟學說一冊

Die Entwicklung der theoretischen
Volkswirtschaftslehre im ersten
Viertel des 20 Jahrhunderts

每冊定價國幣壹元

外埠酌加運費匯費

原著者 Theo Surányi-Unger

譯述者 宋家修

發行人 王雲五 上海河南路

印刷所 商務印書館 上海河南路

發行所 商務印書館 上海及各埠